周易

全译注音版
张南峤 注译

河南人民出版社

· 郑 州 ·

图书在版编目(CIP)数据

周易 ： 全译注音版 / 张南峭注译. -- 郑州 ： 河南人民出版社，2024.12
（启明星国学经典）
ISBN 978-7-215-12385-4

Ⅰ. ①周… Ⅱ. ①张… Ⅲ. ①《周易》-注释 ②《周易》-译文 Ⅳ. ①B221

中国版本图书馆 CIP 数据核字(2020)第 097462 号

河南 **人民出版社** 出版发行

（地址:郑州市郑东新区祥盛街 27 号　邮政编码:450016　电话:0371-65788068）
新华书店经销　　　　　　　　　新乡市龙泉印务有限公司印刷
开本　710 mm×1 000 mm　　　　　1/16　　　印张　14.75
字数　244 千
2024 年 12 月第 1 版　　　　　　　2024 年 12 月第 1 次印刷

定价:39.60 元

青春做伴好读书

——写给年轻的朋友们

我们的时代是科学技术日新月异的时代,电脑、人造卫星、高铁……我们的农业生产也在渐次远离着耕牛、犁耙、锄头。被称为"高科技"的基因技术、可控核聚变、量子通信、胶囊列车、人工智能……正一日千里地把我们带向"远方"。

"地球村"里,我们的"远方"应不仅仅只是科技带来的方便与舒适,还应有"诗"!

有"诗"的"远方"才是美丽的。思维着的精神是地球上最美的花朵!有了"诗与远方",我们才配得上莎士比亚所讲的:人类是"宇宙之精华,万物之灵长"。

"诗"是什么?"诗"从哪里来?"诗"到哪里去?

在"诗与远方"的语境下,"诗"就不仅仅是我们通常讲的诗歌了,应是指整个人类的精神文化创造,或可言之"文明""文化"。

人类经历数百万年的狩猎时代,万余年前,进入了农耕文明。中华文明起源于农耕文明;中华文明,还是诸古代文明中唯一没有中断的文明。"周虽旧邦,其命维新",中华文明展现着生生不息、波澜壮阔的生命力。

中华之"诗",就是中华文明、中华文化,包括国学经典。

国学,是对自然规律的领悟:"道生一,一生二,二生三,三生万物";"一阴一阳谓之道";"万物负阴而抱阳,冲气以为和"。

国学,是对生命意义的追求:"天行健,君子以自强不息;地势坤,君子以厚德载物";"格物、致知、诚意、正心、修身、齐家、治国、平天下"。

国学,是人格力量的展现:"路漫漫其修远兮,吾将上下而求索";"先天下之忧而忧,后天下之乐而乐";"人生自古谁无死,留取丹心照汗青"。

国学是油盐酱醋茶,是吃喝拉撒睡,是生老病死苦,是衣食住行修,更是成仁成功成圣成贤,是"一家仁,一国兴仁;一家让,一国兴让",是"四海之内皆兄弟也",是"天无私覆,地无私载,日月无私照",是"为天地立心,为生民立命,为往圣继绝学,为万世开太平"……

方块字记录下来的中华之"诗",优美隽永,绵长悠扬,余音绕梁,地久天长。在网络时代,电子阅读快捷便利,但是,读书,就是读书,任何的现代技术都只能是辅助,都替代不了纸质书的阅读。还是让我们"淡泊明志、宁静致远",一卷在握,感受书香的静雅吧。

读经典,就是饮源泉之水。如到青藏高原,目光所及,但见万峰耸立,万壑奔流,"吾生也有涯,而知也无涯,以有涯随无涯,殆已"。经反复斟酌,在这里选出了有代表性的三十本典籍,以期让青年朋友们"窥一斑而知全豹",就如同去到了青藏高原,能登上那些有代表性的高峰,就能基本领略"会当凌绝顶"的壮观。

"启明星国学经典"丛书是普及型的大众读本,读者定位主要是青年群体,兼顾其他读者。从选题内容到装帧设计,着力展现传统文化的凝练厚重和现代文化的简洁明快,有浓郁的书卷气。

在编撰中,对古诗词类,基本采用全注音、重点字词注释、全译;对古文类,采用难字注音、重点字词注释、全译;对史部和长篇小说类,采用"注音解词释疑、无障碍读原著"。

宋代大儒朱熹,有二十四字读书法:循序渐进、熟读精思、虚心涵泳、切己体察、着紧用力、居敬持志。

1. 循序渐进。一本一本地读,读时对字、词、句、篇要逐一弄明白,由浅入深。

2. 熟读精思。熟读,要滚瓜烂熟;精思,在理解的基础上思考,使书中的话语好像出于自己的嘴巴。

3. 虚心涵泳。如陆九渊言:"读书切戒在慌忙,涵泳工夫兴味长。未晓不妨权放过,切身须要急思量。"

4. 切己体察。结合自己的思想体会、人生阅历,去体验书中的意味,"纸上得来终觉浅,绝知此事要躬行"。

5. 着紧用力。读书如逆水行舟,不进则退。要抖擞精神,坚韧不拔,下苦功夫,花大力气。

6. 居敬持志。"今日学者不长进,只是心不在焉。"读书,要有专静纯一的心境,坚定久远的志向。

古代有《劝学》诗:"三更灯火五更鸡,正是男儿读书时。黑发不知勤学早,白首方悔读书迟。"不过,你要是真的很忙,只要记住"开卷有益"四个字就行。时间,只要挤,总会有的。

还可以退而求其次，陶渊明《五柳先生传》中言"好读书，不求甚解"，意思是读书时不在一字一句上过分深究，领会了文章的大意即可；鲁迅也曾讲过"随便翻翻"的话，我们可否这样理解："不求甚解"，也许是为了"博览群书"。试想，每本书都要"求甚解"，那我们一生能读几本书？若不做专门研究，"不求甚解"也无妨。其实，时常"随便翻翻"，翻上百遍，其义自见。翻得多了，岂不也是"博览群书"了？

一句话：开卷有益。

小孙儿四岁多，一天，我教他背古诗《游园不值》。第一句"应怜屐齿印苍苔"，很顺利，还捎带着进行了环境保护教育；第二句"小扣柴扉久不开"，好不容易讲清了"扣"和"柴扉"的意思，为何还"久不开"呢？小孙儿忽然站起，跑过去找来一张磁卡："爷爷，不要'扣'了，用这个一扫，你那'柴扉'才能开。"呵呵，这让我一下子"惊呆了"，教育该如何进行？是啊，生活在八百多年前的叶绍翁，会想到我们今天是可以这样"扣""柴扉"吗？同样，再过八九百年，那时的人们该是怎样"扣""柴扉"，我们会想得到吗？人类迈向"远方"的脚步是关不住的，在使用磁卡"扣""柴扉"的今天，重温古代经典，其指向就是摇曳在远方的"满园春色"，还有那伸出墙头的"一枝红杏"。

读书，就是"地球上最美的花朵"在绽放；读经典，就是对精神"险峰""无限风光"的审美。"诗与远方""不忘初心"，无论我们走向多么远的"远方"，也永远不忘读经典，就像一个圆，无论外延多么大，也是要围绕圆心一样。读书，让我们精神充盈；读书，让我们成为"宇宙之精华，万物之灵长"。

张南峭

2019 年 3 月 2 日

（己亥年春惊蛰前夕）

《周易》导读

《周易》是中华文化的源头活水,是"群经之首""大道之源"。

《汉书·艺文志》讲《周易》是"人更三圣,世历三古"。三圣指伏羲、文王、孔子,三古指上古、中古、下古。上古相当于距今7000余年的新石器时期。其时,伏羲氏观物取象,"一画开天地","易有太极,是生两仪,两仪生四象,四象生八卦"。八卦分别代表了自然界中的天地、山泽、风雷、水火,是为"先天八卦"。中古是夏、商、西周时期。《史记》称"文王拘而演周易",周文王姬昌(公元前1152年—公元前1056年),被纣王囚禁于羑(yǒu)里,悉心钻研,将八卦演绎成了六十四卦三百八十四爻,用来显示阴阳变化,阐述社会现象,是为"后天八卦"。下古是距今2500多年的春秋时期。孔子"读易,韦编三绝",著述了彖辞、象辞、文言、系辞、说卦、序卦、杂卦等"十翼"。至此,《周易》就有了世界观、认识论、方法论意义。

《周礼·春官宗伯·大卜》曰:"掌三易之法,一曰《连山》,二曰《归藏》,三曰《周易》。"其中《连山》和《归藏》已失传,只有《周易》流传了下来。现在说的《易经》一般就是指《周易》。"周",有无所不包、周而复始之意,也有系周文王演绎之意。"易",许慎《说文解字》认为"易"为蜥蜴(俗称"变色龙")的象形,引申开来,日月交替、阴阳变化为易。还有一种说法,三易是指"简易""变易""不易"。

《周易》由"经""传"两部分组成,本文为"经",解说为"传"。

经分上经、下经,上经三十卦,下经三十四卦,共计六十四卦,由乾、坎、艮、震、巽、离、坤、兑的组合变化生成,每卦有卦画、卦名、卦辞、爻题、爻辞。

卦画基本单位为"爻",爻分"—"(阳爻)和"--"(阴爻),每一卦有六爻。

卦名,即卦画之名,如"乾""坤""谦""既济"。

卦辞,是对六爻的总结,如"元亨利贞""同人于野,亨,利涉大川,利君子贞"。

爻题,每一爻在六爻中的位置及性质,自下而上为初(即一)、二、三、四、五、上(即六)。

爻辞,爻的说明、描述,如"九二,见龙在田,利见大人"。

每一卦的六爻由六个符号组成,六个符号由两部分(上卦和下卦)组成,上卦和下卦分别取八卦中的某一卦。

古人总结的八卦记忆方法是:

乾三连,坤三断;震仰盂,艮覆碗;

离中虚,坎中满;兑上缺,巽下断。

八卦最基本的象是八种自然物:乾为天、坤为地、震为雷、巽为风、艮为山、兑为泽、坎为水、离为火。

上、下经卦名的次序,有歌诀为:

乾坤屯蒙需讼师,比小畜兮履泰否。

同人大有谦豫随,蛊临观兮噬嗑贲。

剥复无妄大畜颐,大过坎离三十备。

咸恒遁兮及大壮,晋与明夷家人睽。

蹇解损益夬姤萃,升困井革鼎震继。

艮渐归妹丰旅巽,兑涣节兮中孚至。

小过既济兼未济,是为下经三十四。

传一共七种十篇:《彖传》上下篇、《象传》上下篇、《文言》、《系辞》上下篇、《说卦》、《序卦》和《杂卦》。这十篇"传"又称"十翼",意思是说"传"是"经"的羽翼,即用来解说"经"的内容。

《彖传》:彖,即材,通"裁",有裁断之义。彖辞是裁断(说明解释)一卦之义,《彖传》分为上、下两篇。

《象传》:象,取法自然之象(自然界事物所呈现的容貌、形态),如日月星辰呈现的象为天象,山川草木呈现的象为地象,依上、下两经,分《象传》上、《象传》下两篇。

《文言》:解说不一。有说是以文饰乾坤;有说是依文言理,有说是卦爻辞为文王所作,故曰文言;也有说乾坤德大,持以文饰而为文言。

《系辞》:指系属在卦爻之下的文辞,即卦爻辞。《系辞》分为上、下两篇,阐述了乾、坤的地位，追溯了《周易》的起源、形成、作者，揭示了《周易》中所包含的认识世界的规律，涵盖预知未来、道德修养、安邦治国、观卦象制器具等方面的知识。

《说卦》：共十一章，系统解说了八卦的产生、性质、功用、方位，以及八卦所代表的卦象。

《序卦》：六十四卦的排列说明，以"有天地然后有万物"说明乾、坤居《易》之首，又以因果联系、物极必反、相生相成的观点，解释卦与卦之间的关系，以物不可以终穷解释"未济"为最后一卦的原因。

《杂卦》：杂糅六十四卦，分六十四卦为三十二对，简要地说明卦名之义。

《周易》影响了中华文化的方方面面。《四库全书总目·经部易类小序》中说："又《易》道广大，无所不包，旁及天文、地理、乐律、兵法、韵学、算术，以逮方外之炉火，皆可援《易》以为说，而好异者又援以入《易》，故《易》说愈繁。"易学代代相传，释家林立，千百年来，鸿儒硕学皓首穷经，留下著作 3000 多部。《周易》对阴阳互应、刚柔相济的自然规律的揭示，对自强不息、厚德载物的精神力量的弘扬，是中华民族能够久历众劫而不覆、逢危难而不倾、遇衰而复振的根脉所在。

目 录

上经

乾(卦一) ……………………… 1

坤(卦二) ……………………… 10

屯(卦三) ……………………… 16

蒙(卦四) ……………………… 19

需(卦五) ……………………… 21

讼(卦六) ……………………… 24

师(卦七) ……………………… 26

比(卦八) ……………………… 29

小畜(卦九) …………………… 32

履(卦十) ……………………… 34

泰(卦十一) …………………… 37

否(卦十二) …………………… 39

同人(卦十三) ………………… 42

大有(卦十四) ………………… 45

谦(卦十五) …………………… 47

豫(卦十六) …………………… 50

随(卦十七) …………………… 52

蛊(卦十八) …………………… 55

临(卦十九) …………………… 57

观(卦二十) …………………… 59

噬嗑(卦二十一) ……………… 62

贲(卦二十二) ………………… 64

剥(卦二十三) ………………… 67

复(卦二十四) ………………… 69

无妄(卦二十五) ……………… 72

大畜(卦二十六) ……………… 74

颐(卦二十七) ………………… 76

大过(卦二十八) ……………… 79

坎(卦二十九) ………………… 81

离(卦三十) …………………… 83

下经

咸(卦三十一) ………………… 86

恒(卦三十二) ………………… 88

遁(卦三十三) ………………… 91

大壮(卦三十四) ……………… 93

晋(卦三十五) ………………… 95

明夷(卦三十六) ……………… 97

家人(卦三十七) ……………… 100

睽(卦三十八) ………………… 102

蹇(卦三十九) ………………… 105

解(卦四十) …………………… 107

损(卦四十一) ………………… 110

益(卦四十二) ………………… 112

夬(卦四十三) ………………… 115

姤(卦四十四) ………………… 117

萃(卦四十五) ………………… 120

升(卦四十六) ………………… 122

困(卦四十七) ………………… 124

井(卦四十八) ………………… 127

革（卦四十九） ················ 130

鼎（卦五十） ················ 132

震（卦五十一） ················ 134

艮（卦五十二） ················ 137

渐（卦五十三） ················ 139

归妹（卦五十四） ················ 142

丰（卦五十五） ················ 144

旅（卦五十六） ················ 147

巽（卦五十七） ················ 150

兑（卦五十八） ················ 152

涣（卦五十九） ················ 154

节（卦六十） ················ 157

中孚（卦六十一） ················ 159

小过（卦六十二） ················ 161

既济（卦六十三） ················ 164

未济（卦六十四） ················ 166

系辞上

第一章 ················ 169

第二章 ················ 170

第三章 ················ 171

第四章 ················ 172

第五章 ················ 173

第六章 ················ 174

第七章 ················ 175

第八章 ················ 175

第九章 ················ 179

第十章 ················ 181

第十一章 ················ 183

第十二章 ················ 185

系辞下

第一章 ················ 188

第二章 ················ 189

第三章 ················ 192

第四章 ················ 193

第五章 ················ 193

第六章 ················ 198

第七章 ················ 199

第八章 ················ 201

第九章 ················ 201

第十章 ················ 203

第十一章 ················ 203

第十二章 ················ 204

说卦

第一章 ················ 206

第二章 ················ 207

第三章 ················ 208

第四章 ················ 210

序卦传

第一章 ················ 214

第二章 ················ 216

杂卦传

杂卦传 ················ 220

上经

乾（卦一）

（乾下乾上）

qián yuán hēng lì zhēn
乾①：元亨，利贞②。

chū jiǔ qián lóng wù yòng
初九③：潜龙，勿用④。

jiǔ èr xiàn lóng zài tián lì jiàn dà rén
九二：见龙在田，利见大人⑤。

jiǔ sān jūn zǐ zhōng rì qián qián xī tì ruò lì wú jiù
九三：君子终日乾乾⑥，夕惕若。厉，无咎⑦。

jiǔ sì huò yuè zài yuān wú jiù
九四：或跃在渊⑧，无咎。

jiǔ wǔ fēi lóng zài tiān lì jiàn dà rén
九五：飞龙在天⑨，利见大人。

shàng jiǔ kàng lóng yǒu huǐ
上九：亢龙，有悔⑩。

yòng jiǔ xiàn qún lóng wú shǒu jí
用九⑪：见群龙无首，吉。

―――――――――――――――――――――――

【注释】

　　①乾：卦名，《周易》共有六十四卦，乾为第一卦，由八卦中代表天的乾上下叠加而成。其卦画由六个阳爻（阳爻符号为"—"，阴爻为"－－"）构成。乾为天，刚健中正，又象征天道伟大、崇高、阳刚、健美。乾卦是根据万物变通的道理，以"元、亨、利、贞"为卦辞，示吉祥如意，教导人遵守天道的德行。乾为空，乾卦卦意为虽然形势正在好转，但是事实的情势却未能配合，对事既不

1

可操之过急，也不宜就此退缩，应经常不懈地努力，如此终会取得成功。 ②元亨，利贞：这句是乾卦的卦辞。元，大；亨，通，顺。元亨即大吉、大通顺之意。利贞，吉利的占卜。也可译为利于占卜，以贞而利。 ③初九：本卦第一爻的名称，以下"九二""九三"等也是爻名。《周易》以"九"标示阳爻，以"六"标示阴爻。一个卦画由六爻组成，从下向上推演，依次用初、二、三、四、五、上表示。 ④潜：藏，隐伏。 龙：马融曰："物莫大于龙，故借龙以喻天之阳气也。初九，建子之月（阴历十一月）。阳气始动于黄泉，既未萌芽，犹是潜伏，故曰'潜龙'也。" 勿用：不可轻举妄动，意为隐藏实力，伺机出动。 ⑤见：出现。 田：田野。 大人：指有道德有作为的人。 ⑥君子：指有才德的贵族。 乾乾：勤勉努力，自强不息。 ⑦夕：夜晚。 惕若：警惧的样子。厉：危险。 咎：灾殃，危害。 ⑧跃在渊：跳进深潭，有跃跃欲试之意。⑨飞龙在天：五在天位，在本卦中又是阳爻，故曰"飞龙在天"。 ⑩亢：过于上而不能下，极高。 有悔：过高而不可下，犹言陷入困境，故有悔。悔，指灾祸。⑪用九：乾卦特有的爻名。《周易》中只有乾卦和坤卦多一爻（坤卦称用六），专门表示这两卦是全阳、全阴。"用九"表示乾卦的全阳爻将尽变为全阴爻。

【白话】

乾卦：大吉大利，吉利的占卜。

初九：龙潜隐不出，不可轻举妄动。

九二：龙出现在田野中，有利于去拜见大人。

九三：君子整天勤勉努力，在夜里还是要警惕谨慎，有危险，但无灾殃。

九四：龙或跃进深渊，无灾。

九五：龙飞在天上，有利于出现有道德并居于高位的人。

上九：龙飞升到极高处，有悔恨。

用九：出现一群龙，却没有首领，大吉。

《彖》曰①：大哉乾元，万物资始②，乃统天。云行雨施，品物流形③。大明终始④，六位时成⑤，时乘六龙以御天⑥。乾道变化，各正性命⑦，保合大和⑧，乃利贞。首出庶物⑨，万国咸宁⑩。

【注释】

①《彖》：解释卦辞的文字，称《彖传》。 ②乾元：天之元气、本源。古人认为，元气化生万物，天即为乾（天）元所化。 资：依靠，依赖。 ③品物：品类之物，指万物。 流形：变动成形。 ④大明：太阳。 终始：指日升日落。 ⑤六位：天地四时，用以标示六爻。 ⑥六龙：指乾卦的六个阳爻。御天：犹言化生、主导自然万物。 ⑦性命：属性与命数。 ⑧保合：保持、融合。 大和：太和，即天地四时的运行极其和谐。 ⑨首出庶物：阳气为万物之始，故曰"首出庶物"。庶物，众物，万物。 ⑩咸：都，全。

【白话】

《彖传》说：宏大啊，天之元气，万物因之而化生，于是被天统御。云飞雨降，万物各成其类。日升日落，乾卦六位以时而形成，羲和驾着六龙主导万物自然。天道变易化生，使万物形成其属性和寿命，保持并融合，从而使天地四时和谐，体现天之正道。阳气化生万物，使天下四方和谐安宁。

《象》曰①：天行健②，君子以自强不息。"潜龙勿用"，阳在下也。"见龙在田"，德施普也③。"终日乾乾"，反复道也④。"或跃在渊"，进无咎也。"飞龙在天"，大人造也⑤。"亢龙有悔"，盈不可久也⑥。"用九"，天德不可为首也⑦。

【注释】

①《象》：总论卦象的文字，称《象传》。 ②天行健：乾卦的上下两个三画卦都象征天，天为阳，阳为健，故曰"天行健"。天行，天道，天的运行规则。③普：普遍。 ④道：言说。 ⑤造：成就，达到。 ⑥盈：满盈。 ⑦天德：天之德行。 不可为首：不可有所作为，犹言"勿用"。

【白话】

《象传》说：天道刚健，君子（以天为法），所以自强不息。（初九）"潜龙勿用"，是阳爻在一卦的下位（所以隐居不出）。（九二）"见龙在田"，喻大人在民间普遍施行恩德。（九三）"终日乾乾"，是反复言说合于正道。（九四）"或跃

3

在渊"，喻前进没有害处。（九五）"飞龙在天"，喻大人居尊位有所作为。（上九）"亢龙有悔"，喻满盈的状态不能长久。"用九"，六爻皆属阳，各秉天的至纯至阳的德行，不可为首。

《文言》曰[1]："元"者，善之长也[2]；"亨"者，嘉之会也[3]；"利"者，义之和也；"贞"者，事之干也[4]。君子体仁足以长人[5]，嘉会足以合礼，利物足以和义[6]，贞固足以干事[7]。君子行此四德者，故曰"乾，元、亨、利、贞"。

【注释】

①《文言》：《易传》的一部分。只有乾卦和坤卦有《文言》，因乾、坤两卦在六十四卦中最为重要，如同门户，所以需要对其爻辞进一步推衍解说，赋予爻辞理论意义。 ②长：首长之意。 ③会：汇集，集中。 ④干：主干，根本。 ⑤体仁：以"仁"为体。 长人：成为众人之首长。 ⑥和义：与义相合。 ⑦贞固：纯正坚定。 干事：主导事物。

【白话】

《文言》说："元"，是善的首位；"亨"，是美的集合；"利"，是义的应和；"贞"，是万事的主干。君子以仁为体并实行仁，足以成为众人之首长；集合美足以合礼；利于外物足够与义相合；纯正坚定足以主导事物。君子推行仁、义、礼、正这四德，所以说"乾卦象征天：元始，亨通，和谐有利，贞正坚固"。

初九曰"潜龙勿用"，何谓也？子曰[1]："龙，德而隐者也。不易乎世[2]，不成乎名，遁世无闷[3]，不见是而无闷[4]。乐则行之，忧则违之，确乎其不可拔[5]，潜龙也。"

4

【注释】

①子：一般认为指孔子。《周易》成书在孔子之前，当时只有卦辞、爻辞，后来孔子整理经典，在《周易》之后加上解释，称为《易传》。 ②易乎世：随世改易，犹言随波逐流。 ③遁世：避世，如前言"隐"。 闷：苦闷。 ④不见是：不被肯定、认同。是，肯定、认可之意。 ⑤拔：改变。

【白话】

初九说"潜龙勿用"，是什么意思？孔子说："龙，是有德而隐藏自己的君子。他不随世改易，不求成名，避世隐居不感到苦闷，不被认同也不感到苦闷。高兴则去做，烦忧则不去做，意志坚定不改，是为潜龙。"

九二曰"见龙在田，利见大人"，何谓也？子曰："龙，德而正中者也①。庸言之信②，庸行之谨③，闲邪存其诚④，善世而不伐⑤，德博而化⑥。《易》曰：'见龙在田，利见大人。'君德也。"

【注释】

①正中：端正不偏。九二居于下乾三个阳爻的中间。 ②庸言：平常的言论。在儒家看来，不偏不倚谓之中，平常谓庸。 ③庸行：平常的行为。 ④闲：防范。 邪：邪祟。 ⑤善世：与世为善。 伐：夸耀。 ⑥德博而化：道德广博以教化天下。

【白话】

九二说"见龙在田，利见大人"，是什么意思？孔子说："龙，比喻有德而合乎中庸的君子。平常的言论讲究诚信，平常的行为讲究谨慎，为防范邪祟而保持诚心，与世为善而不自夸，以广博的道德教化天下。《周易》说：'见龙在田，利见大人。'讲的是君子之德。"

九三曰"君子终日乾乾，夕惕若。厉，无咎"，何谓也？子曰："君子进德修业①，忠信所以进德也，修辞立其诚②，所以居业也③。知至至之④，可与言几也⑤；知终终之⑥，可与存义也⑦。是故居上位而不骄，在下位而不忧，故乾乾因其时而惕，虽危无咎矣。"

【注释】

①进德修业：修养品德，治理功业。　②修辞：修饰言语。　③居业：保住事业。　④知至至之：知道（事业所能达到的目标）而达到它。　⑤与：参与。几：几微，事物微妙的先兆。　⑥知终终之：知道（修业的结果）而促成它。⑦存义：保持合宜。

【白话】

九三说"君子终日乾乾，夕惕若。厉，无咎"，是什么意思？孔子说："君子应修养品德，治理功业。培养忠信的品质，就是修养品德；修饰言语以表现真诚，就是治理功业。知道（事业所能达到的目标）而达到它，可以把握其中的微妙；知道（修业的结果）而促成它，可以保持合宜。因此，居于上位而不骄矜，居于下位而不忧虑，终日努力上进，警惕慎行，虽然有危险，但最终无灾。"

九四曰"或跃在渊，无咎"，何谓也？子曰："上下无常，非为邪也①。进退无恒②，非离群也。君子进德修业，欲及时也③，故无咎。"

九五曰"飞龙在天，利见大人"，何谓也？子曰："同声相应④，同气相求⑤。水流湿⑥，火就燥；云从龙，风从虎，圣人作而万物睹⑦。本乎天者亲上⑧，本乎地者亲下，则各从其类也。"

上九曰"亢龙有悔"，何谓也？子曰："贵而无位⑨，

同易

_{gāo ér wú mín}⑩，_{xián rén zài xià wèi ér wú fǔ}⑪，_{shì yǐ dòng ér yǒu huǐ yě}
高而无民⑩，贤人在下位而无辅⑪，是以动而有悔也。"

【注释】

①非为邪：不是出于邪念。 ②无恒：无常，没有规律、范式。 ③及时：赶上时间，即抓紧时间。 ④同声：这里指主张、意见相同。 应：应和，响应。 ⑤求：求合。 ⑥湿：指低湿处。 ⑦作：兴起。 睹：瞻仰。 ⑧本乎天：以天为本。 ⑨贵：上九位于乾卦的最上方，故曰"贵"。 无位：没有地位。尊贵之位在九五，故曰"无位"。 ⑩无民：民在下，因此上九无民。 ⑪贤人在下位：有德之君子位于九三，在上九之下，故曰"在下位"。

【白话】

九四说"或跃在渊，无咎"，是什么意思？孔子说："（龙）或上或下，没有常态，不是出于邪念。进退没有规律，并非离群索居。就像君子修养品德，治理功业，就要把握时机，因此无灾。"

九五说"飞龙在天，利见大人"，是什么意思？孔子说："主张相同的互相应和，趣味相投的互相求合。水流于低湿的地方，火起于干燥之处；云在龙之后，风从虎后生，圣人兴起而万物瞻仰。以天为本的与天上的东西亲近，以地为本的与地下的东西亲近，万物各从其类。"

上九说"亢龙有悔"，是什么意思？孔子说："居于显贵之位却没有地位，居于高位而无民，贤人君子在下位因此得不到辅助，所以行事有悔。"

_{qián lóng wù yòng}　　_{xià yě}　　_{xiàn lóng zài tián}　　_{shí shè yě}　　_{zhōng}
"潜龙勿用"，下也①。"见龙在田"，时舍也②。"终
_{rì qián qián}　　_{xíng shì yě}　　_{huò yuè zài yuān}　　_{zì shì yě}　　_{fēi lóng zài}
日乾乾"，行事也③。"或跃在渊"，自试也④。"飞龙在
_{tiān}　　_{shàng zhì yě}　　_{kàng lóng yǒu huǐ}　　_{qióng zhī zāi yě}　　_{qián yuán}　　_{yòng}
天"，上治也⑤。"亢龙有悔"，穷之灾也。乾元"用
_{jiǔ}　　_{tiān xià zhì yě}
九"⑥，天下治也。

【注释】

①下：初九位于本卦最下方，喻地位低下。 ②时舍：暂时停留。 ③行事：办事，做事。 ④自试：自测才能。 ⑤上治：居上位而治。 ⑥乾元"用九"：乾卦运行到用九，用九的爻辞是"群龙无首"，意即天下没有主政之人，百姓各安其事，故曰"天下治"。

（初九）"潜龙勿用"，是因处在下位。（九二）"见龙在田"，是暂时有所耽搁之意。（九三）"终日乾乾"，喻勤勉地做事。（九四）"或跃在渊"，喻自测才能。（九五）"飞龙在天"，喻居上位而治。（上九）"亢龙有悔"，喻达至极点而有灾祸。乾卦运行到"用九"（群龙无首，没有天子，只有酋长），天下大治。

qián lóng wù yòng　　yáng qì qián cáng　　　　xiàn lóng zài tián　　tiān xià wén
"潜龙勿用"，阳气潜藏①。"见龙在田"，天下文

míng　　　　zhōng rì qián qián　　　　yǔ shí xié xíng　　　　huò yuè zài yuān　　qián dào nǎi
明②。"终日乾乾"，与时偕行③。"或跃在渊"，乾道乃

gé　　　fēi lóng zài tiān　　nǎi wèi hū tiān dé　　　　kàng lóng yǒu huǐ　　　yǔ shí
革④。"飞龙在天"，乃位乎天德⑤。"亢龙有悔"，与时

xié jí　　qián yuán　　yòng jiǔ　　　nǎi jiàn tiān zé
偕极。乾元"用九"，乃见天则⑥。

【注释】

①阳气潜藏：初九，指阴历十一月，此时阳气藏在地中。　②文明：文，文采；明，光明。即多彩而明亮。　③偕：一同，一起。　④乾道：天道。　革：变革。　⑤天德：天创造、养育万物的功德。　⑥天则：大自然运行的法则。

【白话】

"潜龙勿用"，是指阳气潜藏。"见龙在田"，指天下富文采而光明。"终日乾乾"，是指随时令一同运行。"或跃在渊"，是说天道因此变革。"飞龙在天"，指德性已上达天位。"亢龙有悔"，是说（阳气）随着时节一同达到极点（而将有灾殃）。乾卦到了"用九"，就可以看出大自然运行的法则。

qián　yuán　zhě　　　shǐ ér hēng zhě yě　　　　lì zhēn zhě　　xìng qíng yě
乾"元"者①，始而亨者也。"利贞"者，性情也②。

qián shǐ néng yǐ měi lì lì tiān xià　　bù yán suǒ lì　　dà yǐ zāi　　dà zāi qián hū
乾始能以美利利天下，不言所利，大矣哉！大哉乾乎！

gāng jiàn zhōng zhèng　　chún cuì jīng yě　　liù yáo fā huī　　　páng tōng qíng yě　　　shí
刚健中正，纯粹精也。六爻发挥③，旁通情也④。"时

chéng liù lóng　　　yǐ　　yù tiān　　yě　　　yún xíng yǔ shī　　　tiān xià píng yě　　　jūn
乘六龙"，以"御天"也。"云行雨施"，天下平也。君

zǐ　yǐ chéng dé wéi xíng　　rì kě jiàn zhī xíng yě　　　qián　　zhī wéi yán yě　　　yǐn
子以成德为行⑤，日可见之行也。"潜"之为言也，隐

而未见，行而未成，是以君子"弗用"也。

【注释】

①乾"元"者：当作"乾元亨"。　②性情：本性与实情。　③发挥：变化，起作用。　④旁通情：广泛贯通物情。　⑤成德：完善道德。

【白话】

乾卦中的"元"，是天使万物通顺之意。"利贞"，是乾阳赋予万物的本性与实情。天开始能用美和利造福于天下，不说所利之物，真是太伟大了！宏大的天啊！刚健中正，纯粹而不混杂。乾卦六爻发挥作用，广泛贯通于万物。"时乘六龙"，可以掌握万物的自然变化。"云行雨施"，则天下太平。君子以完善自己的道德来行事，每天都可以看到他合于德的行动。（初九）说的"潜"，是隐伏而不出现，行事而尚未有所成就，所以君子"不作为"。

君子学以聚之，问以辩之，宽以居之，仁以行之。《易》曰"见龙在田，利见大人"，君德也。

九三重刚而不中①，上不在天，下不在田②，故乾乾因其时而惕，虽危无咎矣。

九四重刚而不中，上不在天，下不在田，中不在人③，故"或"之④。"或"之者，疑之也，故"无咎"。

夫"大人"者，与天地合其德，与日月合其明，与四时合其序⑤，与鬼神合其吉凶。先天而天弗违⑥，后天而奉天时⑦。天且弗违，而况于人乎？况于鬼神乎？

"亢"之为言也，知进而不知退，知存而不知亡，知得而不知丧，其唯圣人乎！知进退存亡而不失其正

zhě   qí wéi shèng rén hū

者，其唯圣人乎！

【注释】

①重刚：因为九三上下都是阳爻，因此称"重刚"。 不中：九三在下卦的最上方，所以说不中。下文的九四在上卦的最下方，因此也称不中。 ②上不在天，下不在田：上不达于天（九五），下不达于田（九二）。 ③中不在人：一卦中只有二、五两爻居中，所以称九三为不中，即不居中。 ④或：指九四爻辞"或跃在渊"中的"或"。 ⑤序：次序，顺序。 ⑥先天：先于天象，这里指自然界尚未出现变化时，就预先采取必要的措施。 ⑦后天：后于天象，这里指自然界出现变化之后，及时采取适当的措施。

【白话】

君子学习以积累知识，求问以辨明是非，用宽容来容纳人事，用仁心来行事。正如《周易》（九二）说"见龙在田，利见大人"，是君主之德。

九三在两重刚位，在六爻中不在中间，上不达天位，下不达田野（属于人位），因此勤勉努力，时时警惕，虽然有危险，但最终无灾。

九四在三重刚位，在六爻中不在中间，上不达天位，下不达田野，中不在人位，因此说"或"。"或"是疑而未定，因此"无咎"。

（九五）中的"大人"的德行与天地好生之德相合，其明断与日月的普照相合，其行事与四时的顺序相合，其吉凶与鬼神福善祸恶相合。他先于天象作为而天不违反他；后于天象处事，也能遵循天的自然规律。天尚且不违逆他，更何况人呢？更何况鬼神呢？

（上九）讲的"亢"的含义：那些只知前进而不知后退，只知保存而不知消亡，只知得到而不知失去的，大概只有圣人吧！知道进退存亡的道理，又能持身中正的，大概是圣人吧！

坤（卦二）

（坤下坤上）

kūn   yuán hēng   lì pìn mǎ zhī zhēn   jūn zǐ yǒu yōu wǎng   xiān mí hòu

坤①：元亨，利牝马之贞②。君子有攸往，先迷后

dé zhǔ   lì   xī nán dé péng   dōng běi sàng péng   ān zhēn   jí

得主③，利。西南得朋④，东北丧朋。安贞，吉⑤。

【注释】

①坤：卦名，为《周易》第二卦，其卦象坤上坤下，卦画由六阴爻（"- -"）构成。坤为地，它以顺从为主，其性柔弱。象征天地间生息之气始于天，其形生于地。天是所施之本源，地是承载之基。它和乾卦分开来看，各有自己的特点和性质，合起来又是无法分离的整体。乾是开创，坤是承接，它含弘光大，生化了万物，造就了一切，万物依乎她而得以开辟展布、生生不息，牝马依乎她而得以奔驰疆土、叱咤风雄。本卦显现出母亲般的慈爱和女性的柔顺。本卦涉及农业生产、商业活动和战争，较全面地反映了大地上人们的各种活动。　②牝马：雌马。因坤卦六爻皆阴，故称雌马。　贞：正也，指守持正固。　③攸：所。迷：不得方向，迷路。　主：旅客之主，房主。　④朋：在学术界有争论，一说指朋友，一说指朋贝（即古时的货币）。两者在卦辞中都可通。今从朋友解。⑤安贞，吉：占问是否平安，若得此卦，吉利。

【白话】

坤卦：大吉大利，像雌马一样守持正固。君子有所往，先迷路，后得主人（接待），吉利。往西南方得到友朋（财物），往东北方失去友朋（财物）。安顺守持正固可获吉祥。

《彖》曰：至哉坤元①，万物资生，乃顺承天②。坤厚载物③，德合无疆④。含弘光大，品物咸亨⑤。牝马地类⑥，行地无疆，柔顺利贞。君子攸行，先迷失道，后顺得常⑦。西南得朋，乃与类行。东北丧朋，乃终有庆。安贞之吉，应地无疆⑧。

《象》曰：地势坤，君子以厚德载物。

【注释】

①坤元：地之元气、本源。　②顺承天：承奉乾阳之气的变化。　③坤厚载物：坤德厚重，能承载万物。　④德合无疆：坤德与乾德配合而健行不已。　⑤品

物：各种生物。　⑥地类：与地的属性类似。　⑦后顺：随后，顺从。　常：常道。　⑧应地无疆：应和大地的美德永葆无疆。

【白话】

《象传》说：至极啊，坤之本源，万物依赖它而滋生，于是顺承于天。大地厚重以承载万物，与天相合至于无疆。含容广大，万物皆得畅达。雌马与大地属性相类，在地上行走是无限的，柔顺温和、有贞正的美德。君子有所远行，开始迷惑失路，后来顺利得到正路。向西南去得到朋友，是跟同类的人一起走。向东北去失掉朋友，但最终有吉庆。安于正道得吉庆，与地的美德无疆相应。

《象传》说：大地的气势厚实和顺，君子效法大地，用深厚的德泽来承载万物。

chū liù　　　lǚ shuāng　　jiān bīng zhì
初六①：履霜，坚冰至。

xiàng　yuē　lǚ shuāng jiān bīng　　yīn shǐ níng yě　xùn zhì qí dào
《象》曰："履霜坚冰"②，阴始凝也。驯致其道③，

zhì　jiān bīng　yě
至"坚冰"也。

liù èr　　zhí fāng dà　　bù xí　wú bú lì
六二：直、方、大④，不习，无不利。

xiàng　yuē　liù èr zhī dòng　zhí yǐ fāng yě　　bù xí
《象》曰：六二之动，"直"以"方"也⑤。"不习

wú bú lì　　dì dào guāng yě
无不利"，地道光也⑥。

liù sān　hán zhāng kě zhēn　huò cóng wáng shì　wú chéng yǒu zhōng
六三：含章可贞⑦。或从王事⑧，无成有终⑨。

xiàng　yuē　hán zhāng kě zhēn　yǐ shí fā yě　huò cóng wáng shì
《象》曰："含章可贞"，以时发也。"或从王事"，

zhì guāng dà yě
知光大也⑩。

liù sì　kuò náng　wú jiù wú yù
六四：括囊⑪，无咎无誉。

xiàng　yuē　kuò náng wú jiù　shèn bú hài yě
《象》曰："括囊无咎"，慎不害也。

liù wǔ　huáng cháng　yuán jí
六五：黄裳⑫，元吉。

xiàng　yuē　huáng cháng yuán jí　wén zài zhōng yě
《象》曰："黄裳元吉"，文在中也⑬。

上六：龙战于野，其血玄黄⑭。

《象》曰："龙战于野"，其道穷也。

用六⑮：利永贞⑯。

《象》曰：用六"永贞"，以大终也。

【注释】

①初六：居卦下第一位，故称"初"，以其阴爻，故称"六"。阳爻为九，阴爻为六。乾卦为全阳，坤卦为全阴。初为下卦最下方的爻，向上依次为二、三、四、五、上。　②履霜坚冰：根据朱熹《周易正义》，此处应作"履霜"，"坚冰"为衍文。　③驯致：顺推，和顺地实现。　道：自然之道。　④直、方、大：这里指坤（即"地"）的品德。地顺应天，即为直；地是方的，也是大的。　⑤以：连词，而且，并且。　⑥光：借为广，指广大。　⑦含章：含有文章，指有文采。　可贞：所占之事可行，谓之可贞。　⑧王事：君王之事，指战争等。　⑨无成有终：没有成就，但结果也是好的。　⑩知：智慧。　⑪括囊：括，打结；囊，口袋。这里比喻缄口不言。　⑫黄裳：黄色的衣裙。古代以黄色为祥瑞之色。　⑬文：文采，象征美德。　⑭玄黄：玄，黑色；黄，黄色。玄黄常用来代指天地的颜色。这里指龙的颜色，古书记载龙有五色。　⑮用六：和乾卦的用九一样，是多出来的一爻，为全阴爻，表示阴气渐终而阳气渐生。　⑯永：长，久。

【白话】

初六：踩到了霜，结成坚冰的时令就快要到了。

《象传》说："履霜"，是阴气开始凝聚。遵循自然规律的发展，必然凝结成坚冰。

六二：大地的形貌平直、方正、辽阔，本于自然，不学习，也不会不利，这正是大地的法则。

《象传》说：六二的运动，直且方。"不习无不利"，是地之道光辉廓大。

六三：蕴含文采美德，可以守持正道。有人参与君王之事（战争），虽然没有战绩，但有好结果。

《象传》说："含章可贞"，是因遵时以动。"或从王事"，是因才智广大。

六四：缄口不言，没有害处，也无好处。

《象传》说："括囊无咎"，是说谨慎而无灾。

六五：穿黄色的衣裙，是大吉大利的象征。

《象传》说："黄裳元吉"，表明含蓄、谦和，文采居中不外露。

上六：龙在旷野上争斗，玄黄色的血流遍地面。

《象传》说："龙战于野"，是坤道将要终结（因而与乾阳发生争斗）。

用六：长久吉利的占卜。

《象传》说：用六说的"永贞"，（由阴至阳，）终点将至。

wén yán yuē kūn zhì róu ér dòng yě gāng zhì jìng ér dé fāng hòu
《文言》曰：坤至柔而动也刚，至静而德方①，后

dé zhǔ ér yǒu cháng hán wàn wù ér huà guāng kūn dào qí shùn hū chéng tiān
得主而有常②，含万物而化光③。坤道其顺乎！承天

ér shí xíng
而时行。

jī shàn zhī jiā bì yǒu yú qìng jī bú shàn zhī jiā bì yǒu yú yāng chén
积善之家，必有余庆；积不善之家，必有余殃。臣

shì qí jūn zǐ shì qí fù fēi yì zhāo yì xī zhī gù qí suǒ yóu lái zhě jiàn
弑其君，子弑其父，非一朝一夕之故，其所由来者渐

yǐ yóu biàn zhī bù zǎo biàn yě yì yuē lǚ shuāng jiān bīng zhì gài
矣，由辩之不早辩也④。《易》曰"履霜，坚冰至"，盖

yán shùn yě
言顺也⑤。

zhí qí zhèng yě fāng qí yì yě jūn zǐ jìng yǐ zhí nèi
"直"其正也⑥，"方"其义也⑦。君子敬以直内⑧，

yì yǐ fāng wài jìng yì lì ér dé bù gū zhí fāng dà bù xí
义以方外⑨，敬义立而德不孤⑩。"直、方、大，不习，

wú bú lì zé bù yí qí suǒ xíng yě
无不利"，则不疑其所行也。

yīn suī yǒu měi hán zhī yǐ cóng wáng shì fú gǎn chéng yě dì dào yě
阴虽有美，含之以从王事，弗敢成也⑪。地道也，

qī dào yě chén dào yě dì dào wú chéng ér dài yǒu zhōng yě
妻道也，臣道也⑫。地道无成而代有终也⑬。

tiān dì biàn huà cǎo mù fán tiān dì bì xián rén yǐn yì yuē
天地变化，草木蕃⑭；天地闭，贤人隐。《易》曰

kuò náng wú jiù wú yù gài yán jǐn yě
"括囊，无咎无誉"，盖言谨也。

jūn zǐ huáng zhōng tōng lǐ zhèng wèi jū tǐ měi zài qí zhōng ér chàng yú
君子黄中通理⑮，正位居体⑯，美在其中而畅于

14

四支^⑰，发于事业，美之至也。

阴疑于阳必战^⑱。为其嫌于无阳也^⑲，故称"龙"焉。犹未离其类也，故称"血"焉。夫玄黄者，天地之杂也，天玄而地黄。

【注释】

①方：方正，正直。　②有常：有规律。　③化光：变化以至光大。　④辩：通"辨"，明察，辨别。　⑤顺：顺应时序。　⑥正：本性，本质。　⑦义：合宜。　⑧直内：使内心正直。　⑨方外：使外在行为规范。　⑩孤：孤立，孤独。《论语》："德不孤，必有邻。"　⑪成：惯例、陈规、范式。　⑫妻道也，臣道也：指地之道在于顺承，犹如妻要顺承夫，臣要顺承君。　⑬代：代替。有终：取得结果。　⑭蕃：茂盛。　⑮黄中：黄，中之色，六五居上卦中位，故称"黄中"。理：文理。　⑯正位居体：在合适的位置安身。　⑰支：通"肢"。　⑱疑于：疑，通"拟"，比拟。拟于，指阴阳二气势均力敌。　⑲嫌：兼，并有。

【白话】

《文言》说：大地性至柔但变动时也显示出刚劲，性至静且柔美的品德流布四方，后得（天的）主导而合于规律，涵养万物而能变化、光大。坤之道在于顺承啊！承天道而四时运行。

积善的人家，必多吉庆；积恶的人家，必多灾殃。臣子弑君，儿子弑父，不是一朝一夕的缘故，其缘由是渐渐累积的，只是在开始时没有明察。《周易》说"履霜，坚冰至"（初六），这是事物发展的必然趋势。

（六二）"直"是其本性正直，"方"是其合宜的道德。君子要恭敬，以使内心正直；做事合宜，以使行为规范。敬、义树立起来了，道德就不会孤立。"直、方、大，不习，无不利"，那么就不会怀疑自己的行事。

（六三）阴气虽然有美，含蓄着以参与王事，不能形成范式。地之道，就是妻道、臣道。地道没有制定法式而代天道有结果。

天地运动、化生，草木因而茂盛；天地闭塞，贤人隐遁。《周易》说"括囊，无咎无誉"（六四），概括来说是要谨慎。

（六五）君子的美质好比黄色中和，通情达理，他端正所处的地位而守礼，美就在内心且畅通于四肢，发挥到事业上，这是极致的美德啊。

（上六）阴和阳势均力敌，必有斗争。因为阴兼有无阳，所以称龙。尚未失去其属性，它仍然属于阴，所以称"血"。玄黄，是天地之间的芜杂，天色玄而地色黄。

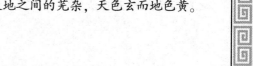

屯（卦三）

≣（震下坎上）

zhūn yuán hēng lì zhēn wù yòng yǒu yōu wǎng lì jiàn hóu
屯①：元亨，利贞。勿用有攸往。利建侯②。

tuàn yuē zhūn gāng róu shǐ jiāo ér nàn shēng dòng hū xiǎn zhōng
《彖》曰：屯，刚柔始交而难生③。动乎险中④，

dà hēng zhēn léi yǔ zhī dòng mǎn yíng tiān zào cǎo mèi yí jiàn hóu ér bù níng
大亨贞⑤。雷雨之动满盈，天造草昧⑥。宜建侯而不宁⑦。

xiàng yuē yún léi zhūn jūn zǐ yǐ jīng lún
《象》曰：云雷，屯。君子以经纶⑧。

【注释】

①屯：卦名，其卦画由表示雷的震和表示水的坎组成。屯，本义指草木之初生，又因物初生而艰难，所以有艰难危险之意。屯卦，卦象下为震，其象为雷；上为坎，其象为云为雨为水。震雷动能鼓动发育万物，坎水可滋养润化万物，春雷萌动，万物始生，万物初生，屯然而难。内欲动而险在外，此卦意在突出事物初生时的艰难之象，但若能把握事物发展的规律，前景必将充满光明。屯卦之旨在于启迪人们要注意化险为夷。 ②建侯：建国封侯。 ③刚柔始交：指阳和阴交合，因此产生困难。 ④动乎险中：下卦震代表动，上卦坎代表险。 ⑤大亨贞：要想畅达，就必须坚定纯正的初衷。 ⑥草昧：原始的混沌之态。 ⑦不宁：不安居而无所事事。 ⑧经纶：经，整理；纶，本义是丝。经纶代指治理，规划。

【白话】

屯卦：亨通，利于守持正固。不要有所行动而他往。利于建国封侯。

《彖传》说：屯，阴阳刚开始交合而产生困难。在危险中有所行动，要想畅达无阻，就必须坚定纯正的初衷。雷雨翻涌满盈，天产生混沌之象。有利于建国封侯而不应安居无所事事。

《象传》说：乌云雷声交动，状时世艰难。君子观此卦象，应当在时局初创之际努力经略天下大事。

初九：磐桓①，利居贞②，利建侯。

《象》曰：虽"磐桓"，志行正也③。以贵下贱④，大得民也。

六二：屯如邅如⑤，乘马班如⑥。匪寇，婚媾⑦。女子贞不字⑧，十年乃字。

《象》曰：六二之难，乘刚也⑨。十年乃字，反常也。

六三：即鹿无虞⑩，惟入于林中，君子几不如舍⑪，往吝⑫。

《象》曰："即鹿无虞"，以从禽也⑬。君子舍之，往吝穷也。

六四：乘马班如，求婚媾。往吉，无不利。

《象》曰：求而往，明也⑭。

九五：屯其膏⑮。小贞⑯，吉；大贞，凶。

《象》曰："屯其膏"，施未光也。

上六：乘马班如，泣血涟如⑰。

《象》曰："泣血涟如"，何可长也。

上经·屯（卦三）

17

【注释】

①磐桓：同"盘桓"，徘徊不前。 ②利居贞：宜于静居守正。 ③志行：心志与作为。 ④以贵下贱：初九为阳爻，处于六二的阴爻之下，故曰"以贵下贱"。下，谦下。 ⑤屯如邅如：如，语气词；邅，难行不进的样子，意为时状艰难，审慎忖度，不急于进。 ⑥班如：意同"邅如"。班，即般。 ⑦匪寇：不是强盗。匪，同"非"。 婚媾：结婚。媾，媾和。 ⑧字：女子许嫁。 ⑨乘刚：六二（为阴）在初九（为阳）之上，故曰"乘刚"。 ⑩即：接近，这里指追逐。 虞：虞人，掌管山林的官。逐鹿时虞人可为鹿之助，使其惊走。这里代指对君子有帮助的人。 ⑪几：知机，明白。 ⑫吝：艰难。 ⑬从：跟着，追逐。 ⑭明：明智。 ⑮屯：聚集，蓄积。 膏：油脂，引申为恩泽。 ⑯小贞：关于小事的贞卜。 ⑰涟如：水流不断貌。

【白话】

初九：盘桓不前，宜于静居而守正，利于建国封侯。

《象传》说：虽然"磐桓"，但心志与行为合于正道。以尊贵之身对卑贱之人谦敬，会大得人心。

六二：聚集不散，徘徊不前，骑着马盘旋回转，不是做寇劫财，而是求婚配。女子贞卜显示不急于出嫁，久待十年会有良缘。

《象传》说：六二预示的困难，是乘刚的缘故。"十年乃字"，说明难极至通、事理又恢复正常。

六三：追逐鹿，但无虞人引导帮助，鹿进入林中。君子见机不如舍弃，执意前往必有憾惜。

《象传》说："即鹿无虞"，是盲目追逐禽兽。君子舍弃它，"往吝"是说明追逐不止将至穷困。

六四：骑着马盘旋回转，是求婚配。前往是吉利的，没有害。

《象传》说：有求于下而前往，是明智的。

九五：恩泽积滞而无所施及。关于小事的贞卜，征兆为吉；关于大事的贞卜，征兆为凶。

《象传》说："屯其膏"，是施德不广大。

上六：骑着马盘旋回转，有人眼中泣血如水涟涟。

《象传》说："泣血涟如"，这种情形怎么能长久啊！

蒙 （卦四）

䷃（坎下艮上）

蒙^①：亨。匪我求童蒙^②，童蒙求我。初筮告，再三渎^③，渎则不告。利贞。

《彖》曰：蒙，山下有险，险而止，蒙。蒙，亨，以亨行时中也^④。"匪我求童蒙，童蒙求我"，志应也^⑤。"初筮告"，以刚中也^⑥。"再三渎，渎则不告"，渎蒙也。蒙以养正^⑦，圣功也。

《象》曰：山下出泉，蒙。君子以果行育德^⑧。

【注释】

①蒙：卦名，其卦画由表示水的坎和表示山的艮组成。蒙取蒙昧之义。蒙卦，卦象下为坎为泉，上为艮为山。泉水始流出山，则必将渐汇成江河，正如蒙稚渐启，又山下有险，因为有险停滞不前，所以蒙昧不明。本卦表示事物发展的萌芽时期的进一步生长。所以要想前进或后退，仅仅凭借个人单薄的力量，还是无法达成的。务必得到良好的指导培育，随着导引去解除其心里的疑惑，加以教导培育，才能达到亨通。 ②我：占筮者自谓。 童蒙：年幼而无知者。 ③渎：不恭敬，这里指亵渎占筮。 ④时中：时时合乎中正。 ⑤志：心志，所求。⑥刚中：刚健中正。 ⑦养正：培养中正的品质。 ⑧果行：果敢的行为。

【白话】

蒙卦：亨通。不是我求蒙昧的童子，而是蒙昧的童子求我。最初的卜筮显示的吉凶，（其人不相信而）再三求筮，此为亵渎，不再为之卜筮求告。以贞而利。

《象传》说：蒙，（水在下而山在上，）山下有险，遇险而停止，称蒙。蒙，亨通，是因之而行则时时合乎中正。"匪我求童蒙，童蒙求我"，是两方所求相应。"初筮告"，因其求问刚健中正之事。"再三渎，渎则不告"，是对蒙卦的亵渎。通过启蒙来培养中正品质，是圣人般的功绩。

《象传》说：山下流出泉水，是为《蒙》卦。君子观此卦象，应当以果敢的行动来培育美德。

初六：发蒙①，利用刑人②，用说桎梏③，以往吝④。

《象》曰："利用刑人"，以正法也⑤。

九二：包蒙⑥，吉。纳妇⑦，吉；子克家⑧。

《象》曰："子克家"，刚柔节也⑨。

六三：勿用取女⑩，见金夫⑪，不有躬⑫。无攸利。

《象》曰："勿用取女"，行不顺也。

六四：困蒙⑬，吝。

《象》曰："困蒙"之"吝"，独远实也⑭。

六五：童蒙，吉⑮。

《象》曰："童蒙"之"吉"，顺以巽也⑯。

上九：击蒙，不利为寇，利御寇⑰。

《象》曰："利用御寇"，上下顺也。

【注释】

①发蒙：启发蒙昧之人。　②利用：利于。　刑人：获刑的人，犯人。　③说：同"脱"。　桎梏：古代的刑具，在足曰桎，在手曰梏，类似于现代的脚镣、手铐。　④以：等于"如"，如果。　吝：艰难。犯人虽然脱离了桎梏，但由于蒙昧，有失路之险，故曰"吝"。　⑤正法：端正法规。　⑥包：包容。　⑦纳妇：

娶妻。　⑧克家：治家。　⑨刚柔节：节，意为接。九二（阳爻）在初六（阴爻）和六三（阴爻）之间，因此称刚柔相接。　⑩取：同"娶"。　⑪金夫：一说指有钱的男子；一说指手持武器的男子。　⑫躬：自身。　⑬困蒙：陷入蒙昧。　⑭远实：远离贤明之人。实：指阳刚、贤明之人。　⑮童蒙，吉：孩童蒙昧无知，有长者爱护，故曰"吉"。　⑯巽：谦顺。　⑰"击蒙"句：攻击蒙昧的孩童，若为主动，是强盗行径，不可取，故曰"不利为寇"。孩童蒙昧而攻击我，我反击，是为防御，故曰"利御寇"。

【白话】

初六：启发蒙昧之人，对获刑的人有利，可使其脱离桎梏，如果急于用刑必有遗憾惋惜。

《象传》说："利用刑人"，用来端正法规。

九二：包容蒙昧之人，吉利。像迎娶妻室一样，吉祥；又像儿辈能够治家。

《象传》说："子克家"，是刚柔相接之故。

六三：不要娶这女子，她眼中所见只是有钱男子，不顾自身体统。娶她无益。

《象传》说："勿用取女"，是因这事不合礼节，难遂人愿。

六四：困陷于蒙昧，将会发生憾惜之事。

《象传》说："困蒙"之"吝"，是因为远离贤明之人。

六五：孩童蒙昧（处于好的地位可进行教导），吉利。

《象传》说："童蒙"之"吉"，柔顺而谦逊。

上九：猛击以启发蒙稚，不宜施用暴烈过甚的方式，宜于采用抵御强寇的方式。

《象传》说："利用御寇"，是因这样做能使上下和顺。

需（卦五）

（乾下坎上）

xū　　　yǒu fú　　guāng hēng　　zhēn jí　　lì shè dà chuān
需①：有孚②，光亨③。贞吉，利涉大川。

tuàn　yuē　xū　　xū yě　　xiǎn zài qián yě　gāng jiàn ér bú xiàn　qí
《彖》曰：需，须也④。险在前也，刚健而不陷，其

yì bú kùn qióng yǐ　xū　　yǒu fú　guāng hēng　zhēn jí　　wèi hū tiān wèi⑤
义不困穷矣。需，"有孚，光亨，贞吉"，位乎天位⑤，

以正中也。"利涉大川"，往有功也。

《象》曰：云上于天，需。君子以饮食宴乐。

【注释】

①需：卦名，其卦画由表示天的乾和表示水的坎组成。需取需待之义。需卦，卦象下乾为天，上坎为水。乾虽刚健，但前有坎险，不可贸然前进，应该等待。本卦与屯卦相差不大，其意为现在是凡事均需退守等待的时候，其实多半已经在进退维谷的无可奈何的苦境之中，应耐心等待时机。等到变为地天泰卦，就可以前进了。 ②孚：诚信。 ③光亨：同大亨、元亨。 ④须：等待，停留。⑤天位：从下往上第五爻。乾卦九五有"飞龙在天"句，故九五位尊。本卦的第五爻也是九五（阳爻）。

【白话】

需卦：心怀诚信，光明亨通。守正可获吉祥，利于渡大河。

《彖传》说：需，是等待的意思。危险在前，立身刚健而不涉险，便不会困穷。需，"有孚，光亨，贞吉"，位于天位，因此有中正之质。"利涉大川"，去做事则有功绩。

《象传》说：云在天上（待时降雨），是为《需》卦。君子观此卦象，应当安于饮食宴乐，以等待时机。

初九：需于郊，利用恒①，无咎。

《象》曰："需于郊"，不犯难行也。"利用恒无咎"，未失常也。

九二：需于沙②，小有言③，终吉。

《象》曰："需于沙"，衍在中也④。虽小有言，以终吉也。

九三：需于泥⑤，致寇至。

22

《象》曰："需于泥"，灾在外也。自我致寇，敬慎不败也。

六四：需于血⑥，出自穴⑦。

《象》曰："需于血"，顺以听也。

九五：需于酒食，贞吉。

《象》曰："酒食贞吉"，以中正也。

上六：入于穴，有不速之客三人来⑧，敬之，终吉。

《象》曰："不速之客来，敬之，终吉"，虽不当位⑨，未大失也。

【注释】

①用：以，于。 恒：常。 ②沙：沙地，指难走的地方。 ③言：指责难，谴责。 ④衍：《周易浅述》："衍，宽也。以宽居中，不急于进。"指沉得住气。⑤泥：泥淖，有污垢的地方。 ⑥血：有血污的地方。 ⑦穴：穴窟，喻险之极。 ⑧速：请，招。不速即没有邀请。 三人：多人。 ⑨不当位：不在尊贵之位。上六在九五之位上方。

【白话】

初九：在郊野需待，利于保持恒心，无灾。

《象传》说："需于郊"，不冒险前行。"利用恒无咎"，是因没有违背常理。

九二：在沙地中需待，稍有责难，最终是吉利的。

《象传》说："需于沙"，是内心宽舒。虽然稍有责难，最终是吉利的。

九三：泥淖中需待，不能进也不能退，结果招致贼寇到来。

《象传》说："需于泥"，是灾难自外而来。自己招致贼寇，如果恭敬谨慎，能避免伤败。

六四：陷在血泊中，后从穴窟里出来。

《象传》说："需于血"，要恭顺并且听命于时势。

九五：需待于酒醪食肴，贞卜得吉。

《象传》说:"酒食贞吉",是因为有中正之德。

上六:进入穴窟,有不请自来的多名客人,恭敬对待他们最终会吉利。

《象传》说:"不速之客来,敬之,终吉",是因为虽处位不当,但也没有大的过失。

讼(卦六)

(坎下乾上)

讼①:有孚,窒惕②,中吉,终凶。利见大人,不利涉大川。

《彖》曰:讼,上刚下险③,险而健,讼。讼,"有孚,窒惕,中吉",刚来而得中也。"终凶",讼不可成也。"利见大人",尚中正也。"不利涉大川",入于渊也。

《象》曰:天与水违行④,讼。君子以作事谋始。

【注释】

①讼:卦名,其卦画由表示水的坎和表示天的乾组成,与需卦相反,涉及争讼、争论斗争。讼卦,卦象下坎为水为险,上乾为天为刚。乾刚在上以制下,坎险在下伺机窥上。一方刚健,一方阴险,就好比人们各自怀着私心,都为自己的利益着想,思想不能统一起来必然引起矛盾而争讼。本卦的内容主要讲人与人之间的纠纷和斗争,要旨是在处理事情的开始阶段就要慎重思考谋划,以防争讼。②窒惕:闭塞而惧怕。窒,闭塞;惕,惊惧。 ③上刚下险:上为乾,故曰"刚";下为水,故曰"险"。 ④天与水违行:《讼》之上卦为乾,乾为天,下卦为坎,坎为水。古人认为日月星辰皆自东向西运转,水自西向东流动,故天与水之运转的方向不同。

24

【白话】

讼卦：是诚信被窒塞、心有惕惧所致，持中不偏可获吉祥，争讼不息则最终有凶。利于见大人，不利于渡大河。

《彖传》说：讼，上刚而下险，险而健，所以有争讼。讼，"有孚，窒惕，中吉"，是因卦象刚健而中正。"终凶"，是说有争斗则不会胜。"利见大人"，是要崇尚中正的品质。"不利涉大川"，是有掉入深渊的危险。

《象传》说：天和水相背而行，是为《讼》卦。君子观此卦象，应在做事前妥善谋划。

初六：不永所事①，小有言，终吉。

《象》曰："不永所事"，讼不可长也。虽"小有言"，其辩明也。

九二：不克讼②，归而逋其邑人三百户③，无眚④。

《象》曰："不克讼"，归逋窜也。自下讼上，患至掇也⑤。

六三：食旧德⑥，贞厉⑦，终吉。或从王事，无成。

《象》曰："食旧德"，从上吉也。

九四：不克讼，复即命⑧，渝安贞⑨，吉。

《象》曰："复即命，渝安贞"，不失也。

九五：讼，元吉。

《象》曰："讼，元吉"，以中正也。

上九：或锡之鞶带⑩，终朝三褫之⑪。

《象》曰：以讼受服，亦不足敬也。

上经·讼（卦六）

25

【注释】

①不永所事：不为争讼的事而纠缠不休。永，长久。　②克：胜利，成功。③逋：逃亡。　邑：采邑，大夫的封地。本卦爻辞所讲的，可能是一位大夫的经历。　④眚：灾祸，过错。　⑤掇：拾取。　⑥食：蚕食，败损。　⑦厉：艰险。　⑧复即命：返就正理。复，返；即，就；命，正理。　⑨渝安贞：改变初衷，安顺守正。渝，变。　⑩锡：同"赐"。　鞶带：皮革做成的大腰带，供身居要职的贵族佩戴，这里借指官位。　⑪终朝：一天内。　褫：剥夺。

【白话】

初六：不为争讼的事而纠缠不休，会受到小的言语中伤，最终是吉利的。

《象传》说："不永所事"，说明争讼不可长时间。虽"小有言"，但是非自可明晰。

九二：有争讼不会胜，归来时其封地上的三百户人逃跑了，其他无灾。

《象传》说："不克讼"，归来后逃窜。以下讼上，咎由自取。

六三：靠往日所积德业，贞卜得险兆，但最终转吉。或辅助君王的事业，但不能以成功者自居。

《象传》说："食旧德"，是因顺从上位者而吉利。

九四：争讼失败，返回正理，改变了初衷，安顺守正，吉利。

《象传》说："复即命，渝安贞"，不会有差错。

九五：争讼，大吉。

《象传》说："讼，元吉"，是因合于正道。

上九：可能受赐得官职，一日之内又多次被剥夺。

《象传》说：因争讼受官职，也不值得恭敬对待。

师（卦七）

（坎下坤上）

师①：贞，丈人吉②，无咎。

《彖》曰：师，众也。贞，正也。能以众正，可以王矣③。刚中而应，行险而顺④，以此毒天下⑤，而

26

民从之，吉又何咎矣？

《象》曰：地中有水，师。君子以容民畜众⑥。

【注释】

①师：卦名，其卦画由表示水的坎和表示地的坤组成。师，众，军队。师卦，卦象下坎为水，上坤为地，是地下积水，象征着集众人成为军队。坤为顺、坎为险，内险外顺，象征出师行军。从爻看，六爻中，只有一阳爻，另有五个阴爻，是一阳为众阴之主。象征着将帅统领着军队。师卦，阐释由争讼终于演变成战争的用兵原则。本卦是一个有关战争的卦，爻辞所描述的师，实际上是一种"乱"兵。师卦以此形象比喻建议运用恰当时机，采取主动行动和强硬态度，摆脱自己造成的困境。　②丈人：大人。　③王：受人拥护，称王于天下。　④行险而顺：下为水，故曰"险"；上为坤，故曰"顺"。　⑤毒：治理。　⑥畜：蓄养。

【白话】

师卦：占问军队统帅的情况得吉兆，无灾。

《彖传》说：师，兵众之意。贞，中正之意。能让众人坚守正道，则可以称王于天下。九二居中以相应，行于险地而顺承，依此治天下，百姓都会跟从，吉利而又有什么害处呢？

《象传》说：地中汇聚有水，是为《师》卦。君子观此卦象，应当包容百姓、蓄养众人。

初六：师出以律①，否臧凶②。

《象》曰："师出以律"，失律凶也。

九二：在师，中吉，无咎，王三锡命③。

《象》曰："在师中吉"，承天宠也。"王三锡命"，怀万邦也④。

六三：师或舆尸⑤，凶。

《象》曰："师或舆尸"，大无功也。

六四：师左次⑥，无咎。

《象》曰："左次无咎"，未失常也。

六五：田有禽⑦，利执言⑧，无咎。长子帅师⑨，弟子舆尸⑩，贞凶。

《象》曰："长子帅师"，以中行也。"弟子舆尸"，使不当也。

上六：大君有命⑪，开国承家⑫，小人勿用。

《象》曰："大君有命"，以正功也。"小人勿用"，必乱邦也。

【注释】

①律：军纪，纪律。 ②否臧：不好。这里指不守军纪。 ③锡命：赐命，下令嘉奖。 ④怀万邦：使万邦归服。 ⑤舆尸：用车运送尸体。舆，车。 ⑥左次：退舍也。 ⑦田：田地。一说指田猎，即打猎。 禽：鸟兽。 ⑧言：高亨《周易古经今注》认为"言"为"焉"之假借，"焉"即焉鸟，承接上文"田有禽"。此说应为正解。 ⑨长子：指挥作战的长官。 ⑩弟子：副官。弟和第通用，第，次也。 ⑪大君：国君，此处指天子。 ⑫开国：分封诸侯。 承家：分封大夫。先秦时期周为国，周封诸侯，诸侯的封地称邦；诸侯封大夫，大夫的封地称家。

【白话】

初六：军队行动要有纪律，军律不良必有大凶。

《象传》说："师出以律"，因为丧失军律约束将会有凶险。

九二：身在军中持中不偏，无灾，君王会多次奖赏。

《象传》说："在师中吉"，是因为承接上天的恩宠。"王三锡命"，是为使万邦归服。

六三：出师疑惑，以致战败用车运载尸体归来，大凶。

《象传》说："师或舆尸"，说明作战失利。

六四：军队撤退暂守，无咎。

《象传》说："左次无咎"，是因为没有违背行军正道。

六五：田中有鸟兽，利于捕获鸟禽，无灾。长官统领军队，副官战死，用车载着尸体，占问得大凶之兆。

《象传》说："长子帅师"，是以中正之道行事。"弟子舆尸"，是用人不当的缘故。

上六：天子发布命令，分封有功之人为诸侯和大夫，小人不得任用。

《象传》说："大君有命"，是用来端正赏罚。"小人勿用"，是因任用小人必定祸乱国家。

比 （卦八）

≡≡（坤下坎上）

bǐ: jí。yuán shì, yuán yǒng zhēn, wú jiù。bù níng fāng lái, hòu
比①：吉。原筮②，元永贞，无咎。不宁方来③，后

fū xiōng
夫凶④。

tuàn yuē bǐ jí yě bǐ fǔ yě xià shùn cóng yě yuán
《彖》曰：比，吉也；比，辅也，下顺从也。"原

shì yuán yǒng zhēn wú jiù yǐ gāng zhōng yě bù níng fāng lái shàng xià
筮，元永贞，无咎"，以刚中也。"不宁方来"，上下

yìng yě hòu fū xiōng qí dào qióng yě
应也。"后夫凶"，其道穷也。

xiàng yuē dì shàng yǒu shuǐ bǐ xiān wáng yǐ jiàn wàn guó qīn zhū hóu
《象》曰：地上有水⑤，比。先王以建万国，亲诸侯。

【注释】

①比：卦名，其卦画由代表地的坤和代表水的坎合成。比的本义是亲密。比卦，卦象下坤为地，上坎为水，地上有水。水得地而蓄而流，地得水而柔而润，水与地亲密无间。所以比有亲辅、亲密无间、辅佐、辅助的意思。本卦以亲相交

29

往的相对关系为主题进行教示，所以一开始便以比为吉利。与人亲比相交往固然好，但还需要看对方是否值得相与亲比。这卦是让人明白，交际往来选择益友良友是十分应当的，凡事与他人相亲和而能得到吉利。　②原筮：再筮。原，再一次。　③不宁方：不安宁的邦国，即不愿臣服的邦国。　④后夫：后来者，迟到者。周代诸侯朝见天子，后至者当诛。　⑤地上有水：比卦的卦画是坤（地）上加坎（水）。

【白话】

比卦：吉利。再次占筮，开始就应永远守正，无灾。不安宁的邦国来亲附，后至的有凶险。

《彖传》说：比，吉利；比，辅助之意，卑下者顺承位尊者。"原筮，元永贞，无咎"，是因为九五刚健居于中。"不宁方来"，是因上下相应。"后夫凶"，说明迟缓必使亲辅之道穷尽。

《象传》说：地上有水，是为《比》卦。先王观此卦象，应当封建万国，亲近诸侯。

初六：有孚①，比之无咎。有孚盈缶②，终来有它③，吉。

《象》曰：比之初六，有它吉也。

六二：比之自内④，贞吉。

《象》曰："比之自内"，不自失也。

六三：比之匪人⑤。

《象》曰："比之匪人"，不亦伤乎？

六四：外比之⑥，贞吉。

《象》曰：外比于贤，以从上也。

九五：显比⑦，王用三驱⑧，失前禽，邑人不诫⑨，吉。

《象》曰："显比"之吉，位正中也。舍逆取顺⑩，"失前禽"也。"邑人不诫"，上使中也。

上六：比之无首⑪，凶。

《象》曰："比之无首"，无所终也。

【注释】

①孚：诚信。　②盈：满。　缶：大肚小口的瓦器。　③终来有它：应为倒装句，犹言"终有它来"。终会有他人来亲近。　④内：朝廷之内。　⑤匪人：不正派的人，不贤之人。　⑥外：外部，与六二的"内"相对。　⑦显：广泛，显明。　⑧三驱：三面合围猎物。　⑨诫：用作"骇"，惊吓。　⑩舍逆取顺：犹言顺其自然。　⑪比之无首：亲辅而没有首领。

【白话】

初六：有诚信的人，与之亲近而无灾。诚信充实于内就像东西装满瓦盆，最终有他人来亲近，吉利。

《象传》说：比卦中的初六，有意外也会吉利的。

六二：发自内心地与人亲近，占卜得吉兆。

《象传》说："比之自内"，不会有差错。

六三：亲密比辅于不正派的人。

《象传》说："比之匪人"，不也令人心伤吗？

六四：在外与人亲近，占卜得吉兆。

《象传》说：在外与贤人亲比，以顺从上面的九五。

九五：光明无私而广获亲比，君王田猎，三方驱围，放走迎面而来的禽兽，百姓并不惧怕，吉祥。

《象传》说："显比"之吉利，在于九五居位中正。顺其自然，所以"失前禽"。"邑人不诫"，是上位者行事正确。

上六：亲辅而没有首领，大凶。

《象传》说："比之无首"，是不得善终之意。

小畜（卦九）

（乾下巽上）

小畜^①：亨。密云不雨^②，自我西郊。

《彖》曰：小畜，柔得位而上下应之^③，曰小畜。

健而巽，刚中而志行，乃亨。"密云不雨"，尚往也。

"自我西郊"，施未行也^④。

《象》曰：风行天上^⑤，小畜。君子以懿文德^⑥。

【注释】

①小畜：卦名，其卦画由表示天的乾和表示风的巽组成。畜兼有蓄聚、蓄养、蓄止诸义，喻风调雨顺，谷物滋长，故卦名小畜（蓄）。小畜卦，卦象下乾为天，上巽为风，风吹于天之上，所以达不到下面。风本来有更新并振作万物的作用。可是现在这些作用不能普遍发挥，以致植物被稍加蓄止而不能充分伸长，这就是小畜的情状。本卦以一阴之小，而蓄止五阳之大，阴阳不相交合，不能发生作用。就像密云布满天空，却老是不下雨，地上的万物得不到应有的滋润的景象，在各方面总是困扰很多。本卦要旨是在力量有限时，宜忍耐蓄养实力，静待时机，才可大有作为。 ②密云不雨：云层密布，但未下雨。下雨前云层自西方开始聚集，故下文说"自我西郊"。 ③柔得位：巽是柔顺之意，代表风，风在乾（天）上，故曰"得位"。 ④施：犹言"雨施"，指下雨。 ⑤风行天上：本卦卦画是巽（风）在乾（天）之上，故曰"风行天上"。 ⑥懿：美，善，这里作动词。 文：文采，作动词，使丰富多彩。

【白话】

小畜卦：通顺。云层密布未下雨，云从西方的郊野开始聚集。

《彖传》说：小畜，柔顺得宜上下阳刚与之相应，故名小畜。刚健而柔顺，阳刚居位中正以行事，因此获得通顺。"密云不雨"，是因云只从天上飞过。"自我西郊"，是云没有形成雨降下来。

《象传》说：风在天上运行（微蓄未发），是为《小畜》卦。君子观此卦象，应当丰富、美化自己的德行。

初九：复自道^①，何其咎？吉。
（chū jiǔ fù zì dào hé qí jiù jí）

《象》曰："复自道"，其义吉也。
（xiàng yuē fù zì dào qí yì jí yě）

九二：牵复^②，吉。
（jiǔ èr qiān fù jí）

《象》曰："牵复"在中，亦不自失也。
（xiàng yuē qiān fù zài zhōng yì bú zì shī yě）

九三：舆说辐^③，夫妻反目。
（jiǔ sān yú tuō fú fū qī fǎn mù）

《象》曰："夫妻反目"，不能正室也^④。
（xiàng yuē fū qī fǎn mù bù néng zhèng shì yě）

六四：有孚，血去^⑤，惕出^⑥，无咎。
（liù sì yǒu fú xuè qù tì chū wú jiù）

《象》曰："有孚惕出"，上合志也。
（xiàng yuē yǒu fú tì chū shàng hé zhì yě）

九五：有孚挛如^⑦，富以其邻。
（jiǔ wǔ yǒu fú luán rú fù yǐ qí lín）

《象》曰："有孚挛如"，不独富也。
（xiàng yuē yǒu fú luán rú bù dú fù yě）

上九：既雨既处^⑧，尚德载^⑨。妇贞厉^⑩。月几望^⑪，君子征凶^⑫。
（shàng jiǔ jì yǔ jì chǔ shàng dé zài fù zhēn lì yuè jǐ wàng jūn zǐ zhēng xiōng）

《象》曰："既雨既处"，德积载也。"君子征凶"，有所疑也。
（xiàng yuē jì yǔ jì chǔ dé jǐ zài yě jūn zǐ zhēng xiōng yǒu suǒ yí yě）

【注释】

①复：返回。 自：由。 道：正道。 ②牵：牵引，拉。 ③舆：车。说：同"脱"。 辐：也作"輹"，垫在车厢和车轴之间的木块。 ④正室：端正

33

夫妻关系。　⑤血：流血，喻伤害。　⑥惕出：惊惧排除。　⑦挛如：牵连之状。　⑧处：停止。　⑨德：应作"得"。　⑩贞厉：贞卜结果不祥。　⑪几：接近。　望：阴历每月十五称望。　⑫征：征伐。

【白话】

初九：按自己的正道复返原位，有什么害处？吉。

《象传》说："复自道"，吉的意义在其中。

九二：被牵引复位，吉利。

《象传》说："牵复"（九二）在卦象里居于下卦之中位，（象征人能守中道，）所以自己也不会有损失。

九三：车身与车轮分离，夫妻反目成仇。

《象传》说："夫妻反目"，说明是不能使家庭和睦有序。

六四：有诚信则可免去伤害和惊惧，无灾。

《象传》说："有孚惕出"，是上位者同心之故。

九五：有诚信则紧密相连，能与邻居共享富贵。

《象传》说："有孚挛如"，是不独享富裕。

上九：雨下过然后停了，会得到他人车载。女子占得不祥之兆。接近月半，若君子出征，大凶。

《象传》说："既雨既处"，得到车子运载积物。"君子征凶"，是因对于敌方情况疑惑不定。

履（卦十）

≣（兑下乾上）

lǚ　　　lǚ hǔ wěi　　bù dié rén　　　hēng
履①：履虎尾，不咥人②。亨。

tuàn　　yuē　　lǚ　　róu lǚ gāng yě　　　yuè ér yìng hū qián　　shì yǐ
《彖》曰：履，柔履刚也③。说而应乎乾④，是以

lǚ hǔ wěi　　bù dié rén　　　hēng　　gāng zhōng zhèng　　lǚ dì wèi ér bú jiù
"履虎尾，不咥人"。亨，刚中正，履帝位而不疚⑤，

guāng míng yě
光明也。

xiàng　　yuē　　shàng tiān xià zé　　lǚ　　jūn zǐ yǐ biàn shàng xià　　dìng mín zhì
《象》曰：上天下泽，履。君子以辩上下，定民志。

【注释】

①履：卦名，其卦画由表示泽的兑和表示天的乾组成。履是实践、行动的意思。履卦，卦象下兑为泽，上乾为天。这就好比两脚强健的人（乾）走在前面，后头有柔弱的人（兑）在跟着走，这样走起路来颇为辛苦，也是难行之象。与两脚强健的人一同行走，必须非常努力。本卦意在鼓励人们要敢于实践、敢于行动。在实践中，要勇于克服困难，大胆探索前进，并要立志刚强，尤其要"辨上下，定民志"，才能取得实践的成功。　②咥：咬。　③柔履刚：按孔颖达《周易正义》："六三阴爻在九二阳爻之上，所以称'柔履刚'。"　④说：通"悦"，和悦。　⑤帝位：即上卦中间的九五。　不疚：无病，引申为无失。

【白话】

履卦：踩到老虎尾巴，老虎不咬人。通顺。

《彖传》说：履，柔和的阴爻加在刚健的阳爻之上。兑和悦而与乾刚相应，所以"履虎尾，不咥人"。通顺是因为有刚健、中正之质，践行九五之位而无过失，其行为是光明正大的。

《象传》说：上天下泽，是为《履》卦。君子因此卦象辨别上下关系，安定民心。

chū jiǔ　　sù lǚ wǎng　　wú jiù
初九：素履往①，无咎。

xiàng　yuē　sù lǚ zhī wǎng　　dú xíng yuàn yě
《象》曰："素履之往"，独行愿也。

jiǔ èr　　lǚ dào tǎn tǎn　　　yōu rén zhēn jí
九二：履道坦坦②，幽人贞吉③。

xiàng　yuē　yōu rén zhēn jí　　zhōng bú zì luàn yě
《象》曰："幽人贞吉"，中不自乱也。

liù sān　miǎo néng shì　　bǒ néng lǚ　lǚ hǔ wěi　dié rén　xiōng　wǔ
六三：眇能视④，跛能履，履虎尾，咥人，凶。武
rén wéi yú dà jūn
人为于大君⑤。

xiàng　yuē　miǎo néng shì　　bù zú yǐ yǒu míng yě　　bǒ néng lǚ
《象》曰："眇能视"，不足以有明也。"跛能履"，
bù zú yǐ yǔ xíng yě　　dié rén　zhī xiōng　wèi bù dāng yě　　wǔ rén wéi yú
不足以与行也。"咥人"之凶，位不当也。"武人为于
dà jūn　　zhì gāng yě
大君"，志刚也。

九四：履虎尾，愬愬⑥，终吉。

《象》曰："愬愬终吉"，志行也。

九五：夬履⑦，贞厉。

《象》曰："夬履贞厉"，位正当也。

上九：视履考祥⑧，其旋元吉⑨。

《象》曰："元吉"在上，大有庆也。

【注释】

①素：白，朴素。 履：这里是名词，鞋子。 ②履道：走路。 坦坦：宽广平坦。 ③幽人：一说指隐居无争的人；一说指囚犯。 ④眇：瞎了一只眼睛。 ⑤武人：好用武力之人。 大君：国君。 ⑥愬愬：恐惧貌。 ⑦夬履：决然而行。夬，同"决"。 ⑧视：察看，审视。 考祥：全面仔细地考虑。 ⑨旋：返回。

【白话】

初九：穿着朴素的鞋子而行，（喻以纯洁的行为办事）无灾。

《象传》说："素履之往"，是要坚定地履行心愿。

九二：所行之路平坦宽阔，隐居的人占卜得吉兆。

《象传》说："幽人贞吉"，是内心不乱的缘故。

六三：瞎了一只眼还强看，瘸腿还强行，踩到老虎尾巴，老虎咬人，大凶。好用武力之人将做国君。

《象传》说："眇能视"，不足以辨物分明。"跛能履"，不足以踏上征程。"咥人"之凶，是六三居位不当的缘故。"武人为于大君"，意味刚愎自用。

九四：踩到老虎尾巴，感到恐惧保持谨慎，最终是吉利的。

《象传》说："愬愬终吉"，是心愿得以实现。

九五：决然而行，占卜得险兆。

《象传》说："夬履贞厉"，但是九五居上卦之中，位置是适当的（不会有灾殃）。

上九：回顾小心行走的过程，考察祸福得失，返回时大吉。

《象传》说："元吉"高居上位，是大有吉庆之兆。

同易

泰（卦十一）

䷊ （乾下坤上）

泰①：小往大来②，吉，亨。

《彖》曰："泰，小往大来，吉，亨。"则是天地交而万物通也，上下交而其志同也。内阳而外阴③，内健而外顺，内君子而外小人，君子道长，小人道消也。

《象》曰：天地交，泰。后以财成天地之道④，辅相天地之宜⑤，以左右民⑥。

【注释】

①泰：卦名，其卦画由表示天的乾和表示地的坤组成。泰为通达、安宁之意。泰卦，卦象下乾为天，上坤为地，天在下，地在上，象征天地阴阳相交而生成万物，因而安泰。全卦是以上下交通，阴阳应合，阐明事物的"通泰"之理。通则畅，畅则和，和则万物兴旺繁盛。对立、对抗，只能导致敌意滋生、矛盾冲突，以致发生战争。我们更进一步认识到，对立转化需要一定的条件，如由量变到质变，如使用技术手段或政治、军事手段，而我们始终不应忘记的是古人早已阐明了的道理：万物顺遂和畅就是泰。　②小往大来：坤阴离去，乾阳近来。小往，指阴爻居外卦，大来，指阳爻居内卦。阴在外，为降，为往；阳在内，为升，为来。　③"内阳"句：由于泰卦由乾、坤组成，因此兼有阴阳、刚柔之质。　④后：君王。　财：当同"裁"，裁节调理。　⑤辅相：辅和相同义，都是帮助、辅助的意思。　⑥左右：支配，引申为教化、引导等。

【白话】

泰卦：坤阴离去，乾阳近来。如此一阴一阳，一升一降，一来一往，交错调和，吉利，亨通。

《象传》说："泰，小往大来，吉，亨。"这是因为天地相交而万物通泰，上位者与下位者沟通，且所想一致。内怀阳而外持阴，内刚健而外柔顺，内修君子之德而外行小人之举，君子道长，小人道消。

《象传》说：天地交通，是为《泰》卦。君王观此卦象，应当裁节以促成天地之道，帮助天地万物合宜，以教化百姓。

初九：拔茅茹①，以其汇②，征吉③。

《象》曰："拔茅征吉"，志在外也。

九二：包荒④，用冯河⑤，不遐遗⑥，朋亡，得尚于中行⑦。

《象》曰："包荒""得尚于中行"，以光大也。

九三：无平不陂⑧，无往不复⑨。艰贞无咎。勿恤其孚⑩，于食有福。

《象》曰："无往不复"，天地际也⑪。

六四：翩翩，不富⑫，以其邻不戒以孚⑬。

《象》曰："翩翩不富"，皆失实也⑭。"不戒以孚"，中心愿也⑮。

六五：帝乙归妹⑯，以祉元吉⑰。

《象》曰："以祉元吉"，中以行愿也。

上六：城复于隍⑱，勿用师⑲，自邑告命。贞吝。

《象》曰："城复于隍"，其命乱也。

【注释】

①茅：一种可作红色染料的草。　茹：根相牵引之貌。　②汇：类。　③征：出行。　④包荒：取其大川。包，取；荒，大川，古作"芃"。　⑤冯：徒劳。⑥不遐遗：不因偏远而有遗弃。遐，偏远。⑦中行：居中不倚之德。　⑧陂：斜坡。　⑨复：返回。　⑩恤：忧。　孚：诚。　⑪天地际：九三在下乾的最后一爻，与上坤第一爻相接，处在天地之极，是阴阳转化的起始。际，极。　⑫翩翩：轻佻，说大话。　⑬以：因为。　戒：警惕。　孚：诚信。　⑭实：诚实。⑮愿：意愿。　⑯帝乙：纣王的父亲。　归：嫁。　妹：少女。　⑰祉：福。⑱复：同"覆"，倾盖。　隍：城下的沟，无水称隍（有水叫池）。　⑲师：军队。

【白话】

初九：拔茅草，连带其同类，行动是吉利的。

《象传》说："拔茅征吉"，其行动与外卦的志向投合，向外进取。

九二：取其大川，足涉江河，不因偏远而有遗弃，不接朋党，得配中正之位。

《象传》说："包荒""得尚于中行"，是因为行为光明正大。

九三：没有只平而不斜的，没有只往而不返的。在艰难中持守中正则可无害。不必忧虑，应诚信不移地坚持追求，（此占）将有口福之吉。

《象传》说："无往不复"，是因为九三阳爻正处于向阴爻转化的边际。

六四：说大话的人，不能保有其财富，不用去怀疑邻人的诚信。

《象传》说："翩翩不富"，是因不诚实造成的。"不戒以孚"，是发自内心的意愿。

六五：帝乙嫁女，有福祉，大吉。

《象传》说："以祉元吉"，是因为内心中正而行事。

上六：城墙倒塌盖住城壕，不能出师，从封地来人禀告消息。占卜得险兆。

《象传》说："城复于隍"，表明天命将发生改变。

否（卦十二）

䷋（坤下乾上）

pǐ　　　pǐ zhī fěi rén　bú lì jūn zǐ zhēn　dà wǎng xiǎo lái
否①：否之匪人②，不利君子贞，大往小来。

tuàn yuē　　pǐ zhī fěi rén　bú lì jūn zǐ zhēn　dà wǎng xiǎo lái
《彖》曰："否之匪人，不利君子贞，大往小来"，

^{zé shì tiān dì bù jiāo ér wàn wù bù tōng yě} ^{shàng xià bù jiāo ér tiān xià wú bāng yě}
则是天地不交而万物不通也，上下不交而天下无邦也③；

^{nèi yīn ér wài yáng} ^{nèi róu ér wài gāng} ^{nèi xiǎo rén ér wài jūn zǐ} ^{xiǎo rén dào}
内阴而外阳，内柔而外刚，内小人而外君子，小人道

^{zhǎng} ^{jūn zǐ dào xiāo yě}
长，君子道消也。

^{xiàng} ^{yuē} ^{tiān dì bù jiāo} ^{pǐ} ^{jūn zǐ yǐ jiǎn dé bì nàn} ^{bù kě}
《象》曰：天地不交，否。君子以俭德辟难④，不可

^{róng yǐ lù}
荣以禄。

【注释】

①否：卦名，其卦画由表示地的坤和表示天的乾组成。否为闭塞不通的意思。否卦，卦象下坤为地，上乾为天，与前一卦泰卦具有相反的意思。在泰卦里，天与地二气相交流，以建造安泰之境，万物均得亨通。然而在否卦，天高高在上而地居于下面，越来越低。彼此间的隔阂越来越大，是事物处于否塞之时。当此反常时期，应当提高警觉，巩固团结，坚定立场，伸张正义，以防患于未然；当小人势力显露衰败迹象时，也不可轻举妄动，必须谨慎，集中力量，把握时机，给其以致命的一击。　②否：堵塞，不通。这里指做坏事。　匪人：败类，小人。　③天下无邦：谓天下大乱，国将不国。　④辟：通“避”。

【白话】

否卦：否塞之时利在小人，不利君子占问。正大的阳气消亡而去，卑弱的阴气生长而来。

《象传》说："否之匪人，不利君子贞，大往小来"，这是因为天地不相接而万物不通，上位者与下位者不同心而天下大乱；内守阴而外持阳，内柔顺而外阳刚，内养小人之性而外行君子之举，则小人道长，君子道消。

《象传》说：天地无法互通，是为《否》卦。君子观此卦象，应当俭朴修德以避难，不可用爵禄来荣耀己身。

^{chū liù} ^{bá máo rú} ^{yǐ qí huì} ^{zhēn jí} ^{hēng}
初六：拔茅茹，以其汇，贞吉，亨。

^{xiàng} ^{yuē} ^{bá máo zhēn jí} ^{zhì zài jūn yě}
《象》曰："拔茅贞吉"，志在君也。

^{liù èr} ^{bāo chéng} ^{xiǎo rén jí} ^{dà rén pǐ} ^{hēng}
六二：包承①，小人吉，大人否②。亨③。

《象》曰："大人否，亨"，不乱群也④。

六三：包羞⑤。

《象》曰："包羞"，位不当也。

九四：有命⑥，无咎，畴离祉⑦。

《象》曰："有命无咎"，志行也。

九五：休否⑧，大人吉。其亡其亡⑨，系于苞桑⑩。

《象》曰：大人之吉，位正当也。

上九：倾否⑪，先否后喜⑫。

《象》曰：否终则倾，何可长也？

【注释】

①承：应作"脀"（zhēng），祭祀时所用的肉，用鼎俎盛放。 ②小人吉，大人否：六二承接初六，谓用茅草而非鼎俎包裹祭肉。对下位者而言，无鼎俎但有肉，故曰"吉"；对王公大人而言，虽有肉但失鼎俎，是衰败之兆，故曰"否"。 ③亨：既然"大人否"，则无法称"亨"。据高亨《周易杂论》，初六句末的"亨"应在六二句首，此处的"亨"字应在六三句首。 ④群：群体。不乱群犹言不乱等级秩序。 ⑤包羞：屈己从上而无羞耻。六三爻以阴柔近上，所处不中不正，像是小人谄媚。包，包含顺承于上，亦即屈己从上之义；羞，为羞耻。 ⑥有命：君王有赏赐的命令。 ⑦畴：众。 离：犹"丽"，附，蒙。 祉：福。 ⑧休否：停止否运。 ⑨其亡其亡：反复提醒危亡之意。 ⑩苞桑：苞草和桑树，二者皆根深蒂固，比喻危亡所系之存在。 ⑪倾：覆，倒下。 ⑫先否后喜：犹俗语否极泰来。

【白话】

初六：拔茅草，牵动共同类，占卜得吉兆，通达。

《象传》说："拔茅贞吉"，是因安于下位而心系君上。

六二：包容顺承，小人吉，大人不吉。亨通。

41

上经·否（卦十二）

《象传》说:"大人否,亨",是因未扰乱尊卑顺序。

六三:屈己从上而不感羞耻。

《象传》说:"包羞",是六三阴爻居位不当的缘故。

九四:领受君命(而行)无过错。众人依附而同得福禄。

《象传》说:"有命无咎",以其阳刚志与下位初六之阴柔相交,九四否的志向正在施行。

九五:警惕闭塞的局面,王公大人有吉。危亡啊危亡,全系于苞桑。

《象传》说:大人之吉,是九五阴爻居位正当的缘故。

上九:倾覆闭塞的局面,否极泰来。

《象传》说:闭塞到了极点就会倾覆,怎么能长久呢?

同人 (卦十三)

(离下乾上)

同人①:同人于野,亨。利涉大川。利君子贞。

《彖》曰:"同人",柔得位得中②,而应乎乾,曰同人。同人曰:"同人于野,亨。利涉大川。"乾行也。文明以健③,中正而应,君子正也。唯君子为能通天下之志④。

《象》曰:天与火,同人。君子以类族辨物。

【注释】

①同人:卦名,其卦画由表示火的离和表示天的乾组成。同的意思是聚合,同人就是聚合众人。同人卦,卦象下离为火,上乾为天。乾的阳气与离的火气均具有上升的德性,同时两者都是有气而无形。乾的阳气相当于太阳,离之性附丽于物体而发出火来,两者都能以其光亮照物,其作用相似。因此,本卦说明否到极点,只要众人上下一心去行动,上下间相违背的情形会逐渐消失,必能突破否

塞的困境而走向亨通。　②柔得位得中：本卦中六二为阴爻，处于下卦中间，其余皆为阳爻，故称"得位得中"。　③文明：文，文采；明，亮。下卦为火，所以光彩明亮。　④通：达，知晓。　天下之志：天下人的意志。

【白话】

同人卦：在旷野与人和同，亨通。利于渡河。利君子占问。

《彖传》说："同人"，阴柔位置适宜且居中位，与乾（天）相应，叫同人卦。同人卦说："同人于野，亨。利涉大川。"是乾刚之道得以推行之故。光彩明亮而刚健，六二与九五居中正之位且相应，是以君子恪守正道。只有君子才能统一天下人的意志。

《象传》说：天和火，是为《同人》卦。君子观此卦象，应当为万物分类以辨别它们。

<small>chū jiǔ　tóng rén yú mén　wú jiù</small>
初九：同人于门①，无咎。

<small>xiàng　yuē　chū mén tóng rén　yòu shuí jiù yě</small>
《象》曰：出门同人，又谁咎也？

<small>liù èr　tóng rén yú zōng　lìn</small>
六二：同人于宗②，吝。

<small>xiàng　yuē　tóng rén yú zōng　lìn dào yě</small>
《象》曰："同人于宗"，吝道也。

<small>jiǔ sān　fú róng yú mǎng　shēng qí gāo líng　sān suì bù xīng</small>
九三：伏戎于莽③，升其高陵④，三岁不兴⑤。

<small>xiàng　yuē　fú róng yú mǎng　dí gāng yě　sān suì bù xīng　ān</small>
《象》曰："伏戎于莽"，敌刚也。"三岁不兴"，安
<small>xíng yě</small>
行也。

<small>jiǔ sì　chéng qí yōng　fú kè gōng　jí</small>
九四：乘其墉⑥，弗克攻，吉。

<small>xiàng　yuē　chéng qí yōng　yì fú kè yě　qí　jí　zé kùn ér</small>
《象》曰："乘其墉"，义弗克也。其"吉"，则困而
<small>fǎn zé yě</small>
反则也⑦。

<small>jiǔ wǔ　tóng rén　xiān háo táo ér hòu xiào　dà shī kè　xiāng yù</small>
九五：同人，先号咷而后笑⑧，大师克⑨，相遇。

<small>xiàng　yuē　tóng rén zhī　xiān　yǐ zhōng zhí yě　dà shī xiāng yù</small>
《象》曰：同人之"先"，以中直也。大师相遇，

言相"克"也。

上九：同人于郊⑩，无悔。

《象》曰："同人于郊"，志未得也。

【注释】

①同人于门：出门广泛与人和同。　②宗：宗族。　③伏戎：设伏兵。戎，军队。　莽：茂密的树林草丛。　④高陵：高地。　⑤三岁：这里指多年。兴：举，振作。　⑥乘：登上。　墉：城墙。　⑦反则：反，同"返"；则，正确的道路，方法。　⑧先号咷而后笑：号咷，即号啕，大声哭喊。这里是说军队先遇险而后脱困。　⑨大师：军队主力。　⑩郊：金景芳《周易全解》说："古代国家以邑为中心，邑外是郊，郊外是野。"

【白话】

初九：出门广泛与人和同，无灾。

《象传》说：刚出门就能和同于人，谁会有不祥呢？

六二：只与宗族内部的人和同，其兆艰险。

《象传》说："同人于宗"，为艰险之道。

九三：伏兵应设在密林中，敌人却登上高地，（将被敌人所败，）国家多年无法振作。

《象传》说："伏戎于莽"，是因敌兵强大。"三岁不兴"，又怎能取得成功呢？

九四：登上敌方城墙，不进一步发动进攻，大吉。

《象传》说："乘其墉"，这是不义之举，所以不能胜利。其"吉"，因其处穷困而能改过。

九五：和同于人，起先哭号，后欣喜欢笑，军队主力得胜会师。

《象传》说："同人"的先哭，是因九五居于上卦之中，其人有中正之质。部队会师，是说各自战胜了。

上九：与郊外之人和同，无悔恨。

《象传》说："同人于郊"，是愿望还未实现。

大有（卦十四）

☰ （乾下离上）

^{dà　yǒu} ^{yuán hēng}
大有①：元亨。

^{tuàn} ^{yuē} ^{dà yǒu} ^{róu dé zūn wèi dà zhōng} ^{ér shàng xià yìng zhī}
《彖》曰：大有，柔得尊位大中②，而上下应之，

^{yuē} ^{dà yǒu} ^{qí dé gāng jiàn ér wén míng} ^{yìng hū tiān ér shí xíng} ^{shì yǐ yuán}
曰"大有"。其德刚健而文明，应乎天而时行，是以元

^{hēng}
亨。

^{xiàng} ^{yuē} ^{huǒ zài tiān shàng} ^{dà yǒu} ^{jūn zǐ yǐ è è yáng shàn}
《象》曰：火在天上，大有。君子以遏恶扬善③，

^{shùn tiān xiū mìng}
顺天休命④。

【注释】

①大有：卦名，其卦画由表示天的乾和表示火的离组成，与同人卦互为综卦。大有卦，卦象下乾为天为健，上离为火为附着。火在天上，光热遍天下，比喻获得大丰收。大有全卦的内容同农业丰收有关。大有卦阐述的正是诸事处在荣盛光耀的顶峰，是旺盛而又丰裕的时候。随着时间的推移，其优势必将减低。所以，凡事务必趁此时做周全之防备。　②柔得尊位大中：即六五的阴爻，阴属柔，在上卦的中间，故名大中。　③遏：阻止，禁止。　④休：美，善，这里作动词。

【白话】

大有卦：大亨通。

《彖传》说：大有卦，阴柔处在尊贵之位且居于中，上下相应，称"大有"。本卦的性质刚健而光彩明亮，顺承天且适时而行，所以大亨通。

《象传》说：火在天上，是为《大有》卦。君子观此卦象以行事，当制止奸恶、弘扬美善，顺应天道以美化万物之性和政令。

初九：无交害^①，匪咎。艰则无咎。

《象》曰：大有初九，无交害也。

九二：大车以载，有攸往，无咎。

《象》曰："大车以载"，积中不败也^②。

九三：公用亨于天子^③，小人弗克^④。

《象》曰："公用亨于天子"，小人害也。

九四：匪其彭^⑤，无咎。

《象》曰："匪其彭，无咎"，明辨哲也^⑥。

六五：厥孚交如，威如^⑦，吉。

《象》曰："厥孚交如"，信以发志也。"威如之吉"，易而无备也^⑧。

上九：自天佑之，吉，无不利。

《象》曰：大有上吉，"自天佑"也。

【注释】

①交害：互相损害。　②积中：积累内在的美德。　③亨：同"享"，进献，进贡。　④弗克：不能，做不到。　⑤彭：一说应作"尪"（wāng），指骨骼弯曲者，引申为邪曲不正。一说指盛多的样子。　⑥哲：通"晢"，光明，引申为清楚、明白。　⑦厥：其。孚：诚信。威如：威严貌。　⑧易而无备：平易而无所防备。

【白话】

初九：不互相损害，故无灾。有艰险，谨慎戒惧，最终无灾。

《象传》说：大有卦的初九，是说不要互相损害。

九二：用大车运载，有所往，无灾。

《象传》说："大车以载"，是货物堆积车中不会坏。

九三：公侯向天子进献，小人则做不到。

《象传》说："公用亨于天子"，"小人"那样做就有祸害了。

九四：若非邪曲之人，无灾。

《象传》说："匪其彭，无咎"，是对情况辨别清楚之故。

六五：以其诚信相交上下，又有威严，大吉。

《象传》说："厥孚交如"，是用诚信来表明心志。"威如之吉"，是因为平易而无需有所戒备。

上九：上天保佑，大吉而无所不利。

《象传》说：大有卦之所以是大吉的，是因为"有上天的保佑"。

谦（卦十五）

（艮下坤上）

_{qiān} _{hēng} _{jūn zǐ yǒu zhōng}
谦①：亨。君子有终。

_{tuàn} _{yuē} _{qiān} _{hēng} _{tiān dào xià jì} _{ér guāng míng} _{dì dào bēi ér}
《彖》曰：谦，亨。天道下济而光明②，地道卑而

_{shàng xíng} _{tiān dào kuī yíng ér yì qiān} _{dì dào biàn yíng ér liú qiān} _{guǐ shén hài}
上行③。天道亏盈而益谦④，地道变盈而流谦⑤，鬼神害

_{yíng ér fú qiān} _{rén dào wù yíng ér hào qiān} _{qiān} _{zūn ér guāng} _{bēi ér bù kě}
盈而福谦，人道恶盈而好谦⑥。谦，尊而光，卑而不可

_{yú} _{jūn zǐ zhī zhōng yě}
逾⑦，君子之终也。

_{xiàng} _{yuē} _{dì zhōng yǒu shān} _{qiān} _{jūn zǐ yǐ póu duō yì guǎ} _{chèng}
《象》曰：地中有山，谦。君子以裒多益寡⑧，称

_{wù píng shī}
物平施⑨。

【注释】

①谦：卦名，其卦画由表示山的艮和表示地的坤组成。谦有谦顺、顺承之意。谦卦，卦象下艮为山为止，上坤为地为顺，地在上，山在下。艮为高耸的山，它虽处于高高在上的位置，却以卑低的态度，让于地之下，不自夸其才能。谦卦象征谦虚、谦让。谦卦排在大有卦之后，大有是隆盛富有的时候，但富有之极，或将导致灾祸。所以本卦是说，凡事应戒轻举妄动，遵循有原则的谦虚，静待时机，如此必能遇到真正施展才能的机会，可避免灾祸。　②下济：济下，普惠万物。　③上行：向上，即万物滋生，向上生长。　④亏盈：如月满而后缺，日过中天，都可称亏盈。　益：增加，增益。　⑤变盈而流谦：如沧海变桑田，一亏一盈。　⑥恶盈而好谦：如"满招损，谦受益"，因此恶盈好谦。　⑦逾：逾越，凌驾。　⑧哀：取。　⑨称：权衡。

【白话】

谦卦：亨通。君子有所终。

《象传》说：谦虚，亨通。天之道普惠万物且光明普照，地之道谦卑而滋养万物。天之道减损满盈的而增益谦卑的，地之道变易满盈的而流至谦卑的，鬼神之道祸害满盈的而赐福谦卑的，人道厌恶满盈的而喜好谦卑的。谦，尊贵而光明，低下却不可凌驾，是以君子有所终。

《象传》说：地中有山，是为《谦》卦。君子观此卦象，应当取有余以补不足，权衡各种事物，公平布施。

chū liù　qiān qiān jūn zǐ　　yòng shè dà chuān　　jí
初六：谦谦君子①，用涉大川，吉。

xiàng　yuē　qiān qiān jūn zǐ　　bēi yǐ zì mù yě
《象》曰："谦谦君子"，卑以自牧也②。

liù èr　míng qiān　zhēn jí
六二：鸣谦③，贞吉。

xiàng　yuē　míng qiān zhēn jí　　zhōng xīn dé yě
《象》曰："鸣谦贞吉"，中心得也。

jiǔ sān　láo qiān　　jūn zǐ yǒu zhōng　　jí
九三：劳谦④，君子有终，吉。

xiàng　yuē　láo qiān jūn zǐ　　wàn mín fú yě
《象》曰："劳谦君子"，万民服也。

liù sì　wú bú lì　huī qiān
六四：无不利，㧑谦⑤。

48

《象》曰：“无不利，撝谦”，不违则也。

六五：不富以其邻⑥，利用侵伐，无不利。

《象》曰：“利用侵伐”，征不服也。

上六：鸣谦，利用行师征邑国⑦。

《象》曰：“鸣谦”，志未得也。可“用行师”，征邑国也。

【注释】

①谦谦：谦而又谦，极言谦恭。 ②自牧：自我管束。牧，管理。 ③鸣谦：鸣即名，意为有名望且谦恭。 ④劳：有功劳。 ⑤撝：施，犹言发扬。 ⑥不富以其邻：国之不富，因受邻国侵夺。不富：物资不丰富；以，因；邻，邻国。 ⑦行师：行军，出兵。

【白话】

初六：极其谦恭的君子，因其谦以渡河，是吉的。

《象传》说：“谦谦君子”，是自甘低下以谦德自我管束。

六二：有名望且谦恭，占卜得吉兆。

《象传》说：“鸣谦贞吉”，是因六二居中正之位而有德。

九三：有功劳且谦恭的君子，有好结果，吉祥。

《象传》说：“劳谦君子”，万民归服。

六四：无所不利，因为发扬了谦恭的品质。

《象传》说：“无不利，撝谦”，是不违谦恭原则。

六五：不富是因为邻国（夺取了财富），利于征伐，无所不利。

《象传》说：“利用侵伐”，是征伐不服从的邻国。

上六：有名望且谦恭，利于出兵征讨他国。

《象传》说：“鸣谦”，是心志还未实现。可“用行师”，是征讨邻国，用以伸张正义。

豫（卦十六）

䷏（坤下震上）

豫①：利建侯行师。

《彖》曰：豫，刚应而志行②，顺以动③，豫。豫，顺以动，故天地如之，而况建侯行师乎？天地以顺动，故日月不过而四时不忒④。圣人以顺动，则刑罚清而民服。豫之时义大矣哉！

《象》曰：雷出地奋⑤，豫。先王以作乐崇德，殷荐之上帝⑥，以配祖考⑦。

【注释】

①豫：卦名，其卦画由表示地的坤和表示雷的震组成，此卦与谦卦互为综卦，交互感召。"豫"的意思是安闲，引申为喜悦逸乐。豫卦，卦象下坤为地，上震为雷，雷出地上。当春季，雷从地上跃出，惊醒万物，万物尽显活力，欣欣向荣。豫卦象征着开心欢欣，雷自由飞腾于天空，比喻人的拓荒是处事要顺时依势，要突破、摆脱一切羁绊，发舒自得，欢快逸乐。在此，本卦也强调"乐"的两个要点：一是应当顺性而乐，适可而止；二是使天下同归安乐。　②刚应：在本卦中，九四为阳爻，其余皆阴爻，是一阳应多阴。　③顺以动：下为坤，坤为柔顺；上为震，震为动。　④过：过失，过错。　忒：差错。　⑤奋：振动。⑥殷：盛，大，犹今言隆重。　荐：贡献。　上帝：天帝。　⑦配：配祀，合祭。　祖考：祖宗、先人。

【白话】

豫卦：利于建国封侯、行军作战。

《彖传》说：豫，一刚应多柔而阳刚之志通行，柔顺且健动，是为豫。豫，柔顺且健动，所以天地也依照它的法则，何况是建国封侯、行军打仗之事呢？天地依循阴柔顺承阳刚而动的原则，所以日月运行不会有偏差且四时变化不会出差错。圣人依循同样的原则，则刑罚分明而百姓信服。豫卦切合时宜的意义重大啊！

《象传》说：雷出地动，是为《豫》卦。先王因此制作音乐、崇尚道德，隆重地贡献给天帝，同时配祀祖先。

chū liù　míng yù　　xiōng
初六：鸣豫①，凶。

xiàng　yuē　chū liù　　míng yù　　zhì qióng xiōng yě
《象》曰：初六"鸣豫"，志穷凶也。

liù èr　　jiè yú shí　　bù zhōng rì　　zhēn jí
六二：介于石②，不终日，贞吉。

xiàng　yuē　bù zhōng rì　　zhēn jí　　yǐ zhōng zhèng yě
《象》曰："不终日，贞吉"，以中正也。

liù sān　　xū yù　　huǐ　　chí yòu huǐ
六三：盱豫③，悔，迟有悔④。

xiàng　yuē　xū yù bù huǐ　　　wèi bù dāng yě
《象》曰："盱豫不悔"⑤，位不当也。

jiǔ sì　　yóu yù　　dà yǒu dé　　wù yí péng hé zān
九四：由豫⑥，大有得。勿疑朋盍簪⑦。

xiàng　yuē　yóu yù　　dà yǒu dé　　zhì dà xíng yě
《象》曰："由豫，大有得"，志大行也。

liù wǔ　　zhēn jí　　héng bù sǐ
六五：贞疾，恒不死⑧。

xiàng　yuē　liù wǔ　　zhēn jí　　chéng gāng yě　　héng bù sǐ　　zhōng
《象》曰：六五"贞疾"，乘刚也⑨。"恒不死"，中

wèi wáng yě
未亡也。

shàng liù　　míng yù　　chéng yǒu yú　　wú jiù
上六：冥豫⑩，成有渝⑪，无咎。

xiàng　yuē　míng yù　　zài shàng　　hé kě cháng yě
《象》曰："冥豫"在上，何可长也？

【注释】

①鸣豫：有名望而耽于安乐。鸣，声闻；豫，逸乐。　②介：坚硬。　③盱豫：按《周易集解》，意为小人喜悦而谄媚之貌。　④迟：迟疑不决。　有：同"又"。　⑤盱豫不悔："不"应为衍文。　⑥由豫：有来由的安乐。由，来由。⑦盍：借为"嗑"，多言。　簪：应作"谮"（zèn），中伤，诋毁。　⑧恒：久。

⑨乘刚：因六五阴爻在九四阳爻之上，故日"乘刚"。　⑩冥豫：昏冥纵乐。冥，昏暗，不明。　⑪渝：改变。

【白话】

初六：有名望而耽于安乐，大凶。

《象传》说：初六说的"鸣豫"，说欢乐之志穷导致有凶。

六二：(脾性、气节等) 坚硬过石，但不到一日 (就悟知欢乐必须适中的道理)，守正可得吉兆。

《象传》说："不终日，贞吉"，是因六二居中正之位。

六三：谄媚事上，会有悔恨；迟疑不改，又有悔恨。

《象传》说："盱豫不悔"，是因为六三阴爻居阳位，所居之位不当。

九四：安乐而有缘由，自会大有所得。至诚不疑，群朋速来聚合。

《象传》说："由豫，大有得"，是意向大大得到推行。

六五：居正而患疾病，(虽然会病) 很久，但不会死。

《象传》说：六五说的"贞疾"，是阴柔在阳刚之上，所以产生疾患。"恒不死"，是六五居中位，中正之质未消亡之故。

上六：已形成昏冥纵乐的习性，有所悔改，则最终无灾。

《象传》说："冥豫"在上，安乐至极，这样怎么能长久呢？

随（卦十七）

（震下兑上）

suí　　　yuán hēng　　lì zhēn　　　wú jiù
随①：元亨，利贞，无咎。

tuàn　yuē　suí　gāng lái ér xià róu　　dòng ér yuè　suí dà hēng
《彖》曰：随，刚来而下柔②，动而说③，随。大亨

zhēn　wú jiù　　ér tiān xià suí shí　　suí shí zhī yì dà yǐ zāi
贞，无咎，而天下随时，随时之义大矣哉！

xiàng　yuē　zé zhōng yǒu léi　suí　jūn zǐ yǐ xiàng huì rù yàn xī
《象》曰：泽中有雷，随。君子以向晦入宴息④。

【注释】

①随：卦名，其卦画由表示雷的震和表示泽的兑组成。随有随从、跟随、随

和之意。随卦，卦象下震为雷，上兑为泽，兑为西方，季节为秋季，是阳气衰的时候。上一卦豫卦是以顺而动，到时雷气发动而升起，随卦是将原先奋动的雷气潜藏下来，蓄积其力以待来日再度奋起而出来的象。本卦卦爻阳下于阴，刚下于柔，意在说明不论对人对事都应择善相从，向善良者学习，人与人之间，个人利益往往会有冲突，有时必须舍弃个人的私见、私利，才能维系安和乐利的社会。②刚来而下柔：震是阳卦，兑是阴卦，故称。下，下于，在……之下。　③说：通"悦"，和悦。"兑"象征和悦。　④向晦：向晚，入夜。　宴息：休息，安息。

【白话】

随卦：大通顺，利于占问，无灾。

《彖传》说：随，刚在柔下，健动而和悦，是为随。吉利的占卜，无灾，天下都跟随合宜的时机，跟随合宜的时机的意义重大啊！

《象传》说：泽中有雷，是为《随》卦。君子观此卦象，应在向晚时入室安息。

_{chū jiǔ} _{guān yǒu yú} _{zhēn jí} _{chū mén jiāo yǒu gōng}
初九：官有渝①，贞吉。出门交有功②。

_{xiàng} _{yuē} _{guān yǒu yú} _{cóng zhèng jí yě} _{chū mén jiāo yǒu gōng}
《象》曰："官有渝"，从正吉也。"出门交有功"，
_{bù shī yě}
不失也。

_{liù èr} _{xì xiǎo zǐ} _{shī zhàng fū}
六二：系小子，失丈夫③。

_{xiàng} _{yuē} _{xì xiǎo zǐ} _{fú jiān yǔ yě}
《象》曰："系小子"，弗兼与也。

_{liù sān} _{xì zhàng fū} _{shī xiǎo zǐ} _{suí yǒu qiú dé} _{lì jū zhēn}
六三：系丈夫，失小子，随有求得④。利居贞。

_{xiàng} _{yuē} _{xì zhàng fū} _{zhì shě xià yě}
《象》曰："系丈夫"，志舍下也⑤。

_{jiǔ sì} _{suí yǒu huò} _{zhēn xiōng} _{yǒu fú zài dào} _{yǐ míng} _{hé jiù}
九四：随有获，贞凶。有孚在道，以明⑥，何咎？

_{xiàng} _{yuē} _{suí yǒu huò} _{qí yì xiōng yě} _{yǒu fú zài dào} _{míng}
《象》曰："随有获"，其义凶也。"有孚在道"，明
_{gōng yě}
功也。

九五：孚于嘉⑦，吉。

《象》曰："孚于嘉，吉"，位正中也。

上六：拘系之⑧，乃从维之⑨，王用亨于西山⑩。

《象》曰："拘系之"，上穷也。

【注释】

①官：同"馆"，房舍，后引申为官舍中做事的官吏。　渝：改变。　②交：交往。　③系小子，失丈夫：这里是对俘获而言，得小失大。　④随有求得：追求而有所得。随，从，引申为逐。　⑤舍下：丢掉次等的、小的。　⑥明：用如动词，犹言"显明美德"。　⑦孚于嘉：施诚信于善美者。嘉，美善。　⑧拘系：抓住且捆绑起来。　⑨从：同"纵"，放。　维：助词，无义。　⑩王：据学术界的普遍观点，指周文王。　亨：即"享"，祭祀。　西山：指周部落所在的岐山。

【白话】

初九：官吏有变，占此爻得吉。出门与人交往，有所得。

《象传》说："官有渝"，因行于正道而吉利。"出门交有功"，是因不失正道。

六二：与小子结合，必失去丈夫，贪图小利，得小失大。

《象》曰："系小子"，是不能兼得的缘故。

六三：依附于丈夫，而失去了小子。相追随而求必然得到，利于居家守其贞正。

《象》曰："系丈夫"，是内心想舍弃小的。

九四：随从别人而有所获得，占问则凶险。有诚信而守正道，立身光明磊落，还能有什么灾祸呢？

《象》曰："随有获"，其征兆是不祥的。"有孚在道"，是九四的光明磊落有功劳和功效。

九五：保持诚信于美善之道中，吉祥。

《象》曰："孚于嘉，吉"，是因九五居上卦之中，居位合宜。

上六：将他（周文王）抓住且捆绑起来，其后又放了，周文王（被释后）在西山祭祀。

《象》曰："拘系之"，是因上六居高位而面临困境。

蛊 (卦十八)

(巽下艮上)

蛊①：元亨。利涉大川，先甲三日，后甲三日②。

《彖》曰：蛊，刚上而柔下③，巽而止④，蛊。蛊，元亨而天下治也。"利涉大川"，往有事也。"先甲三日，后甲三日"，终则有始⑤，天行也。

《象》曰：山下有风，蛊。君子以振民育德⑥。

【注释】

①蛊：卦名，其卦画由表示风的巽和表示山的艮组成。蛊的本义是器皿中的食物腐败生了小虫，引申为蛊害、蛊乱、蛊惑等义。蛊卦，卦象下巽为风为入，上艮为山为止。风能发舒万物，现受阻于山下，万物得不到风的发舒，久必蛊坏，蛊并不可怕，蛊而后治，可以长治久安。蛊与随为综卦，随和容易同流合污，沉溺于怠惰安逸，所以才带来蛊败。本卦说明的正是面临谋求振作以图打开困顿衰颓局面的时候，处在这种境地，腐败的要让它彻底败坏，才能产生清新健全的事物。　②"先甲"句：古代历法一月有三旬，一旬十日，分别用天干（甲、乙、丙、丁、戊、己、庚、辛、壬、癸）代替。因此甲日前三日为辛日，甲日后三日为丁日。在古代，许多重大事件都选择在丁日、辛日举行，古人认为这两日是吉日。　③刚上而柔下：艮为阳卦，为刚；巽为阴卦，为柔。　④巽而止：蛊卦巽下艮上，艮为山为止，故说巽而止。　⑤终则有始：乱到极点而为治的开始。终，终极；始，开始，意指治之始。　⑥振民：提振百姓，此处指教化百姓。

【白话】

蛊卦：大亨通。利于渡过大河，时间应在辛日和丁日。

《彖传》说：蛊，阳刚在上阴柔在下，柔顺而沉静，止于谦逊，是为蛊。蛊，大吉之兆而天下大治。"利涉大川"，是努力往前可以大有作为。"先甲三日，后甲三日"，乱到极点而为治的开始，是为天之道的运行规则。

《象传》说：山下有风，是为《蛊》卦。君子观此卦象，教化百姓、培育德行。

初六：干父之蛊①，有子，考无咎②。厉，终吉。

《象》曰："干父之蛊"，意承考也。

九二：干母之蛊，不可贞③。

《象》曰："干母之蛊"，得中道也。

九三：干父之蛊，小有悔，无大咎。

《象》曰："干父之蛊"，终无咎也。

六四：裕父之蛊④，往见吝。

《象》曰："裕父之蛊"，往未得也。

六五：干父之蛊，用誉⑤。

《象》曰："干父用誉"，承以德也。

上九：不事王侯⑥，高尚其事⑦。

《象》曰："不事王侯"，志可则也。

【注释】

①干：匡正，纠正。　蛊：蛊坏，即过失。　②考：父亲。　③不可贞：时不可则守正以待，《周易浅述》中所谓"不可固执以为正"。　④裕：宽缓，宽容。　⑤用誉：得到称誉。　⑥不事王侯：犹言不去做官。　⑦高尚：皆用为动词，使……高而上。

【白话】

初六：纠正父亲的弊病，有这样的儿子，父亲无灾。虽有艰险，但最终是吉利的。

《象传》说："干父之蛊"，是志在继承父辈的意志。

九二：纠正母亲的弊病，不可固执。

《象传》说："干母之蛊"，这样做符合中正之道。

九三：纠正父亲的弊病，稍有悔恨，无大祸害。

《象传》说："干父之蛊"，最终是无灾的。

六四：宽缓父亲的弊病，将招致艰险。

《象传》说："裕父之蛊"，这样做无所得。

六五：纠正父亲的弊病，会得到称誉。

《象传》说："干父用誉"，继承的是先辈的美德。

上九：不去求仕做官，保持高尚的志向。

《象》曰："不事王侯"，这是有自己的志向，自己的准则。

临（卦十九）

≡ （兑下坤上）

临^①：元亨，利贞。至于八月有凶。
（lín yuán hēng lì zhēn zhì yú bā yuè yǒu xiōng）

《彖》曰：临，刚浸而长^②，说而顺^③，刚中而应。
（tuàn yuē lín gāng jìn ér zhǎng yuè ér shùn gāng zhōng ér yìng）

大亨以正，天之道也。"至于八月有凶"，消不久也^④。
（dà hēng yǐ zhèng tiān zhī dào yě zhì yú bā yuè yǒu xiōng xiāo bù jiǔ yě）

《象》曰：泽上有地，临。君子以教思无穷^⑤，容
（xiàng yuē zé shàng yǒu dì lín jūn zǐ yǐ jiào sī wú qióng róng）

保民无疆^⑥。
（bǎo mín wú jiāng）

【注释】

①临：卦名，其卦画由表示泽的兑和表示地的坤组成。临的本义是以上观下，引申为临民治政的意思。临卦，卦象下兑为泽，上坤为地，这是地临于泽渊

之象。从地与泽的关系来看，泽上有地，地居高而临下，所以本卦的临字取"治"之义。引申为威逼、监督、领导、统治等。临，实指事物的发展呈上升的趋势，然而，现在虽然有盛大的气运，不久将有衰微之日。因此，务必谨慎以处置诸事。新的事业，正是着手的大好时机。但展望未来，凡事务须妥为节制。②浸：逐渐。　③说：通"悦"。　④消不久：即不消久，不需要很久，意即很快。这里是说阳刚渐消而阴柔滋生，所以有凶。　⑤教思：教化、关心。　⑥容：包容。　保：保护。

【白话】

临卦：大通顺，吉利的占卜。到了八月有凶（天旱不下雨）。

《彖传》说：临，阳刚逐渐生长，和悦而柔顺，九二阳刚居中相应。大吉且中正，是天之道。"至于八月有凶"，是阳气消散不能长久的缘故。

《象传》说：泽上有地，是为《临》卦。君子观此卦象，应当教化、关心百姓至于无穷，包容、保护百姓至于无疆。

chū jiǔ　　xián lín　　zhēn jí
初九：咸临①，贞吉。

xiàng　yuē　xián lín zhēn jí　　zhì xíng zhèng yě
《象》曰："咸临贞吉"，志行正也。

jiǔ èr　xián lín　　jí　wú bú lì
九二：咸临②，吉，无不利。

xiàng　yuē　xián lín　　jí　wú bú lì　　wèi shùn mìng yě
《象》曰："咸临，吉，无不利"，未顺命也。

liù sān　gān lín　　wú yōu lì　　jì yōu zhī　　wú jiù
六三：甘临③，无攸利；既忧之，无咎。

xiàng　yuē　gān lín　　wèi bù dāng yě　　jì yōu zhī　　jiù bù cháng yě
《象》曰："甘临"，位不当也。"既忧之"，咎不长也。

liù sì　zhì lín　　wú jiù
六四：至临④，无咎。

xiàng　yuē　zhì lín　　wú jiù　　wèi dāng yě
《象》曰："至临，无咎"，位当也。

liù wǔ　zhì lín⑤　dà jūn zhī yí　jí
六五：知临⑤，大君之宜，吉。

xiàng　yuē　dà jūn zhī yí　xíng zhōng zhī wèi yě
《象》曰："大君之宜"，行中之谓也。

shàng liù　dūn lín⑥　jí　wú jiù
上六：敦临⑥，吉，无咎。

xiàng yuē dūn lín zhī jí zhì zài nèi yě

《象》曰:"敦临"之"吉",志在内也。

【注释】

①咸:应作"感",感化。 ②咸:同"诚",《说文》:"诚和也。"《周易》中有同字异义的。 ③甘:甘甜,引申为甜美巧佞的言辞。 ④至:当作"质",抵押品、信物,引申为诚信。 ⑤知:同"智"。 ⑥敦:敦厚,厚道。

【白话】

初九:以感化的手段治理民众,占卜得吉兆。

《象传》说:"咸临贞吉",是心志和行为都符合中正。

九二:以感化之道治理天下,吉祥,没有不利的事情。

《象传》说:"咸临,吉,无不利",是民众未服从君命,所以要对他们进行感化。

六三:靠巧言佞语治理民众,没有好处;如果担忧这一点（加以改正）,则无灾。

《象传》说:"甘临",是因居位不当。"既忧之",则灾祸不会长久。

六四:以诚信治理民众,无灾。

《象传》说:"至临,无咎",是居位正当之故。

六五:以明智的手段治理民众,是君王适宜做的,吉利。

《象传》说:"大君之宜",是行事中正。

上六:以敦厚的态度治理民众,吉利,无灾。

《象传》说:"敦临"之"吉",是因深怀（爱民）之心。

观（卦二十）

䷓（坤下巽上）

guān guàn ér bú jiàn yǒu fú yóng ruò

观①:盥而不荐②,有孚颙若③。

tuàn yuē dà guān zài shàng shùn ér xùn zhōng zhèng yǐ guān tiān xià

《彖》曰:大观在上,顺而巽,中正以观天下,

guān guàn ér bú jiàn yǒu fú yóng ruò xià guān ér huà yě guān tiān zhī shén

观。"盥而不荐,有孚颙若",下观而化也。观天之神

道，而四时不忒，圣人以神道设教，而天下服矣。

《象》曰：风行地上，观。先王以省方观民设教④。

【注释】

①观：卦名，其卦画由表示地的坤和表示风的巽组成。观的本义是看，这里有天子、圣人俯瞰万民之意。观卦，卦象下坤为地为顺，上巽为风为入，风行地上，普遍吹拂万物，有周观之象。观卦与临卦互为综卦，交相使用，虽然两卦都具有观看、观察的意思，但观卦的看由下仰上，有瞻仰之义，临卦是由上向下看。观就是告诉我们观的态度和方法：不仅要用眼睛看，还要用心感悟；不仅要从微观处理解，还要从宏观上分析；不仅要能从上往下观，还要能从下往上观；不仅要观察事物的表面，还要思考事物的本质。有孚颙若，就是要用敬畏之心才能观察到事物的本质。　②盥：祭祀时以酒浇地的仪式。　荐：进献牺牲。　③颙：本义是头大，引申为大。　④省方：巡视方国。

【白话】

观卦：祭祀前洗手自洁，而不必奉献酒食以祭，内外诚信而敬仰之。

《彖传》说：君上遍观（治理）天下，和顺且柔，以中正之道观天下，是为观。"盥而不荐，有孚颙若"，下位者观之而受教化。观天象变化的神妙法则，四时运行不出差错，圣人以神妙法则设立教化的宗旨，天下就归服了。

《象传》说：风行地上，是为《观》卦。先王观风行地上之象，应当巡视方国，体察民情，设立教化宗旨。

初六：童观①，小人无咎，君子吝。

《象》曰：初六"童观"，小人道也。

六二：窥观②，利女贞。

《象》曰："窥观""女贞"，亦可丑也。

六三：观我生③，进退④。

《象》曰："观我生，进退"，未失道也。

六四：观国之光⑤，利用宾于王⑥。

《象》曰："观国之光"，尚宾也。

九五：观我生，君子无咎。

《象》曰："观我生"，观民也。

上九：观其生⑦，君子无咎。

《象》曰："观其生"，志未平也。

【注释】

①童：童稚，意为浅显、幼稚。　②窥观：犹言一孔之见。高亨《周易古经今注》说，周初男女婚配，女子在婚前可从墙缝中一见男子，再决定是否嫁娶，故下文说"利女贞"。　③观我生："生"应为"姓"，即官。"观我姓"意即观察自己为官是否贤良。　④进退：进即晋升，退为黜退。　⑤观国之光：看到国家光明、兴旺。　⑥利用：有利于。　宾于王：在国王处为宾（做宾客，即朝见）。宾，做客，引申为辅佐。　⑦观其生：观他国之臣是否贤良，引以为戒，故"无咎"。

【白话】

初六：存幼稚浅显之见，对于小人无灾，而君子将会陷入困境。

《象传》说：初六"童观"，是小人浅见之道。

六二：一孔之见，有利于女子守正。

《象传》说："窥观""女贞"，这样做也是不光彩的。

六三：自思为官的得失，以定进退。

《象传》说："观我生，进退"，是没有脱离正道。

六四：观仰国家光明、兴旺，适宜出仕辅佐君王。

《象传》说："观国之光"，说明此时其国正礼尚宾贤。

九五：自思为官的得失，对君子而言无灾。

《象传》说："观我生"，是体察民情。

上九：观察他国官员的贤愚、得失并引以为戒，对君子而言无灾。

《象传》说："观其生"，是治国安民的心志未平。

噬嗑（卦二十一）

（震下离上）

噬嗑①：亨。利用狱。
shì hé *hēng* *lì yòng yù*

《彖》曰：颐中有物曰噬嗑②，噬嗑而亨。刚柔分，
tuàn *yuē* *yí zhōng yǒu wù yuē shì hé* *shì hé ér hēng* *gāng róu fēn*

动而明，雷电合而章③。柔得中而上行，虽不当位，
dòng ér míng *léi diàn hé ér zhāng* *róu dé zhōng ér shàng xíng* *suī bù dāng wèi*

利用狱也。
lì yòng yù yě

《象》曰：雷电，噬嗑。先王以明罚敕法④。
xiàng *yuē* *léi diàn* *shì hé* *xiān wáng yǐ míng fá chì fǎ*

【注释】

①噬嗑：卦名，其卦画由表示雷的震和表示火的离组成。噬嗑的意思是以齿咬物合口咀嚼。噬嗑卦，卦象下震为雷为动，上离为火为附。雷和火是雷、电交加，十分威严，象征治狱。噬嗑的本义是口中含着东西咀嚼，施加力量咬合，把东西嚼烂。本卦以口中啮物使合为喻，说明施用刑法之义。这一卦说明的正是需下定决心、以热诚的态度积极努力消除障碍的情形，就是只要努力奋斗，必定能打开艰困局面。　②颐：面颊，腮，代指口。　③雷电：震代表雷，离代表火。雷响有火光，是为闪电，故曰"雷电"。章：花纹，文采，引申为灿烂之貌。④明罚敕法：严明刑罚，整饬法令。

【白话】

噬嗑：通顺。有利于刑狱诉讼。

《彖传》说：口里有物叫噬嗑，得此卦通顺。因它的阴爻与阳爻均分为三，健动而明亮，雷电相合灿烂。柔顺得宜而上行，阳位虽不当，但有利于刑狱诉讼。

《象传》说：雷中有电，是为《噬嗑》卦。先王因之严明刑罚，整饬法令。

初九：<ruby>屦<rt>chū</rt></ruby><ruby>九<rt>jiǔ</rt></ruby>：<ruby>屦<rt>jù</rt></ruby><ruby>校<rt>jiào</rt></ruby><ruby>灭<rt>miè</rt></ruby><ruby>趾<rt>zhǐ</rt></ruby>①，<ruby>无<rt>wú</rt></ruby><ruby>咎<rt>jiù</rt></ruby>。

《<ruby>象<rt>xiàng</rt></ruby>》<ruby>曰<rt>yuē</rt></ruby>："<ruby>屦<rt>jù</rt></ruby><ruby>校<rt>jiào</rt></ruby><ruby>灭<rt>miè</rt></ruby><ruby>趾<rt>zhǐ</rt></ruby>"，<ruby>不<rt>bù</rt></ruby><ruby>行<rt>xíng</rt></ruby><ruby>也<rt>yě</rt></ruby>。

<ruby>六<rt>liù</rt></ruby><ruby>二<rt>èr</rt></ruby>：<ruby>噬<rt>shì</rt></ruby><ruby>肤<rt>fū</rt></ruby><ruby>灭<rt>miè</rt></ruby><ruby>鼻<rt>bí</rt></ruby>②，<ruby>无<rt>wú</rt></ruby><ruby>咎<rt>jiù</rt></ruby>。

《<ruby>象<rt>xiàng</rt></ruby>》<ruby>曰<rt>yuē</rt></ruby>："<ruby>噬<rt>shì</rt></ruby><ruby>肤<rt>fū</rt></ruby><ruby>灭<rt>miè</rt></ruby><ruby>鼻<rt>bí</rt></ruby>"，<ruby>乘<rt>chéng</rt></ruby><ruby>刚<rt>gāng</rt></ruby><ruby>也<rt>yě</rt></ruby>。

<ruby>六<rt>liù</rt></ruby><ruby>三<rt>sān</rt></ruby>：<ruby>噬<rt>shì</rt></ruby><ruby>腊<rt>là</rt></ruby><ruby>肉<rt>ròu</rt></ruby><ruby>遇<rt>yù</rt></ruby><ruby>毒<rt>dú</rt></ruby>，<ruby>小<rt>xiǎo</rt></ruby><ruby>吝<rt>lìn</rt></ruby>，<ruby>无<rt>wú</rt></ruby><ruby>咎<rt>jiù</rt></ruby>。

《<ruby>象<rt>xiàng</rt></ruby>》<ruby>曰<rt>yuē</rt></ruby>："<ruby>遇<rt>yù</rt></ruby><ruby>毒<rt>dú</rt></ruby>"，<ruby>位<rt>wèi</rt></ruby><ruby>不<rt>bù</rt></ruby><ruby>当<rt>dāng</rt></ruby><ruby>也<rt>yě</rt></ruby>。

<ruby>九<rt>jiǔ</rt></ruby><ruby>四<rt>sì</rt></ruby>：<ruby>噬<rt>shì</rt></ruby><ruby>干<rt>gān</rt></ruby><ruby>胏<rt>zǐ</rt></ruby>③，<ruby>得<rt>dé</rt></ruby><ruby>金<rt>jīn</rt></ruby><ruby>矢<rt>shǐ</rt></ruby>④。<ruby>利<rt>lì</rt></ruby><ruby>艰<rt>jiān</rt></ruby><ruby>贞<rt>zhēn</rt></ruby>，<ruby>吉<rt>jí</rt></ruby>。

《<ruby>象<rt>xiàng</rt></ruby>》<ruby>曰<rt>yuē</rt></ruby>："<ruby>利<rt>lì</rt></ruby><ruby>艰<rt>jiān</rt></ruby><ruby>贞<rt>zhēn</rt></ruby>，<ruby>吉<rt>jí</rt></ruby>"，<ruby>未<rt>wèi</rt></ruby><ruby>光<rt>guāng</rt></ruby><ruby>也<rt>yě</rt></ruby>。

<ruby>六<rt>liù</rt></ruby><ruby>五<rt>wǔ</rt></ruby>：<ruby>噬<rt>shì</rt></ruby><ruby>干<rt>gān</rt></ruby><ruby>肉<rt>ròu</rt></ruby><ruby>得<rt>dé</rt></ruby><ruby>黄<rt>huáng</rt></ruby><ruby>金<rt>jīn</rt></ruby>⑤。<ruby>贞<rt>zhēn</rt></ruby><ruby>厉<rt>lì</rt></ruby>，<ruby>无<rt>wú</rt></ruby><ruby>咎<rt>jiù</rt></ruby>。

《<ruby>象<rt>xiàng</rt></ruby>》<ruby>曰<rt>yuē</rt></ruby>："<ruby>贞<rt>zhēn</rt></ruby><ruby>厉<rt>lì</rt></ruby>，<ruby>无<rt>wú</rt></ruby><ruby>咎<rt>jiù</rt></ruby>"，<ruby>得<rt>dé</rt></ruby><ruby>当<rt>dāng</rt></ruby><ruby>也<rt>yě</rt></ruby>。

<ruby>上<rt>shàng</rt></ruby><ruby>九<rt>jiǔ</rt></ruby>：<ruby>何<rt>hè</rt></ruby><ruby>校<rt>jiào</rt></ruby><ruby>灭<rt>miè</rt></ruby><ruby>耳<rt>ěr</rt></ruby>⑥，<ruby>凶<rt>xiōng</rt></ruby>。

《<ruby>象<rt>xiàng</rt></ruby>》<ruby>曰<rt>yuē</rt></ruby>："<ruby>何<rt>hè</rt></ruby><ruby>校<rt>jiào</rt></ruby><ruby>灭<rt>miè</rt></ruby><ruby>耳<rt>ěr</rt></ruby>"，<ruby>聪<rt>cōng</rt></ruby><ruby>不<rt>bù</rt></ruby><ruby>明<rt>míng</rt></ruby><ruby>也<rt>yě</rt></ruby>。

【注释】

①屦校：脚戴刑具，是一种较轻的刑罚。屦，践，踏；校，刑具。 灭趾：伤灭脚趾。 ②噬：咬，咀嚼。 肤：泛指肉。 灭鼻：盖住鼻子。这里指所食肉大，故曰"无咎"。 ③胏：带骨头的肉。 ④金矢：铜箭头，喻刚直。 ⑤黄金：黄色金属。黄，为金色；金，喻刚坚。 ⑥何：应作"荷"，挑，担。

【白话】

初九：拖曳着刑具而伤灭脚趾，（此为小过，引以为戒）最终无灾。

《象传》说："屦校灭趾"，是警告不要再行违法之事。

六二：吃的肉盖住鼻子，无灾。

《象传》说："噬肤灭鼻"，是因六二阴爻居于初九阳爻之上。

六三：咀嚼腊肉遇毒，（还未吃下去，）稍有艰险，无灾。

《象传》说："遇毒"，是六三居位不当的缘故。

九四：咀嚼干肺，得到黄色金属。占问艰险之事有利，征兆为吉。

《象传》说："利艰贞，吉"，是德行还未光明仍需磨砺。

六五：咀嚼干肉，得到黄色金属。占卜得险兆，最终无灾。

《象传》说："贞厉，无咎"，是六五居位得当的缘故。

上九：戴着沉重的刑具遭受伤灭耳朵的重罚，大凶。

《象》曰："何校灭耳"，是受蒙蔽而不明的缘故。

贲（卦二十二）

（离下艮上）

bì　　hēng　　xiǎo lì yǒu yōu wǎng
贲①：亨。小利有攸往。

tuàn yuē　bì　hēng　róu lái ér wén gāng②　gù hēng　fēn　gāng
《彖》曰：贲，亨，柔来而文刚②，故亨。分，刚

shàng ér wén róu　gù xiǎo lì yǒu yōu wǎng　gāng róu jiāo cuò　tiān wén yě　wén
上而文柔，故小利有攸往。刚柔交错，天文也③。文

míng yǐ zhǐ　rén wén yě　guān hū tiān wén　yǐ chá shí biàn　guān hū rén wén
明以止，人文也④。观乎天文，以察时变；观乎人文，

yǐ huà chéng tiān xià
以化成天下。

xiàng　yuē　shān xià yǒu huǒ　bì　jūn zǐ yǐ míng shù zhèng⑤　wú gǎn
《象》曰：山下有火，贲。君子以明庶政⑤，无敢

zhé yù
折狱⑥。

【注释】

①贲：卦名，其卦画由表示火（或太阳）的离和表示山的艮组成。贲本义是杂色、文采，此卦中有修饰、装饰之意。贲卦，卦象下离为火为日，上艮为山。日在山下，乃太阳出山或落山之时，阳光五彩缤纷，把大地装饰得很美，贲为文饰的象征。贲为文饰，文与质相对，质是指事物的本质，文是指事物的文饰。对

于社会来说，等级名分、礼仪制度等是文、是饰。文饰对社会来说也是必不可少的。贲卦并不是假装门面或表面上的虚饰，而是在于表现其本来的真面目，是为了有效地显示事物本身的价值，此卦也显示无论做任何事，仍需加以适当的润饰，如此才有利益。小事可以达成。　②柔来而文刚：艮为山，属阳，性刚；离为火，属阴，性柔。全卦为贲（文饰），故称"柔来而文刚"。　③天文：天之文采，指日月星辰、阴阳变化等。　④文明以止：下离为火，所以称"文明"（光彩明亮貌）；上艮为山，故曰"止"（沉静、稳重貌）。　人文：世间万象。⑤庶政：各种政务。　⑥折狱：判决诉讼。

【白话】

贲卦：亨通。有所往得小利。

《彖传》说：贲，亨通，有阴柔之性且文饰阳刚，所以亨通。阴阳相分，阳刚在上而文饰阴柔，所以有所往得小利。刚柔交错，是天文。文明而止，是人文。观察天文用以考察四时变化，观察人文用以教化天下。

《象传》说：山下有火，是为《贲》卦。君子因之明晰各种政务，不可据文饰之词轻易判决诉讼。

_{chū jiǔ}　　_{bì qí zhǐ}　　_{shě chē ér tú}
初九：贲其趾，舍车而徒①。

_{xiàng}　_{yuē}　_{shě chē ér tú}　　_{yì fú chéng yě}
《象》曰："舍车而徒"，义弗乘也。

_{liù èr}　　_{bì qí xū}
六二：贲其须②。

_{xiàng}　_{yuē}　_{bì qí xū}　　_{yǔ shàng xīng yě}
《象》曰："贲其须"，与上兴也③。

_{jiǔ sān}　　_{bì rú}　　_{rú rú}　　_{yǒng zhēn jí}
九三：贲如④，濡如⑤，永贞吉。

_{xiàng}　_{yuē}　_{yǒng zhēn}　_{zhī}　　_{jí}　　_{zhōng mò zhī líng yě}
《象》曰："永贞"之"吉"，终莫之陵也⑥。

_{liù sì}　　_{bì rú}　_{pó rú}　　_{bái mǎ hàn rú}　　_{fěi kòu}　_{hūn gòu}
六四：贲如，皤如⑦，白马翰如⑧。匪寇，婚媾⑨。

_{xiàng}　_{yuē}　_{liù sì}　_{dāng wèi yí yě}　　　_{fěi kòu hūn gòu}　　_{zhōng wú}
《象》曰：六四，当位疑也⑩。"匪寇婚媾"，终无
_{yóu yě}
尤也⑪。

六五：賁于丘园^⑫，束帛戋戋^⑬，吝，终吉。

《象》曰：六五之吉，有喜也。

上九：白賁^⑭，无咎。

《象》曰："白賁，无咎"，上得志也。

【注释】

①徒：步行，这里指赤脚步行。　②賁其须：即胡须颜色黑白相杂，喻指年高寿长的老者。　③兴：起，作。　④賁如：賁，一说借为"奔"，指奔跑；如，语气语。　⑤濡如：濡，润泽，用作动词，喻三与二互施润泽、相亲相賁。　⑥陵：加，侵凌。　⑦皤如：素白的样子。　⑧翰如：翰从羽，状飞，像飞的样子。⑨匪寇，婚媾：不是来抢劫，而是来婚配。　⑩当位疑：居位是否得当还存疑。⑪尤：过失。　⑫丘园：山丘园圃，喻朴素自然。　⑬束帛戋戋：微薄的束帛。束帛，一束丝绵，喻微薄无华之物；戋戋，浅小之意。　⑭白賁：装饰素白。

【白话】

初九：文饰脚趾，舍弃车子赤脚步行。

《象传》说："舍车而徒"，不乘车是合宜的。

六二：文饰胡须（如老人染白须）。

《象传》说："賁其须"，这说明六二是随着九三而兴起。

九三：修饰得很俊美，很润泽，但还必须长久地坚持守正才会吉利。

《象传》说："永贞"之"吉"，说的是最终没有人敢来侵凌。

六四：修饰得十分漂亮、洁白，骑着白马飞驰而至。不是盗寇，是为迎娶而来。

《象传》说：六四阴爻居阴位，居位是否得当还存疑。"匪寇婚媾"，最终没有过失。

六五：装饰丘园，送上一束微小的帛，有艰难，最终得吉。

《象传》说：六五之吉，必有喜事。

上九：装饰素雅，无灾。

《象传》说："白賁，无咎"，是上九居上位而得志。

剥（卦二十三）

≣（坤下艮上）

剥①：不利有攸往。

《彖》曰：剥，剥也，柔变刚也②。"不利有攸往"，小人长也。顺而止之，观象也。君子尚消息盈虚③，天行也。

《象》曰：山附于地，剥。上以厚下安宅④。

【注释】

①剥：卦名，其卦画由表示地的坤和表示山的艮组成。剥，剥落、击落、侵蚀的意思。剥卦，卦象下坤为地为顺，上艮为山为止。山本高耸于地上，因土剥落，颓倒委附于地，剥卦是剥落的象征。本卦一个阳爻在上，五个阴爻在下，喻示事物发展过程中"阳"被"阴"剥落的情状；爻辞中以床作比喻，形象地写出侵蚀剥落的情况。全卦的意旨，阐发善处"剥落"之道，揭明"剥"极必"复"、顺势止"剥"的哲理。本卦和贲卦一样，针对处理事情很容易发生错误的时候。处在这种情况下，与其停下来等待，倒不如再后退一步，才是贤明的对策。 ②柔变刚：阴柔改变阳刚。本卦中五阴已侵蚀并改变阳刚的本质，释卦名为剥，故曰"柔变刚"。 ③消息：消与息意思相反，消是消失、消亡，息是滋生、蓄息。 ④厚下：厚待下属或地位低于自己的人。 安宅：安居。

【白话】

剥卦：不利于有所往。

《彖传》说：剥，剥落之意，阴柔之力改变阳刚之性。"不利有攸往"，是小人势盛的缘故。剥卦坤下艮上，坤为顺，艮为止，意为顺势而停止，是观察卦象的体悟。君子崇尚万物有其消长盈虚的节气变化，因为这本来就是天道。

《象传》说：山附着在地上，是为《剥》卦。上位者观此象，当厚待下属，才可使自己安居，免遭崩剥之祸。

初六：剥床以足①，蔑贞凶②。

《象》曰："剥床以足"，以灭下也③。

六二：剥床以辨④，蔑贞凶。

《象》曰："剥床以辨"，未有与也⑤。

六三：剥之，无咎。

《象》曰："剥之，无咎"，失上下也⑥。

六四：剥床以肤⑦，凶。

《象》曰："剥床以肤"，切近灾也。

六五：贯鱼以宫人宠⑧，无不利。

《象》曰："以宫人宠"，终无尤也⑨。

上九：硕果不食⑩，君子得舆⑪，小人剥庐⑫。

《象》曰："君子得舆"，民所载也。"小人剥庐"，终不可用也。

【注释】

①剥床以足：床脚剥落。　②蔑贞：《经传释词》"犹'及'也"；蔑，通"灭"，谓"蚀灭"。　③灭下：对下属苛刻。　④辨：《周易大传今注》："辨读为牌，床板"。　⑤与：帮助。　⑥上下：指床板、床脚。　⑦肤：原义是"皮肤"，句中喻指"床面"。　⑧贯鱼以宫人：贯，穿，用绳子系；以，用。这里指役使宫人如同用绳子穿鱼，故后曰"宠"。　⑨尤：过错。　⑩硕果：大果实，指收获。硕，大也。　⑪舆：马车。古人通常用车马来赏赐、赠送。　⑫庐：简陋的房子。

【白话】

初六：床脚脱落，必致蚀灭，这是凶兆。

《象传》说："剥床以足"，是因为毁灭下面的基础。

六二：床板脱落，必致蚀灭，这是凶兆。

《象传》说："剥床以辨"，是因未获相助。

六三：剥落它，无灾（床已无脚无板，成为废物，故可弃去）。

《象传》说："剥之，无咎"，与上下的阴爻失群，不去协调一致。

六四：床面剥落，不祥。

《象传》说："剥床以肤"，灾祸要临近了。

六五：宫女如鱼贯般依次而入受君王宠御，无所不利。

《象传》说："以宫人宠"，终无所过失。

上九：硕大的果实未被摘食，君子因此得到马车，小人摘取必致剥落万家。

《象传》说："君子得舆"，是民众拥戴的缘故。"小人剥庐"，小人终究是不能用的。

复（卦二十四）

䷗（震下坤上）

复①：亨。出入无疾，朋来无咎。反复其道②，七日来复。利有攸往。

《彖》曰：复，亨。刚反③，动而以顺行④，是以"出入无疾，朋来无咎"。"反复其道，七日来复"，天行也。"利有攸往"，刚长也。复，其见天地之心乎⑤？

《象》曰：雷在地中，复。先王以至日闭关⑥，商旅不行，后不省方⑦。

①复：卦名，其卦画由表示雷的震和表示地的坤组成，复是反复、还归、返本的意思。复卦与山地剥互为综卦。复卦，卦象下震为雷为动，上坤为地为顺，象征"回复"。从卦来看，一阳爻在下，五阴爻在上，是阴到极盛，物极必反，阴将衰，阳将复生。复卦借阳刚喻"美善"，其象征意义以"复善趋仁"为指归。本卦在判断诸事时，对于"反复"的意思，看得特别重，从前没有进行的事体，目前正准备积极进取有所作为。虽然展望未来，充满着希望，但是务必认清自己的去向与前程。　②反复其道：犹言赶路。道，道路。　③刚反：初九为阳爻，在五阴爻之下，故称"刚反"。　④动而以顺行：震为动，坤为顺，此取上下象，说明时当阳动而能顺行。　⑤天地之心：天地运行的机制、规律。　⑥至日：冬至和夏至。这两日处于阴阳转化的节点，所以至日古人不轻动。闭关：关闭城门。　⑦后：国君。省方：省巡四方。

【白话】

复卦：亨通。出入没有疾病，朋友来访无灾。往而复来，来而复往，往复变化以七日为一周期。利于有所前往。

《彖传》说：复，亨通。阳刚在下，健动而以柔顺运行，所以"出入无疾，朋来无咎"。"反复其道，七日来复"，天道即是如此运行。"利有攸往"，是阳刚之气滋长。循环往复，可以从中看见天地间的规律吧？

《象传》说：雷在地中，是为《复》卦。先王观复卦之象，闭关静养。故当于至日关闭城门，商旅不予通行，国君不省巡四方。

chū jiǔ　　　bù yuǎn fù　　　wú zhī huǐ　　　yuán jí
初九：不远复①，无祇悔②，元吉。

xiàng　yuē　　bù yuǎn　zhī　fù　　yǐ xiū shēn yě
《象》曰："不远"之"复"，以修身也。

liù èr　　xiū fù　　jí
六二：休复③，吉。

xiàng　yuē　　xiū fù　zhī　jí　　yǐ xià rén yě
《象》曰："休复"之"吉"，以下仁也。

liù sān　　pín fù　　lì　　wú jiù
六三：频复④，厉，无咎。

xiàng　yuē　　pín fù　zhī　lì　　yì wú jiù yě
《象》曰："频复"之"厉"，义无咎也。

liù sì　　zhōng xíng dú fù
六四：中行独复⑤。

《象》曰："中行独复"，以从道也⑥。

六五：敦复⑦，无悔。

《象》曰："敦复，无悔"，中以自考也⑧。

上六：迷复⑨，凶，有灾眚⑩。用行师，终有大败，以其国君凶，至于十年不克征。

《象》曰："迷复"之"凶"，反君道也。

【注释】

①不远复：行不远而返，这里象征出现小过及时回头。 ②祗：当为"祗"（qí），大。 ③休复：喜悦而返。休，喜，庆。这里象征君子以改过为喜。 ④频复：频，同"颦"，皱眉。频复即忧愁而返，象征极不情愿改过。 ⑤中行：中道，半道。 ⑥从道：走上正确的道路。 ⑦敦复：受敦迫而返。敦，本义是怒，这里指路上的守关人等敦迫行人，象征努力改过。 ⑧自考：自我检视。 ⑨迷复：迷路且反复，象征执迷不悟。 ⑩眚：祸殃。

【白话】

初九：往而不远就返回，无灾患，吉祥。

《象传》说："不远"之"复"，用来加强道德修养。

六二：喜悦而返，大吉。

《象传》说："休复"之"吉"，礼让仁人。

六三：忧愁而返，有艰险，无灾。

《象传》说："频复"之"厉"，本来就是无灾的。

六四：（所行非同道，）半道独自返回。

《象传》说："中行独复"，是要遵守正道。

六五：受敦迫而返，无灾。

《象传》说："敦复，无悔"，是因内心依从中道进行自我检视。

上六：反复迷路，大凶，有灾殃。行军打仗，最终有大败，国君也因此受难，国家十年无法再次出征。

《象传》说："迷复"之"凶"，是背离君道的缘故。

无妄 (卦二十五)

䷘（震下乾上）

wú wàng 无妄①：yuán hēng 元亨，lì zhēn 利贞。qí fěi zhèng yǒu shěng 其匪正有眚②，bú lì yǒu 不利有yōu wǎng 攸往。

《彖》曰：wú wàng 无妄，gāng zì wài lái ér wéi zhǔ yú nèi 刚自外来而为主于内③，dòng ér jiàn 动而健，gāng zhōng ér yìng 刚中而应。dà hēng yǐ zhèng 大亨以正，tiān zhī mìng yě 天之命也。"qí fěi zhèng yǒu shěng 其匪正有眚，bú 不lì yǒu yōu wǎng 利有攸往"，wú wàng zhī wǎng hé zhī yǐ 无妄之往何之矣④？tiān mìng bú yòu 天命不佑，xíng yǐ zāi 行矣哉⑤！

《象》曰：tiān xià léi xíng 天下雷行，wù yǔ wú wàng 物与无妄。xiān wáng yǐ mào duì shí 先王以茂对时⑥，yù wàn wù 育万物。

【注释】

①无妄：卦名，其卦画由表示雷的震和表示天的乾组成。无妄有两种解释：一是不敢虚妄；二是无所希望。卦象下震为雷，上乾为天，象征"不妄为"。天和雷都显示出巨大的神威，天下万物不敢虚妄。又，震象征动，遵循自然规律即天之道，就不是妄动；只凭自己的欲望行事就是妄行。无妄卦讲的是实事求是和脚踏实地，应当顺着自然之推移变迁，分清局势，从现实出发，不想凭空猜测和无法知道的事情。　②匪正：不行正道。　③刚自外来而为主于内：震和乾都属阳卦，因此内外都为"刚"，故下文称"动而健"。　④无妄之往何之："无"应是衍字，"妄之往"即妄之行；何之，之何，到哪里去。　⑤行矣哉：犹言慎行。⑥茂：劝勉之意。　对：匹配，犹言遵循。　时：时令，气候。

【白话】

无妄卦：大通顺，利于占问。若不行正道则有灾殃，不利于有所前往。

《彖传》说：无妄，阳刚自外卦而来，成为内卦的主爻，动而健，（九五）阳刚居上卦中位而与阴柔（六二）相应。以行正道而吉利，这是天道使然。"其匪正有眚，不利有攸往"，妄乱之行又能去哪里呢？天命不护佑，要慎行啊！

《象传》说：雷在天之下运行，万物与之偕同不妄作，是《无妄》卦。先王观此卦象，当尽力劝勉百姓遵循时令，养育万物。

chū jiǔ　　wú wàng wǎng　　　jí
初九：无妄往①，吉。

xiàng　yuē　　wú wàng　zhī　wǎng　　dé zhì yě
《象》曰："无妄"之"往"，得志也。

liù èr　　bù gēng huò　　bù zī yú　　zé lì yǒu yōu wǎng
六二：不耕获②，不菑畬③，则利有攸往。

xiàng　yuē　bù gēng huò　wèi fù yě
《象》曰："不耕获"，未富也。

liù sān　　wú wàng zhī zāi④　　huò xì zhī niú⑤　　xíng rén zhī dé　　yì rén zhī zāi
六三：无妄之灾④，或系之牛⑤，行人之得，邑人之灾。

xiàng　yuē　xíng rén dé niú　　yì rén zāi yě
《象》曰：行人得牛，邑人灾也。

jiǔ sì　　kě zhēn　　wú jiù
九四：可贞⑥，无咎。

xiàng　yuē　kě zhēn　wú jiù　　gù yǒu zhī yě
《象》曰："可贞，无咎"，固有之也。

jiǔ wǔ　　wú wàng zhī jí　　wù yào yǒu xǐ
九五：无妄之疾，勿药有喜⑦。

xiàng　yuē　　wú wàng　zhī yào　bù kě shì yě
《象》曰："无妄"之药，不可试也。

shàng jiǔ　　wú wàng xíng　　yǒu shěng　wú yōu lì
上九：无妄行，有眚，无攸利。

xiàng　yuē　　wú wàng　zhī　xíng　qióng zhī zāi yě
《象》曰："无妄"之"行"，穷之灾也。

【注释】

①无妄往：不妄行，当往则往，不当往则不往。　②不耕获：即"不耕不获"，下文的"不菑畬"即"不菑不畬"，这种都是省略式的句法结构。　③菑：刚开垦的荒地（三年后才适宜种植），这里作动词。　畬：开垦三年的熟地（适宜种植），也作动词。　④无妄之灾：当得之灾，注定之灾，却不知何时、何地而来，因此也叫意外之灾。　⑤或：有的。　⑥可贞：能坚守正道。　⑦勿药：不吃药，不药而愈。

【白话】

初九：不妄行，守正道，吉利。

《象传》说："无妄"之"往"，是为得志。

六二：不事耕耘、不图收获，不务开垦、不谋良田，这样有利于外出（经商）有所往。

《象传》说："不耕获"，是还不富。

六三：发生意外之灾，就像有系着的牛（惊跑了），为路上的行人顺手牵走，邑中人家将遭受缉捕的飞灾。

《象传》说：行人得牛，邑人反遭无妄之灾。

九四：能坚守正道，无灾。

《象传》说："可贞，无咎"，是本就可行的缘故。

九五：没有妄为所得的病，不吃药也会好的。

《象传》说："无妄"之药，不可尝试。

上九：如果妄行，会有灾殃，没有好处。

《象传》说："无妄"之"行"，是事物发展到极端而生灾殃。

大畜（卦二十六）

（乾下艮上）

大畜①：利贞。不家食吉②。利涉大川。
（dà xù lì zhēn bù jiā shí jí lì shè dà chuān）

《象》曰：大畜，刚健笃实③，辉光日新。其德刚
（tuàn yuē dà xù gāng jiàn dǔ shí huī guāng rì xīn qí dé gāng）
上而尚贤，能止健④，大正也。"不家食吉"，养贤
（shàng ér shàng xián néng zhǐ jiàn dà zhèng yě bù jiā shí jí yǎng xián）
也。"利涉大川"，应乎天也。
（yě lì shè dà chuān yìng hū tiān yě）

《象》曰：天在山中，大畜。君子以多识前言往
（xiàng yuē tiān zài shān zhōng dà xù jūn zǐ yǐ duō zhì qián yán wǎng）
行⑤，以畜其德⑥。
（xíng yǐ xù qí dé）

【注释】

①大畜：卦名，其卦画由表示天的乾和表示山的艮组成。畜，有蓄聚、蓄止

74

两义。大畜卦，卦象下乾为天，上艮为山，天藏于山中，有所畜至大之象。畜有止与聚两层含义。取天在山中之象，则畜为蓄聚，取乾为艮所止之象，是畜为蓄止。物止便可有所积聚，所以止也是蓄的意思。大畜卦说明了事物发展过程中，顺从时势而行事，竭力蓄积刚健和正气的道理。于是卦辞中强调"守正""养贤"，指出"畜聚阳刚正德"是"大畜"的关键所在。　②不家食：不在家吃饭。这是古人一种较为普遍的迷信行为，他们认为"不家食"可以躲避灾殃。③刚健笃实：下乾为天刚劲健强，故刚健；上艮为山静止充实，故笃实。　④止健：应从《周易集解》作"健止"，与下乾上艮对应。　⑤多识前言：记住前人的良言。　⑥畜：畜养。

【白话】

大畜卦：占问有利。不在家吃饭吉利。有利于渡过大河。

《彖传》说：大畜，刚健且笃实，光辉灿烂，每天都有新气象。其德刚健而尚贤，能健动而沉稳，是为大道之正。"不家食吉"，说明国家要培养贤德。"利涉大川"，是因顺应天道。

《象传》说：天在山中，是为《大畜》卦。君子观此象，当虚怀若谷，常记良言而行，以修养品德。

chū jiǔ　　　yǒu lì　lì yǐ
初九：有厉，利已。

xiàng　yuē　yǒu lì lì yǐ　　bú fàn zāi yě
《象》曰："有厉利已"，不犯灾也。

jiǔ èr　　yú tuō fù
九二：舆说輹①。

xiàng　yuē　yú tuō fù　　zhōng wú yóu yě
《象》曰："舆说輹"，中无尤也。

jiǔ sān　liáng mǎ zhú　　lì jiān zhēn　　yuē xián yú wèi　　lì yǒu yōu wǎng
九三：良马逐②，利艰贞；曰闲舆卫③，利有攸往。

xiàng　yuē　lì yǒu yōu wǎng　　shàng hé zhì yě
《象》曰："利有攸往"，上合志也。

liù sì　　tóng niú zhī gù　　yuán jí
六四：童牛之牿④，元吉。

xiàng　yuē　liù sì　yuán jí　　yǒu xǐ yě
《象》曰：六四"元吉"，有喜也。

liù wǔ　　fén shǐ zhī yá　　jí
六五：豮豕之牙⑤，吉。

《象》曰：六五之"吉"，有庆也。

上九：何天之衢⑥，亨。

《象》曰："何天之衢"，道大行也。

【注释】

①舆说輹：车子脱去辐，意在不行。说，通"脱"。　②逐：跑，疾驰。③日闲舆卫：每日练习用车马防卫。日，语气词；闲，熟练，此处用如动词，熟习；舆，用车载；卫，嘉，美善。　④童牛：小牛，牛犊。　牿：缚在牛角上以防牛触人的木头。　⑤豶豕：被阉割过的猪，性情就会温和不伤人。豕，猪。⑥何：同"荷"，挑，担。　衢：借作"麻"（xiū），庇佑，护佑。

【白话】

初九：有危险，停止不做就较为有利。

《象传》说："有厉利巳"，不会招致灾殃。

九二：车轮中的直条脱落（车不能前进）。

《象传》说："舆说輹"，九二居中且正当，最终不会招致怨尤。

九三：良马疾驰，虽有艰险，但占问有利；不断熟习车马防卫的技能，利于有所前往。

《象传》说："利有攸往"，是与上面的上九（二者同为阳爻）志同道合之故。

六四：小牛角上加上保护的木头（不再伤人），大吉。

《象传》说：六四"元吉"，刚柔调和，是有喜事。

六五：阉割了的猪，其性驯（牙不再伤人），吉利。

《象传》说：六五之"吉"，是有值得庆贺的事。

上九：背负着上天的护佑，大吉。

《象传》说："何天之衢"，大道得以推行。

颐（卦二十七）

（震下艮上）

颐①：贞吉。观颐，自求口实②。

《彖》曰：颐"贞吉"，养正则吉也。"观颐"，观其所养也。"自求口实"，观其自养也。天地养万物，圣人养贤以及万民，颐之时大矣哉！

《象》曰：山下有雷，颐。君子以慎言语，节饮食。

【注释】

①颐：卦名，其卦画由表示雷的震和表示山的艮组成。颐的本义是面颊，本卦中引申为颐养、修养。颐卦，卦象下震为雷，上艮为山，雷在下而动，艮山在上而止，正有动止嚼物之象。颐卦是根据上颚与下颚的样子取象的。初爻为下颚，二、三爻为下齿；上爻为上颚，四、五爻为上齿，即由嘴巴的样子取象。凡是食物，务必由口进入而养育其身体，这是嘴巴的最大作用，这作用推而广之，可培养其道德，或培养人才。本卦说的是一方面努力蓄养，而另一方面突破压抑而出，显示依靠自己内部的力量，通过自我运动达到颐养。 ②口实：口中食物。

【白话】

颐卦：占问吉利。观察颐养之道，应明白用正道自求口中之食。

《象传》说：颐养"贞吉"，修养中正品德就会吉利。"观颐"，是观察他人如何修养品德的。"自求口实"，是观察领会自我修养的正确方法。天地滋养万物，圣人优待贤人以及万民，颐卦切合时宜的意义重大啊！

《象传》说：山下有雷，是为《颐》卦。君子观此卦象，应当慎言慎语，节制饮食。

初九：舍尔灵龟，观我朵颐①，凶。

《象》曰："观我朵颐"，亦不足贵也。

六二：颠颐②，拂经于丘颐③，征凶。

《象》曰：六二"征凶"，行失类也。

六三：拂颐④，贞凶，十年勿用⑤，无攸利。

《象》曰："十年勿用"，道大悖也。

六四：颠颐，吉。虎视眈眈⑥，其欲逐逐⑦，无咎。

《象》曰："颠颐"之吉，上施光也。

六五：拂经，居贞吉，不可涉大川。

《象》曰：居贞之吉，顺以从上也。

上九：由颐⑧，厉，吉。利涉大川。

《象》曰："由颐厉吉"，大有庆也。

【注释】

①朵颐：口中含物，腮如花朵，故称"朵颐"。比喻吃得多而欢。 ②颠：一说借作"填"，食物入于口；一说通"慎"，指慎重；一说指颠倒。 ③拂经：违反正常道理、求安静，故安居吉。拂，违；经，常，常理。 丘：小山。 ④拂颐：违反养之正道，所以十年不用。 ⑤勿用：无所作为。 ⑥眈眈：贪婪地注视。 ⑦逐逐：借作"遥遥"，遥远。 ⑧由颐：养的来源。由，源出。

【白话】

初九：舍弃你的灵龟，觊觎我鼓起面颊里的食物，凶。

《象传》说："观我朵颐"，也是不值得看重的。

六二：颠倒"颐养"之序，违背以下养上的常理，向山丘去求食，前行有凶险。

《象传》说：六二"征凶"，是所行丧失了颐养的准则。

六三：违反养之正道，占问凶，所以十年不用，用了无所利。

《象传》说："十年勿用"，是严重背离正道的缘故。

六四：颠倒求颐养，吉利。如虎紧盯，它的欲望急迫，无灾。

《象传》说："颠颐"之吉，是上位者布施广大的缘故。

六五：有违于常理，居而守正得吉，不可渡过大河。

《象传》说：居贞之吉，是顺承上位者的缘故。

上九：顺从颐养的来源，开荒种粮，虽有艰难，最终是吉利的。利于渡过大河。

《象传》说："由颐厉吉"，是有大喜事。

周易

大过（卦二十八）

（巽下兑上）

大过①：栋桡②，利有攸往，亨。

《彖》曰："大过"，大者过也。"栋桡"，本末弱也③。刚过而中④，巽而说⑤，行。"利有攸往"，乃亨。大过之时大矣哉！

《象》曰：泽灭木⑥，大过。君子以独立不惧，遁世无闷。

【注释】

①大过：卦名，其卦画由表示风的巽和表示泽的兑组成。过，差也，误也，越也。大过卦，卦象下巽为风，上兑为泽，泽在木上。泽当润养子木，而今竟至把木灭掉，有大过之象。此卦四阳爻为大，阴爻为小，阳爻太多，所以称"大者过也"。世间万事万物都是养而后成，一旦过度则有毁败过越的问题。大过卦是本末柔弱之卦，是非常时期，将发生大事件，因此当"刚过而中，巽而说行"。如此，所往无不利，万物皆得其亨也。故当根据自身的实力前去行事，要不断创新和弥补自我的不足，要不断改变存在的一切问题。　②栋桡：房屋正梁弯曲。喻房危不可住，故"利有攸往"。　③本末：从本到末都太柔弱。本，树干；末，树梢。　④刚过而中：本卦连续四个阳爻在中。　⑤说：通"悦"。　⑥泽灭木：巽在八卦中代表风，在五行中则代表木。沼泽淹没树木。

【白话】

大过卦：房屋正梁弯曲，利于有所往，通顺。

《象传》说："大过"，是阳刚过于强大之意。"栋桡"，是首尾两端都柔弱。阳刚居于中，柔顺、和悦地施行整治，因此百事通行。"利有攸往"，所以通顺。大过卦切合时宜的意义重大啊！

《象传》说：沼泽淹没树木，是为《大过》卦。君子观此象，当独立而无所畏惧，避世隐居，无所苦闷，见机而动。

初六：藉用白茅①，无咎。

《象》曰："藉用白茅"，柔在下也。

九二：枯杨生稊②，老夫得其女妻，无不利。

《象》曰："老夫女妻"，过以相与也③。

九三：栋桡，凶。

《象》曰："栋桡"之"凶"，不可以有辅也。

九四：栋隆④，吉。有它，吝。

《象》曰："栋隆"之"吉"，不桡乎下也。

九五：枯杨生华⑤，老妇得其士夫⑥，无咎无誉。

《象》曰："枯杨生华"，何可久也。"老妇士夫"，亦可丑也。

上六：过涉灭顶⑦，凶，无咎。

《象》曰："过涉"之"凶"，不可咎也。

【注释】

①藉：衬垫。 白茅：一种茅草，古代用在极为隆重的祭祀中。 ②稊：通"荑"，树木新生的芽、枝。 ③相与：相配，结合。 ④隆：隆起，突起。 ⑤华：通"花"。 ⑥士：未结婚的男子可通称为士。 ⑦灭顶：水淹没头顶。灭，没；顶，头顶。

【白话】

初六：(祭祀时）将白茅垫在（祭品下面），无灾。

《象传》说："藉用白茅"，是初六阴爻柔顺居下的缘故。

九二：枯杨生出新芽，老年男子得少女为妻，无所不利。

《象传》说："老夫女妻"，他们的结合超过了常理。

九三：房屋正梁弯曲，有凶。

《象传》说："栋桡"之"凶"，是得不到帮助、补救之故。

九四：房梁隆起，有吉。若出现意外，则有艰险。

《象传》说："栋隆"之"吉"，是不向下弯曲之故。

九五：枯杨开出花，老年妇人得年轻男子为夫，无灾也无称誉。

《象传》说："枯杨生华"，不可长久。"老妇士夫"，也是不光彩的事。

上六：错误地过河被水淹没头顶，大凶，（若有所准备）则无灾。

《象传》说："过涉"之"凶"，用不着去责难。

坎（卦二十九）

（坎下坎上）

xí kǎn yǒu fú wéi xīn hēng xíng yǒu shàng
习坎①：有孚维心②，亨。行有尚③。

tuàn yuē xí kǎn chóng xiǎn yě shuǐ liú ér bù yíng xíng xiǎn ér
《彖》曰："习坎"，重险也，水流而不盈。行险而

bù shī qí xìn wéi xīn hēng nǎi yǐ gāng zhōng yě xíng yǒu shàng wǎng
不失其信，"维心亨"，乃以刚中也。"行有尚"，往

yǒu gōng yě tiān xiǎn bù kě shēng yě dì xiǎn shān chuān qiū líng yě wáng
有功也。天险，不可升也④。地险，山川丘陵也。王

gōng shè xiǎn yǐ shǒu qí guó xiǎn zhī shí yòng dà yǐ zāi
公设险以守其国。险之时用大矣哉！

xiàng yuē shuǐ jiàn zhì xí kǎn jūn zǐ yǐ cháng dé xíng xí jiào shì
《象》曰：水洊至⑤，习坎。君子以常德行，习教事。

【注释】

①习坎：卦名，卦象坎下坎上。汉帛《易》作"习赣"，简称为坎。习坎卦，卦名前加个"习"字，强调险之重、险之难。坎和大过意义相反。大过是阳

之过，坎是阳之陷。本卦一阳居二阴之中，有陷之象，所以坎也是陷。阳的发展也不可过，至一定程度便要变为坎陷。坎卦，阐释突破艰险的原则。既然处在艰难困苦的逆境中，必须坚定刚毅地突破重重险难，以不屈不挠的信心和勇气去克服它。　②孚：诚信。　维，同"唯"。　③尚：借作"赏"，封赏。　④升：登。　⑤洊：再。

【白话】

坎卦：诚信在心中，亨通。出行会得到封赏。

《象传》说："习坎"，是多重的艰险，如水不停地流入而不满盈。行走在险地而不失诚信，"维心亨"，是因为有刚正之质。"行有尚"，前行会有功绩。自然的险境不可以再上升，地面有各种山川丘陵等险要地势。王公设立险关以固守他们的国家。险在不同时间的作用是重大的！

《象传》说：水接续而至，是为《坎》卦。君子因之常修德行，习教化之事。

<small>chū liù　　　　xí kǎn　　　　rù yú kǎn dàn　　　xiōng</small>
初六：习坎，入于坎窞①，凶。

<small>xiàng　　yuē　　xí kǎn　　　　rù kǎn　　shī dào　　xiōng yě</small>
《象》曰："习坎"入坎，失道，凶也。

<small>jiǔ èr　　　kǎn yǒu xiǎn　　　qiú xiǎo dé</small>
九二：坎有险，求小得。

<small>xiàng　　yuē　　qiú xiǎo dé　　　　wèi chū zhōng yě</small>
《象》曰："求小得"，未出中也。

<small>liù sān　　　lái zhī kǎn kǎn②　　　kǎn xiǎn qiě zhěn③　　　rù yú kǎn dàn　　wù yòng</small>
六三：来之坎坎②，坎险且枕③，入于坎窞，勿用。

<small>xiàng　　yuē　　lái zhī kǎn kǎn　　　zhōng wú gōng yě</small>
《象》曰："来之坎坎"，终无功也。

<small>liù sì　　　zūn jiǔ guǐ èr yòng fǒu④　　　nà yuē zì yǒu⑤　　zhōng wú jiù</small>
六四：樽酒簋贰用缶④，纳约自牖⑤，终无咎。

<small>xiàng　　yuē　　zūn jiǔ guǐ èr　　　gāng róu jì yě⑥</small>
《象》曰："樽酒簋贰"，刚柔际也⑥。

<small>jiǔ wǔ　　　kǎn bù yíng　　　zhǐ jì píng⑦　　wú jiù</small>
九五：坎不盈，祗既平⑦，无咎。

<small>xiàng　　yuē　　kǎn bù yíng　　　zhōng wèi dà yě</small>
《象》曰："坎不盈"，中未大也。

<small>shàng liù　　　jì yòng huī mò⑧　　　zhì yú cóng jí⑨　　sān suì bù dé　　xiōng</small>
上六：系用徽纆⑧，置于丛棘⑨，三岁不得，凶。

《象》曰：上六失道，凶三岁也。

【注释】

①窞：深坑。　②之：往。　③枕：应作"沈"，即深。　④樽：酒杯。簋：祭祀时盛粮食的器皿，很贵重。贰：副，次。缶：瓦器，用于祭祀，也较尊贵。　⑤纳：献纳。约：为衍字。牖：窗户。　⑥际：边际，边界。　⑦祗：借作"坻"，小丘。　⑧徽纆：绳索，三股的叫徽，两股的叫纆。　⑨丛棘：荆棘丛生之处，代指古代的牢狱。

【白话】

初六：遇多重艰险，陷入深坑之中，大凶。

《象传》说："习坎"入坎，是违背了正道，所以有凶。

九二：坑中遇险，（所求不易得，）只能小有收获。

《象传》说："求小得"，是九二居下卦之中，没有背离中道。

六三：来往皆为坎险，坑险而深，掉入深坑，不宜有所行动。

《象传》说："来之坎坎"，最终也不会有功效。

六四：（祭祀时）一樽酒，两簋食，用瓦器盛，从窗口献纳，最终无灾。

《象传》说："樽酒簋贰"，是刚柔相接之故。

九五：陷阱尚未填满，小丘被夷平，无灾。

《象传》说："坎不盈"，是中正之道还未宏大。

上六：被绳索捆绑，放在牢狱里，三年不得解脱，大凶。

《象传》说：上六失道，因此凶险延续三年之久。

离（卦三十）

(离下离上)

离①：利贞，亨。畜牝牛吉②。

《彖》曰：离，丽也③。日月丽乎天，百谷草木丽乎土。重明以丽乎正④，乃化成天下。柔丽乎中正⑤，故亨，是以"畜牝牛吉"也。
_{gù hēng} _{shì yǐ} _{xù pìn niú jí} _{yě}

《象》曰：明两作⑥，离。大人以继明照于四方。
_{xiàng} _{yuē} _{míng liǎng zuò} _{lí} _{dà rén yǐ} _{jì míng zhào yú sì fāng}

【注释】

①离：卦名，其卦画由表示火的离叠加组成。离，丽也，着也。本卦为八纯卦之一。离卦，卦象离下离上。离为火为附，所以是附丽、光明的意思。离卦六爻，阴附丽于上下之阳，所以是丽。离卦二、五两爻都是阴，阴为虚。离又为火，为明，火的外部特征也是虚，不能自成自生，必附丽于他物而明。离卦所阐释依附的原则是：寻求依附应认清目标，必须谨慎选择。应把握中正的原则，不可投机取巧。　②畜：畜养。　牝牛：母牛。　③丽：附丽，附着，依附。　④重明：离为火，火为明，上下皆为离，故曰"重明"。　⑤柔：离属阴，故柔。⑥作：起，成。

【白话】

离卦：占问有利，亨通。畜养母牛吉利。

《象传》说：离，附着之意。日月附着在天上，百谷草木附着在地上。双重的光明是因为附着于中正之道，于是可以化育天下。阴柔附着于中正之道，故而亨通，所以"畜牝牛吉"。

《象传》说：光明两次兴作，是为《离》卦。大人观此象，当继承光明的德行并将其施于四方。

初九：履错然①，敬之无咎。
_{chū jiǔ} _{lǚ cuò rán} _{jìng zhī wú jiù}

《象》曰："履错"之"敬"，以辟咎也。
_{xiàng} _{yuē} _{lǚ cuò} _{zhī} _{jìng} _{yǐ bì jiù yě}

六二：黄离②，元吉。
_{liù èr} _{huáng lí} _{yuán jí}

《象》曰："黄离，元吉"，得中道也。
_{xiàng} _{yuē} _{huáng lí} _{yuán jí} _{dé zhōng dào yě}

九三：日昃之离③，不鼓缶而歌④，则大耋之嗟⑤，凶。
_{jiǔ sān} _{rì zè zhī lí} _{bù gǔ fǒu ér gē} _{zé dà dié zhī jiē} _{xiōng}

《象》曰："日昃之离"，何可久也？
_{xiàng} _{yuē} _{rì zè zhī lí} _{hé kě jiǔ yě}

周易

九四：突如其来如⑥，焚如，死如，弃如。
jiǔ sì tū rú qí lái rú fén rú sǐ rú qì rú

《象》曰："突如其来如"，无所容也。
xiàng yuē tū rú qí lái rú wú suǒ róng yě

六五：出涕沱若⑦，戚嗟若⑧，吉。
liù wǔ chū tì tuó ruò qī jiē ruò jí

《象》曰：六五之吉，离王公也。
xiàng yuē liù wǔ zhī jí lí wáng gōng yě

上九：王用出征，有嘉折首⑨，获匪其丑⑩，无咎。
shàng jiǔ wáng yòng chū zhēng yǒu jiā zhé shǒu huò fěi qí chǒu wú jiù

《象》曰："王用出征"，以正邦也。"获匪其丑"，
xiàng yuē wáng yòng chū zhēng yǐ zhèng bāng yě huò fěi qí chǒu

大有功也。
dà yǒu gōng yě

【注释】

①履错然：步子杂乱的样子。履，脚步；错，杂乱。 ②黄离：处中而得明。黄，黄色、中色，表示中和柔顺的美德。 ③日昃：太阳偏西。 ④缶：一种乐器。 ⑤耋：人八十岁称耋。 嗟：叹气，感叹。 ⑥突如其来如：突然而至。九四爻从下体来到上体，即逼近九五之尊，故有此说。 ⑦出涕：流泪。沱若：泪多貌。 ⑧戚：忧戚。 ⑨有嘉：有好事、喜事。 折首：指杀敌。 ⑩丑：类，指敌众。

【白话】

初九：走路步子杂乱，谨慎以待，无灾。

《象传》说："履错"之"敬"，是用以避免灾殃。

六二：处中而得明，大吉。

《象传》说："黄离，元吉"，是因为六二居下卦之中得中正之道。

九三：太阳偏西附着（在天上），不敲击缶而唱歌，到老了就叹气，不祥。

《象传》说："日昃之离"，是无法长久的。

九四：突然发生某种灾难，包括焚烧、死亡、抛弃。

《象传》说："突如其来如"，是难得容身之地。

六五：涕泗滂沱，忧戚叹息，吉。

《象传》说：六五之吉，是因为依附于王公大人之故。

上九：君王带兵出征，杀敌良多，俘获敌众，无灾。

《象传》说："王用出征"，是要匡正国家。"获匪其丑"，大有功劳。

下经

咸（卦三十一）

䷞（艮下兑上）

咸①：亨。利贞。取女吉②。

《彖》曰：咸，感也。柔上而刚下③，二气感应以相与④，止而说⑤，男下女⑥，是以"亨，利贞，取女吉"也。天地感而万物化生，圣人感人心而天下和平。观其所感，而天地万物之情可见矣。

《象》曰：山上有泽，咸。君子以虚受人。

【注释】

①咸：卦名，其卦画由表示山的艮和表示泽的兑组成。咸音义同"感"，为"感"的古字，取交感相应的意义。咸卦是下经的第一卦，它是《周易》讲解应用和变化的一个新开始。咸卦的交相感应问题，最直观的表现是男女，尤其是夫妇之间的关系，而且夫妇关系是人伦之始，是文明社会一切现象之所以产生的最初契机。所以，把咸卦的"咸"字的感应意义用夫妇关系加以说明是再合适不过了。咸卦，卦象下艮为山为止为少男，上兑为泽为悦为少女。这种"二气通而相应"的现象引申为夫妇之道，将艮比为男，将兑比为女，少男少女，交相感应，以成夫妇。本卦需留意的是物与物相互感应之时，而且其所感应的并不是理论上的问题，乃是如同声音响应一般，事体的进行至为快速，同时感情上超越理智的情形为多。目前正是上下一条心团结合作的时候，尽可能努力进行而有机会发

展。　②取：今天作"娶"。　③柔上而刚下：泽属阴，为柔，艮属阳，为刚，故称。　④相与：相交，相融。　⑤止而说：艮为山，沉静、安稳，故曰"止"。说，通"悦"。　⑥男下女：谓男子以礼待女子。

【白话】

咸卦：亨通。利于占问。娶妻吉利。

《彖传》说：咸，是交感之意。上柔而下刚，阴阳二气感应交融，沉静而和悦，男子以礼求女，所以"亨，利贞，取女吉"。天地交感而万物化生，圣人感受百姓之心而天下和平。观察天地万物互相感应，则其情状都可以明晰了。

《象传》说：山上有泽，是为《咸》卦。君子观此象，当以虚心待人。

chū liù　　xián qí mǔ
初六：咸其拇①。

xiàng　　yuē　　xián qí mǔ　　　　zhì zài wài yě
《象》曰："咸其拇"，志在外也。

liù　èr　　xián qí féi　　xiōng　　jū jí
六二：咸其腓②，凶。居吉。

xiàng　　yuē　　suī　　xiōng jū jí　　　　shùn bú hài yě
《象》曰：虽"凶居吉"，顺不害也。

jiǔ sān　　xián qí gǔ　　zhí qí suí　　wǎng lìn
九三：咸其股③，执其随④，往吝。

xiàng　　yuē　　xián qí gǔ　　yì bù chǔ yě　　zhì zài suí rén　　suǒ zhí xià
《象》曰："咸其股"，亦不处也。志在随人，所执下

yě
也。

jiǔ　sì　　zhēn jí　　huǐ wáng　　　chōng chōng wǎng lái　　　péng cóng ěr sī
九四：贞吉，悔亡⑤。憧憧往来⑥，朋从尔思⑦。

xiàng　　yuē　　zhēn jí　　huǐ wáng　　wèi gǎn hài yě　　　chōng chōng wǎng
《象》曰："贞吉，悔亡"，未感害也。"憧憧往

lái　　wèi guāng dà yě
来"，未光大也。

jiǔ wǔ　　xián qí méi　　wú huǐ
九五：咸其脢⑧，无悔。

xiàng　　yuē　　xián qí méi　　zhì mò yě
《象》曰："咸其脢"，志末也。

shàng liù　　xián qí fǔ jiá shé
上六：咸其辅颊舌⑨。

87

《象》曰："咸其辅颊舌"，滕口说也⑩。

【注释】

①咸其拇：感应远在足趾，喻感受粗浅。咸，感；拇，足之大指。 ②腓：小腿肚。 ③股：大腿。 ④执：制动。 随：随从。 ⑤亡：消失。 ⑥憧憧：形容心意不定而频频往来之状。 ⑦朋：有朋，此指恋人。 尔：语气词。思：助词，无义。 ⑧脢：背脊。 ⑨辅颊：即面颊。 ⑩滕：言辞不绝。

【白话】

初六：感应远在足趾。

《象传》说："咸其拇"，是初六的感应志向外发展。

六二：感应传到小腿肚，凶。安居在家，吉。

《象传》说：虽"凶居吉"，柔顺以待则无灾。

九三：感应传到大腿，（身体）随之而动，前往将遇艰险。

《象传》说："咸其股"，也将无法安处。一心在追随他人，所执意的追求未免过于低劣。

九四：占卜得吉兆，灾祸消亡。相互之间往来不定，恋人终究顺从你的思念。

《象传》说："贞吉，悔亡"，是并未遭受祸害。"憧憧往来"，是尚未公开化。

九五：感应传到背脊，无灾。

《象传》说："咸其脢"，是因志在细枝末节上。

上六：感应传到面颊、舌头。

《象传》说："咸其辅颊舌"，是以花言巧语取悦对方。

恒（卦三十二）

（巽下震上）

héng hēng wú jiù lì zhēn lì yǒu yōu wǎng
恒①：亨，无咎，利贞。利有攸往。

tuàn yuē héng jiǔ yě gāng shàng ér róu xià léi fēng xiāng yǔ
《象》曰：恒，久也。刚上而柔下，雷风相与②，

xùn ér dòng gāng róu jiē yìng héng héng hēng wú jiù lì zhēn jiǔ
巽而动，刚柔皆应，恒。"恒，亨，无咎，利贞"，久

88

yú qí dào yě　　tiān dì zhī dào héng jiǔ ér bù yǐ yě　　　lì yǒu yōu wǎng　　zhōng
于其道也。天地之道恒久而不已也。"利有攸往"，终

zé yǒu shǐ yě　　rì yuè dé tiān ér néng jiǔ zhào　　sì shí biàn huà ér néng jiǔ chéng
则有始也。日月得天而能久照，四时变化而能久成，

shèng rén jiǔ yú qí dào ér tiān xià huà chéng　　guān qí suǒ héng　　ér tiān dì wàn wù zhī
圣人久于其道而天下化成。观其所恒，而天地万物之

qíng kě jiàn yǐ
情可见矣。

xiàng　　yuē　　léi fēng　　héng　　jūn zǐ yǐ lì bú yì fāng
《象》曰：雷风，恒。君子以立不易方③。

【注释】

①恒：卦名，其卦画由表示风的巽和表示雷的震组成。恒，常也。恒卦，卦象下巽为长女，上震为长男，男尊女卑，象征夫妇关系的常理。巽还为风为入，震为雷为动，卦象呈现出风雷结合、柔下刚上、刚柔相应、谦逊而动的特点。恒卦在咸卦之后，咸卦是讲夫妇之道，夫妇之道贵在长久。恒卦所讲的是男动于外，女顺于内，夫妇有别，才是维持一家的恒常之道。　②雷风相与：恒卦巽下震上，巽为风，震为雷，又雷动而风行，故以此为恒。　③立不易方：立身于恒久不变之道。方，道也。

【白话】

恒卦：亨通，无灾，占问有利。利于有所往。

《彖传》说：恒，是恒久的意思。上刚而下柔，雷风相交，柔顺而健动，刚柔相应，是为恒。"恒，亨，无咎，利贞"，是长久行其道之故。天地之道恒久存在而不停止。"利有攸往"，说明事物的发展终始相同，往复不穷。日月因为天而能长久照耀，四时运行变化而能长久起作用，圣人长久坚持其道而使天下得以教化。观察天地万物长久坚持之道，它们的情状也就明晰了。

《象传》说：雷下有风，是为《恒》卦。君子因此树立恒久不变的正确思想。

chū liù　　jùn héng　　zhēn xiōng　　wú yōu lì
初六：浚恒①，贞凶，无攸利。

xiàng　　yuē　　jùn héng　　zhī xiōng　　shǐ qiú shēn yě
《象》曰："浚恒"之凶，始求深也。

jiǔ èr　　huǐ wáng
九二：悔亡。

xiàng　　yuē　　jiǔ èr　　huǐ wáng　　néng jiǔ zhōng yě
《象》曰：九二"悔亡"，能久中也。

jiǔ sān　　bù héng qí dé　　huò chéng zhī xiū　　zhēn lìn
九三：不恒其德，或承之羞②，贞吝。

xiàng　yuē　bù héng qí dé　　wú suǒ róng yě
《象》曰："不恒其德"，无所容也。

jiǔ sì　tián wú qín
九四：田无禽③。

xiàng　yuē　jiǔ fēi qí wèi　　ān dé qín yě
《象》曰：久非其位，安得禽也？

liù wǔ　héng qí dé　zhēn　fù rén jí　　fū zǐ xiōng
六五：恒其德，贞。妇人吉，夫子凶④。

xiàng　yuē　fù rén zhēn jí　cóng yī ér zhōng yě　　fū zǐ zhì yì
《象》曰：妇人贞吉，从一而终也。夫子制义⑤，

cóng fù xiōng yě
从妇凶也。

shàng liù　zhèn héng　　xiōng
上六：振恒⑥，凶。

xiàng　yuē　zhèn héng　zài shàng　　dà wú gōng yě
《象》曰："振恒"在上，大无功也。

【注释】

①浚恒：深求于恒久，将损害恒。浚：挖深，引申为深求。　②承：遭受，承受。　羞：羞辱。　③田：打猎，田猎。　禽：代指猎物。　④夫子：丈夫。⑤制义：制裁事宜。制，创制；义，通"宜"。　⑥振：动，犹言动摇。

【白话】

初六：深求于恒久，将损害恒，占卜得凶兆，没有好处。

《象传》说："浚恒"之凶，在于开始就盲目追求过深。

九二：悔恨消亡。

《象传》说：九二说的"悔亡"，是长久持身中正之故。

九三：不经久修德，可能会遭受羞辱，要守正持固以防憾事。

《象传》说："不恒其德"，为人所不容。

九四：打猎而无收获。

《象传》说：长久居位不当，怎么能得到猎物呢？

六五：经久修德，应当固守之。妇人吉，男子则凶。

《象传》说："妇人贞吉"，是女子和其夫从一而终的缘故。丈夫应裁制事宜，从于妇人之道则不祥。

上六：动摇破坏了常道，大凶。

《象传》说："振恒"在上，极其没有功绩。

遁（卦三十三）

䷠（艮下乾上）

遁①：亨，小利贞。

《彖》曰："遁，亨"，遁而亨也。刚当位而应②，与时行也。"小利贞"，浸而长也③。遁之时义大矣哉！

《象》曰：天下有山，遁。君子以远小人，不恶而严④。

【注释】

①遁：卦名，其卦画由表示山的艮和表示天的乾组成。遁是逃避、隐退的意思。遁卦，卦象下艮为山为止，上乾为天为健。山在下，天在上，比喻贤人隐退，不在朝廷。天在上，是阳物，有上进的性质。艮为止，有上陵而止不进之象。一个要上进，一个上陵而止不进，乾艮相违遁，久而久之，必将遭遇避的境地。遁卦阐释的是：遭遇尴尬境地如能退而避之，以待回天之机，犹不失为得计。遁卦排在咸、恒两卦之后，着实有着深长的意味。②刚当位而应：指九五阳爻与六二阴爻相应。③浸：逐渐。④恶：凶恶。

【白话】

遁卦：亨通，占问小有吉利。

《象传》说："遁，亨"，是因隐遁而亨通。（九五）阳刚居位得宜而与（六二）阴柔相应，与时宜偕行。"小利贞"，逐渐生长之故。遁卦切合时宜的意义重大啊！

《象传》说：天下有山，是为《遁》卦。君子因之远离小人，不凶恶而自生威严。

初六：遁尾，厉①，勿用有攸往。

《象》曰："遁尾"之"厉"，不往何灾也？

六二：执之用黄牛之革②，莫之胜说③。

《象》曰："执用黄牛"，固志也。

九三：系遁，有疾厉；畜臣妾④，吉。

《象》曰："系遁"之"厉"，有疾惫也。"畜臣妾，吉"，不可大事也。

九四：好遁⑤，君子吉，小人否。

《象》曰：君子"好遁"，小人"否"也。

九五：嘉遁，贞吉。

《象》曰："嘉遁，贞吉"，以正志也。

上九：肥遁⑥，无不利。

《象》曰："肥遁，无不利"，无所疑也。

【注释】

①遁尾，厉：遁逃，落在末尾。　②执：缚。　革：皮。　③莫之胜说：犹言无法反抗。说：同"脱"，逃脱。　④畜臣妾：畜养奴隶。妾：古者称男奴隶为臣，女奴隶为妾。　⑤好遁：既爱好其位，又能决然隐遁。　⑥肥遁：从容自如地隐遁。

【白话】

初六：遁逃落在末尾，有灾祸不要前往。

《象传》说："遁尾"之"厉"，不有所往又怎么会有灾呢？

六二：用黄牛皮来捆绑它，使之不能逃脱。

《象传》说："执用黄牛"，是心志十分牢固。

九三：应当隐遁却被羁系，只会加深其危急，畜养奴仆吉利。

《象传》说："系遁"之"厉"，是有疾病、疲困。"畜臣妾，吉"，不可采取大的行动。

九四：既爱好其位，又决然隐遁，对君子吉利，对小人则凶。

《象传》说:有德君子得"好遁",邪曲小人得"否"。

九五:赞美遁避,坚守正道,吉利。

《象传》说:"嘉遁,贞吉",是因能端正退避的心志。

上九:从容自如地隐遁,没有什么不利。

《象传》说:"肥遁,无不利",是因心中没有疑虑。

大壮 (卦三十四)

（乾下震上）

大壮^①（dà zhuàng）：利贞（lì zhēn）。

《彖》（tuàn）曰（yuē）：大壮（dà zhuàng），大者壮也（dà zhě zhuàng yě）。刚以动（gāng yǐ dòng）^②，故壮（gù zhuàng）。大壮（dà zhuàng）"利贞"（lì zhēn），大者正也（dà zhě zhèng yě）。正大（zhèng dà），而天地之情可见矣（ér tiān dì zhī qíng kě jiàn yǐ）。

《象》（xiàng）曰（yuē）：雷在天上（léi zài tiān shàng），大壮（dà zhuàng）。君子以非礼弗履（jūn zǐ yǐ fēi lǐ fú lǚ）^③。

【注释】

①大壮:卦名,其卦画由表示天的乾和表示雷的震组成。大壮是阳的壮,壮的意义是强盛。大壮卦是遁卦上下颠倒的卦。大壮卦,卦象下乾上震,以刚而动,有大壮的意义。此卦阳刚已达到四,过中了,有大者壮的意义。大壮是阳的壮,壮的意义是强盛。事物衰则盛,消则必长,遁则必壮,所以遁卦之后排的大壮卦。大壮是阳刚势力发展的表现,是好事。但一定要正确地运用,不能莽撞、盛气凌人,否则大壮会走向其反面。大者壮盛之时,其大者或壮者乃至于乘势而扩张者,务必戒其过盛,知其所止而止。 ②刚以动:乾为刚,震(雷)为动。③非礼弗履:犹言非礼勿动。履,践行。

【白话】

大壮卦:利于守正。

《象传》说:大壮,大而壮之意。卦体下乾纯阳,最为刚健,上震刚健而尚动,所以壮。大壮"利贞",是因必须固守正道,方可久大。欲求久"大",必先守"正"。中正且大,则天地的情状也就清晰可见了。

《象传》说:雷在天上,是为《大壮》卦。君子观此象,当非礼勿动。

初九：壮于趾①，征凶，有孚。

《象》曰："壮于趾"，其孚穷也。

九二：贞吉。

《象》曰：九二"贞吉"，以中也。

九三：小人用壮②，君子用罔③，贞厉。羝羊触藩④，羸其角⑤。

《象》曰："小人用壮"，君子罔也。

九四：贞吉，悔亡。藩决不羸⑥，壮于大舆之輹。

《象》曰："藩决不羸"，尚往也。

六五：丧羊于易⑦，无悔。

《象》曰："丧羊于易"，位不当也。

上六：羝羊触藩，不能退，不能遂⑧，无攸利，艰则吉。

《象》曰："不能退，不能遂"，不详也。"艰则吉"，咎不长也。

【注释】

①壮于趾：伤了脚趾。壮，伤；趾，脚趾，帛《易》作"止"。　②用以。　壮：娇盛。　③罔：无，"用罔"犹言"不用壮"。　④羝羊：公羊。藩：篱笆。　⑤羸：本是瘦弱之意，这里指卡住。　⑥藩决：指篱笆破损了，犹如江河决口。　⑦丧羊于易：殷商的先祖王亥，客居有易国，因和有易国国君之

94

女私通，被有易国国君杀害，其牛被夺。这里说丢失了羊，应是王亥生前之事。⑧遂：顺遂。这里指越过篱笆前进。

【白话】

初九：伤到脚趾，征伐则不祥，但有诚信。

《象传》说："壮于趾"，说明初九应当以诚信自守而善处穷困。

九二：守正吉。

《象传》说：九二"贞吉"，是因居于中位。

九三：小人妄用强盛，君子虽强不用，占之危厉。公羊用角撞篱笆，它的角被卡住。

《象传》说："小人妄用强壮"，君子虽强不用。

九四：守正则吉，悔恨消失。公羊撞破篱笆，角得以解脱，却使大车的车轮受损。

《象传》说："藩决不赢"，适宜外出。

六五：（王亥）在有易国丢失了羊，没有灾祸。

《象传》说："丧羊于易"，是六五阴爻居位不当之故。

上六：公羊撞击篱笆，（角被卡住，）无法后退，也不能前进，得不到好处，先遇到艰险，之后会转吉。

《象传》说："不能退，不能遂"，是因前景不明。"艰则吉"，是因灾祸不长久。

晋（卦三十五）

(坤下离上)

jìn   kāng hóu yòng cì mǎ fán shù   zhòu rì sān jiē
晋①：康侯用锡马蕃庶②，昼日三接③。

tuàn   yuē   jìn   jìn yě   míng chū dì shàng   shùn ér lì hū dà míng
《彖》曰：晋，进也。明出地上④，顺而丽乎大明，

róu jìn ér shàng xíng   shì yǐ   kāng hóu yòng cì mǎ fán shù   zhòu rì sān jiē
柔进而上行，是以"康侯用锡马蕃庶，昼日三接"

yě
也。

xiàng   yuē   míng chū dì shàng   jìn   jūn zǐ yǐ zì zhāo míng dé
《象》曰：明出地上，晋。君子以自昭明德。

【注释】

①晋：卦名，其卦画由表示地的坤和表示火的离组成。晋与进同音同义，都是前进的意思。晋卦，卦象下坤为地为顺，上离为火，也为太阳。本卦取太阳在地上辉耀之象。晋卦揭示事物的"进长"途径。历经辛苦艰难的人，这才脱离黑暗，情况开始好转。自己的计划、交易等也到实现的时候了。在晋卦里，对事体来说，不必迟疑而向前迈进，才能得到预期的成果。　②康侯：周武王之弟，被封于卫。　锡：即"赐"，这里指贡献。古代的"赐"既有赏赐之意，又有上供之意，如同"沽"既表示买又表示卖。　蕃庶：众多。　③昼日三接：一天之内三次接见。　④明出地上：即本卦是火（离）在地（坤）上。

【白话】

晋卦：康侯得到天子赏赐的很多马，一天之内三次被接见。

《象传》说：晋，是前进之意。光明出于地上，柔顺而明丽，是为宏大光明，柔顺以进而上行，所以"康侯用锡马蕃庶，昼日三接"。

《象传》说：光明出于地上，是为《晋》卦。君子观此卦，当自珍自爱，使自己的德行显明光大。

初六：晋如摧如①，贞吉。罔孚②，裕无咎③。

《象》曰："晋如摧如"，独行正也。"裕无咎"，未受命也。

六二：晋如愁如④，贞吉。受兹介福于其王母⑤。

《象》曰："受兹介福"，以中正也。

六三：众允⑥，悔亡。

《象》曰："众允"之志，上行也。

九四：晋如鼫鼠⑦，贞厉。

《象》曰："鼫鼠，贞厉"，位不当也。

六五：悔亡，失得⑧，勿恤⑨。往吉，无不利。

《象》曰："失得，勿恤"，往有庆也。

上九：晋其角⑩，维用伐邑⑪，厉吉，无咎，贞吝。

《象》曰："维用伐邑"，道未光也。

【注释】

①摧：摧折抑退。　②罔：无。　③裕：宽裕。　④愁：忧愁。　⑤介：大。　王母：父亲的母亲，即祖母。　⑥允：信。　⑦鼫鼠：田鼠。　⑧失得：失而又得。　⑨恤：忧虑。　⑩角：角为尖锐之物，用以代指军队。　⑪维：句首助词，无义。

【白话】

初六：前进抑或退居，守持正固可获吉祥。无诚信，暂且宽裕待时则无害。

《象传》说："晋如摧如"，是独行于正道。"裕无咎"，是因没有接到王命。

六二：前进抑或忧愁，守正得吉。就像从他祖母那里得到的巨大的福佑一样。

《象传》说："受兹介福"，是因六二居于中且正当。

六三：众军信任他，没有悔恨。

《象传》说："众允"之志，在于上进。

九四：像田鼠（偷食庄稼那样）进军，占得凶兆。

《象传》说："鼫鼠，贞厉"，是九四居位不当之故。

六五：灾殃消除，失而复得，不必忧虑。前往吉利，无所不利。

《象传》说："失得，勿恤"，是因外出有喜事。

上九：精锐之兵进军，以征伐他邑，虽有艰险但最终吉利，无灾，占得险兆。

《象传》说："维用伐邑"，是其道尚未发扬光大之故。

明夷（卦三十六）

（离下坤上）

míng yí　　　lì jiān zhēn
明夷①：利艰贞。

《彖》曰：明入地中②，明夷。内文明而外柔顺，以蒙大难，文王以之。"利艰贞"，晦其明也③，内难而能正其志④，箕子以之⑤。

《象》曰：明入地中，明夷。君子以莅众⑥，用晦而明。

【注释】

①明夷：卦名，其卦画由表示火的离和表示地的坤组成。夷为伤，明为光明。明夷即光明受到损伤的意思。明夷卦，卦象下离为火为日，上坤为地。日出地上，光照天空。现在日反在地下，是光照受到损伤之象。明夷卦与晋卦恰成反对。晋卦是明盛之卦，明君在上，群贤并进。明夷，即光明受到伤害，比喻圣人君子受排斥，本是坏事，而圣人君子采取正确的态度和高明的策略，能够避难消灾，获得安全。 ②明入地中：指火（离）在地（坤）下。 ③晦：隐藏。④内难：指朝廷混乱、有艰险。 ⑤箕子：纣王的叔父，他因为纣王无道，使国家陷危而进谏。纣王不从，于是箕子佯装发疯，纣王将他降为奴隶。 ⑥莅众：临于众人之上，指治理百姓。

【白话】

明夷卦：利于牢记艰难，守持正固。

《彖传》说：光明在地之下，是为明夷。内在光明灿烂而外在柔顺，以承受大难，周文王就是如此。"利艰贞"，是隐藏光明之德，朝廷有艰险而能正心志，箕子是这样做的。

《象传》说：光明隐入地之下，是为《明夷》卦。君子观此卦，治理民众，要运用隐晦的方法而善于明察。

初九：明夷于飞，垂其翼。君子于行，三日不食。有攸往，主人有言①。

《象》曰："君子于行"，义不食也。

六二：明夷夷于左股②，用拯马壮③，吉。

《象》曰：六二之吉，顺以则也。

九三：明夷于南狩④，得其大首⑤，不可疾贞。

《象》曰：“南狩”之志，乃得大也。

六四：入于左腹⑥，获明夷之心⑦，于出门庭。

《象》曰：“入于左腹”，获心意也。

六五：箕子之明夷⑧，利贞。

《象》曰：箕子之贞，明不可息也⑨。

上六：不明，晦，初登于天，后入于地。

《象》曰：“初登于天”，照四国也。“后入于地”，失则也。

【注释】

①言：谴责，呵责。　②股：腿。　③拯：拯济。　④狩：打猎。　⑤首：应为"道"，道路。　⑥腹：腹地。　⑦之心：前面应有阙文，但不得而知。或者整个爻辞都是不完整的，因而历代学者都难以解释。⑧箕子之明夷：箕子佯狂，自晦其明。　⑨息：同"熄"，熄灭。

【白话】

初九：光明受到伤害时向外飞翔，耷拉着翅膀。君子出行在外，多日没有吃东西。有所往，遭主人谴责。

《象传》说："君子于行"，为了义可以不吃饭。

六二：光明受到伤害时，伤了左腿，只好用健壮的马救护，吉利。

《象传》说：六二之吉，是因顺承且遵守中正法则。

九三：光明受到伤害时，（君子）在南方狩猎（迷路），后来找到大道，此时不可操之过急，应当守持正固。

《象传》说："南狩"之志，是因大得民心。

六四：退处于左腹地，探知光明殒伤时的内中情状，于是毅然跨出门庭远去。

《象传》说："入于左腹"，是为了获得真实意图。

六五：箕子的光明陨灭，利于守持正固。

《象传》说："箕子之贞"，是其明德不能被湮灭。

上六：不发出光明，却带来黑暗。开始时升上天空，后来坠于地下。

《象传》说："初登于天"，是德行光照四方。"后入于地"，是违背了正确的法则。

家人（卦三十七）

（离下巽上）

jiā rén　　　　lì nǚ zhēn
家人①：利女贞。

tuàn　yuē　jiā rén　　nǚ zhèng wèi hū nèi　　nán zhèng wèi hū wài　　nán nǚ
《彖》曰：家人，女 正 位 乎 内，男 正 位 乎 外。男 女

zhèng　tiān dì zhī dà yì yě　　jiā rén yǒu yán jūn yān　　fù mǔ zhī wèi yě　　fù
正，天 地 之 大 义 也。家 人 有 严 君 焉，父 母 之 谓 也。父

fù②　zǐ zǐ　xiōng xiōng　dì dì　fū fū　fù fù　ér jiā dào zhèng
父②，子 子，兄 兄，弟 弟，夫 夫，妇 妇，而 家 道 正。

zhèng jiā ér tiān xià dìng yǐ
正 家 而 天 下 定 矣。

xiàng　yuē　fēng zì huǒ chū　jiā rén　jūn zǐ yǐ yán yǒu wù ér xíng yǒu
《象》曰：风 自 火 出，家 人。君 子 以 言 有 物 而 行 有

héng
恒。

【注释】

①家人：卦名，其卦画由表示火的离和表示风的巽组成。家人，即一家之人，亦即家庭的意思。家人卦，卦象下离为火，上巽为风。火是明，风是化。风助火势，相辅相成，才能家道昌隆。先明正而后教化。父母明正，而后可以教化子女。家人卦在于阐述"治家"之道，其阴爻六二在内卦居中得正，阳爻九五在

100

外卦居中得正，象征古代家庭中女子的正道在于主内，男子的正道在于主外。家人卦卦义与家庭或骨肉至亲具有密切的关系。同时可推知，容易发生家庭中的纷争或行为错误的时候，务必整治其内部。　②父父：前一个"父"作动词，即以父为父，这是儒家的纲常伦理内容。因为在春秋时期，礼崩乐坏，世风日下，犯上作乱的事越来越频繁，于是孔子强调"君君，臣臣，父父，子子"，以正名分，达到天下安定的目的。

【白话】

家人卦：利于女子守持正固。

《彖传》说：家人，女子在内以正道守位，男子在外以正道守位。男女守正道，是天下之大义。家里有威严之主，说的是父母。以父为父，以子为子，以兄为兄，以弟为弟，以夫为夫，以妇为妇，然后治家之道才会端正。家道端正，然后天下就可安定了。

《象传》说：风出自火，是为《家人》卦。君子观此象，日常言行要切合实物，居家行事必守恒不变。

初九：闲有家①，悔亡。

《象》曰："闲有家"，志未变也。

六二：无攸遂②，在中馈③，贞吉。

《象》曰：六二之吉，顺以巽也。

九三：家人嗃嗃④，悔厉吉；妇子嘻嘻⑤，终吝。

《象》曰："家人嗃嗃"，未失也。"妇子嘻嘻"，失家节也⑥。

六四：富家，大吉。

《象》曰："富家，大吉"，顺在位也。

九五：王假有家⑦，勿恤，吉。

《象》曰："王假有家"，交相爱也。

上九：有孚威如[8]，终吉。

《象》曰："威如"之"吉"，反身之谓也[9]。

___

【注释】

①闲有家：闲于家。闲，防范。　②攸：所。　遂：成就，抱负。　③中馈：家中饮食事宜，指家务。馈，以食物送人。　④嗃嗃：忧苦之貌。　⑤嘻嘻：欢笑貌。　⑥家节：犹家规。　⑦假：通"格"，至，到。　家：治家之道。⑧孚：诚信。　威：威严、庄重。　⑨反身：反省自己。

【白话】

初九：居家有所防范，灾殃会消失。

《象传》说："闲有家"，是齐家的心志不改之故。

六二：无所成就，家中事务处理得当，贞问得吉。

《象传》说：六二之吉，是顺承、谦逊之故。

九三：家人忧苦，虽危厉，其后转吉；要是妇人孩童笑闹嘻嘻，终致艰险。

《象传》说："家人嗃嗃"，是没有失去节度。"妇子嘻嘻"，是有失治家原则。

六四：使家庭富裕，大为吉祥。

《象传》说："富家，大吉"，是因居位正当且谦顺。

九五：君王明其家道，不必担忧，是吉利的。

《象传》说："王假有家"，是家人互相关爱之故。

上九：家长诚信，家教威严，最终是吉利的。

《象传》说："威如"之"吉"，是说要反求诸己。

睽 （卦三十八）

（兑下离上）

睽[1]：小事吉。

《彖》曰：睽，火动而上，泽动而下。二女同居[2]，

其志不同行。说而丽乎明，柔进而上行，得中而应乎
刚，是以小事吉。天地睽而其事同也，男女睽而其志
通也，万物睽而其事类也。睽之时用大矣哉！

《象》曰：上火下泽，睽。君子以同而异。

【注释】

①睽：卦名，其卦画由表示泽的兑和表示火的离组成。睽有乖离、背离等义。睽卦，卦象下兑为泽，上离为火，泽性润下，火性炎上。一个在上且向上，一个在下且向下，有二体相违之象。又，离为中女，兑为少女，二女虽同居，但毕竟要嫁到不同的人家，也有相违之象。睽的意义是睽乖离散。家道必有穷日，家道穷则必睽乖离散，所以家人卦之后排上了睽卦。本卦是内部有欠圆满的卦，如此可知，表面虽然很平稳，其实内部是在反目或相憎恨的状态中。目前事体不宜向外进行，倒是应多致力于内部整顿。　②二女：在八卦中，离为中女，兑为少女。

【白话】

睽卦：小事吉利。

《象传》说：睽，火在上方跃动，泽在下方流动。二女在一起，她们各有其志，行动不一致。和悦而明丽，柔顺以进而上行，六五与九二居于中而与阳刚相应，所以在小事上吉利。天地乖离但其事理相同，男女乖离而其心志相通，万物乖离而其各成其类。睽卦切合时宜的意义重大啊！

《象传》说：上火下泽，是为《睽》卦。君子观此卦象，当谋求大同而存异。

初九：悔亡。丧马勿逐①，自复②。见恶人，无咎。

《象》曰："见恶人"，以辟咎也③。

九二：遇主于巷，无咎。

《象》曰："遇主于巷"，未失道也。

六三：见舆曳^④，其牛掣^⑤，其人天且劓^⑥，无初有终。

《象》曰："见舆曳"，位不当也。"无初有终"，遇刚也。

九四：睽孤^⑦，遇元夫^⑧，交孚^⑨，厉，无咎。

《象》曰："交孚无咎"，志行也。

六五：悔亡。厥宗噬肤^⑩，往何咎？

《象》曰："厥宗噬肤"，往有庆也。

上九：睽孤，见豕负涂^⑪，载鬼一车^⑫，先张之弧^⑬，后说之弧^⑭，匪寇，婚媾。往遇雨则吉。

《象》曰："遇雨之吉"，群疑亡也^⑮。

【注释】

①逐：追，找寻。　②复：返。　③辟：同"避"，躲避。　④见：从后文看，应为"其"。　舆：马车。　曳：拉，牵引。　⑤掣：拉。　⑥天：在额头上刺字的刑罚。　劓：割掉鼻子的刑罚。　⑦睽孤：孤单无应。　⑧元夫：善人。元，善；夫，人。　⑨交孚：坦诚相见。　⑩厥：其。宗：宗族。肤：肉。　⑪豕：猪。负涂：涂上泥巴。涂，泥。　⑫鬼：指古代打扮成图腾模样的人，如祭司等。　⑬弧：弓弧，弓箭。　⑭说：同"脱"，指放下。　⑮群疑：众人的怀疑。

【白话】

初九：悔事消亡。马丢失了不要找寻，会自己返回。路上见到恶人，无灾。

《象传》说："见恶人"，用以躲避祸害。

九二：在巷子里遇见主人，无灾。

《象传》说："遇主于巷"，是尚未失去相合之道。

104

六三：看见马车被向后拖，那牛却向前拉，驾车人额头受过刺字和割鼻之刑，开始有难，终将欢合。

《象传》说："见舆曳"，所处位置不当。"无初有终"，是因遇到了阳刚（上九）。

九四：孤单无应之际，遇到一个善人，互相坦诚相见，有艰险但无灾。

《象传》说："交孚无咎"，是心志得以通行。

六五：没有悔恨。宗族之人聚会吃肉，参与其中能有什么灾呢？

《象传》说："厥宗噬肤"，前往有喜事。

上九：孤单无应之际，看到猪身上涂满泥，一辆车上满载着打扮如鬼怪的人，先拉开弓，后来又放下，原来不是盗寇，而是有人娶亲。前去遇雨得吉兆。

《象传》说："遇雨之吉"，是因众人的猜疑消失了。

蹇（卦三十九）

（艮下坎上）

蹇①：利西南，不利东北。利见大人，贞吉。

《彖》曰：蹇，难也，险在前也。见险而能止，知矣哉②！"蹇，利西南"，往得中也。"不利东北"，其道穷也。"利见大人"，往有功也。当位"贞吉"，以正邦也③。蹇之时用大矣哉！

《象》曰：山上有水，蹇。君子以反身修德。

【注释】

①蹇：卦名，其卦画由表示山的艮和表示水的坎组成。蹇，本义为跛，引申有艰险困难等义。蹇卦，卦象下艮为山为止，上坎为水为陷。坎险在前，艮止在后，不能前进，是险阻之象。蹇卦卦义在喻示济涉蹇难的道理：一是济蹇必须进退合宜；二是"大人"是济蹇的主导因素；三是济蹇必须守正。蹇难常起因于内

部所隐藏的对立。因此，整治内部当为首要目标，决不可涉及对外行动。与其前进，还不如坚持消极退守的方针。凡事与其选择高尚的，不如求其平庸。　②知：同"智"。　③正邦：端正邦国。

【白话】

蹇卦：往西南方有利，往东北方不利。利于见大人，也宜于守正。

《彖传》说：蹇，困难之意，艰险在前方。见到危险而能停止不冒进，很明智啊！"蹇，利西南"，前往符合中道。"不利东北"，是其路不通。"利见大人"，前往而能有功绩。当位守正、吉祥，得以端正邦国。蹇卦因时致用的意义重大啊！

《象传》说：山上有水，是为《蹇》卦。君子观此卦，当行走艰难之时，应反省自己，努力修身养德。

chū liù　wǎng jiǎn lái yù

初六：往蹇来誉①。

xiàng　yuē　wǎng jiǎn lái yù　　yí dài yě

《象》曰："往蹇来誉"，宜待也。

liù èr　wáng chén jiǎn jiǎn　　fěi gōng zhī gù

六二：王臣蹇蹇②，匪躬之故③。

xiàng　yuē　wáng chén jiǎn jiǎn　zhōng wú yóu yě

《象》曰："王臣蹇蹇"，终无尤也。

jiǔ sān　wǎng jiǎn lái fǎn

九三：往蹇来反④。

xiàng　yuē　wǎng jiǎn lái fǎn　　nèi xǐ zhī yě

《象》曰："往蹇来反"，内喜之也。

liù sì　wǎng jiǎn lái lián

六四：往蹇来连⑤。

xiàng　yuē　wǎng jiǎn lái lián　dāng wèi shí yě

《象》曰："往蹇来连"，当位实也。

jiǔ wǔ　　dà jiǎn péng lái

九五：大蹇朋来。

xiàng　yuē　dà jiǎn péng lái　　yǐ zhōng jié yě

《象》曰："大蹇朋来"，以中节也。

shàng liù　wǎng jiǎn lái shuò　　jí　lì jiàn dà rén

上六：往蹇来硕⑥，吉，利见大人。

xiàng　yuē　wǎng jiǎn lái shuò　　zhì zài nèi yě　　　lì jiàn dà rén

《象》曰："往蹇来硕"，志在内也。"利见大人"，

yǐ cóng guì yě

以从贵也。

【注释】

①往蹇来誉：前往艰难，回来得荣誉。 ②蹇蹇：努力拯救时艰。 ③匪躬之故：不是为自己。躬，自身。 ④反：用作"反反"，广大美好的样子。⑤连：《说文解字》："连，负车也。"指一种轻便的车。 ⑥硕：大。

【白话】

初六：前去时艰难，回来时得到荣誉。

《象传》说："往蹇来誉"，应该等待时机。

六二：国君和臣子努力拯救时艰，（是为百姓而）不是为自身。

《象传》说："王臣蹇蹇"，最终没有过错。

九三：去时艰难，回来时美好。

《象传》说："往蹇来反"，内心喜悦。

六四：去时艰难，回来时坐车而返。

《象传》说："往蹇来连"，是居位正当之故。

九五：遇到大困难，朋友来帮助。

《象传》说："大蹇朋来"，是因有中正的节操。

上六：去时艰难，返回时收获很多，吉利，利于见大人。

《象传》说："往蹇来硕"，是内心有好的志向。"利见大人"，是因跟从贵人。

解（卦四十）

(坎下震上)

解①：利西南。无所往，其来复吉。有攸往，夙吉②。

《彖》曰：解，险以动，动而免乎险，解。解"利西南"，往得众也。"其来复吉"，乃得中也。"有攸往，夙吉"，往有功也。天地解而雷雨作，雷雨作而百果草木皆甲坼③。解之时大矣哉！

《象》曰：雷雨作，解。君子以赦过宥罪④。

【注释】

①解：卦名，其卦画由表示水的坎和表示雷的震组成。解，为解脱、缓解、分解之义。解卦，卦象下坎为水，上震为雷。震在外，坎在内，动于险外，有出乎险而患难解散之象。把塞卦倒过来，就成了雷水解卦。解卦是说，本来处在坎险之前，被迫而艮止的塞的情形将解消。所以说，艰难一到终极，当会届临解缓的时期。难将化解，本来的忧烦也会和缓下来。解卦一方面为吉卦，但另一方面又为凶卦。因为对于现在遭到困难的人，表示其困难将缓解之吉兆；相反地，对于订立契约或婚事等一类的事，却表示其解消的凶兆。目前还不是完全好转的时候，只是好转的机会已经到来。　②凤：早。　③甲坼：草木发芽时种子外皮裂开。　④宥：原谅，即从宽处罚。

【白话】

解卦：往西南方有利。无所为而去，往回返可获吉。有所为而去，早去吉。

《象传》说：解，险而健动，健动而免于危险，是为解之义。解"利西南"，往而能得众人拥戴。"其来复吉"，因能符合中道。"有攸往，凤吉"，是前往必有功。天地解（险而动）则雷雨兴作，雷雨兴作则百果草木的种子都将裂开发芽。解卦合于时宜的意义重大啊！

《象传》说：雷雨兴作，是为《解》卦。君子观此象以决刑狱，当赦免有过者，宽恕有罪者。

chū liù　　wú jiù
初六：无咎。

xiàng　yuē　gāng róu zhī jì　　yì wú jiù yě
《象》曰：刚柔之际①，义无咎也。

jiǔ èr　tián huò sān hú　　dé huáng shǐ　　zhēn jí
九二：田获三狐②，得黄矢③，贞吉。

xiàng　yuē　jiǔ èr　zhēn jí　　dé zhōng dào yě
《象》曰：九二"贞吉"，得中道也。

liù sān　fù qiě chéng　　zhì kòu zhì　zhēn lìn
六三：负且乘④，致寇至，贞吝。

xiàng　yuē　fù qiě chéng　　yì kě chǒu yě　zì wǒ zhì róng　　yòu shuí
《象》曰："负且乘"，亦可丑也。自我致戎⑤，又谁

jiù yě
咎也？

jiǔ sì　jiě ér mǔ　　péng zhì sī fú
九四：解而拇⑥，朋至斯孚⑦。

《象》曰："解而拇"，未当位也。

六五：君子维有解⑧，吉。有孚于小人。

《象》曰：君子有"解"，小人退也。

上六：公用射隼于高墉之上⑨，获之，无不利。

《象》曰："公用射隼"，以解悖也⑩。

【注释】

①刚柔之际：坎为阴，震为阳，一刚一柔。际，界限。　②田：田猎，打猎。　③黄矢：黄色箭头，为铜箭头。　④负且乘：乘车背着东西。负，背。坐在车上还背着东西，却不放在车上，说明很贵重，因此容易招来强盗。　⑤戎：兵戎，指争斗。　⑥解而拇：放松脚趾，即举止不恭敬。拇，这里指脚趾。　⑦斯：乃。　⑧维：系，捆绑。　⑨隼：一种猛禽，捕食其他鸟类。　墉：城墙。　⑩悖：悖逆。

【白话】

初六：无灾。

《象传》说：刚柔相接，应该是无害的。

九二：打猎收获多只狐狸，又得到黄色箭头，占问吉利。

《象传》说：九二"贞吉"，是因所行符合中正之道。

六三：乘着车背着东西，招致贼寇到来，占得险兆。

《象传》说："负且乘"，其行为可丑。自己招致抢劫，又能怪谁呢？

九四：解放被缚的脚趾，朋友到来会以诚相待。

《象传》说："解而拇"，是居位不当之故。

六五：君子被捆绑后又被解开，吉。对小人有诚信。

《象传》说：君子有"解"，小人将被斥退。

上六：王公在高城上射隼，将其捕获，没有什么不吉利的。

《象传》说："公用射隼"，用以除去悖逆。

损（卦四十一）

（兑下艮上）

损^①：有孚，元吉，无咎。可贞，利有攸往。曷之用^②？二簋可用享^③。

《彖》曰：损，损下益上^④，其道上行。损而"有孚，元吉，无咎，可贞，利有攸往。曷之用？二簋可用享"。二簋应有时，损刚益柔有时，损益盈虚，与时偕行。

《象》曰：山下有泽，损。君子以惩忿窒欲^⑤。

―――――――――――

【注释】

①损：卦名，其卦画由表示泽的兑和表示山的艮组成。损，减损。它来自地天泰卦，泰九三爻进入上爻，就成了损卦。损卦，卦象下兑为泽，上艮为山。泽中水浸蚀着山，是对山石的损。损卦的意义，重在"损下益上"。沼泽越深，则能使艮山愈显得高。这点也可看出减损自己以益他人的意思。损卦中所谓的损，其一是不节制必会有损伤；其二是该减损的时候，应损其财。损未必终于损，损之而不停，则无可损。于是乃转而为益，所以损才是旺盛之始而益正是衰退之初。本卦是说，损或益，莫不应其必要之时而行。 ②曷：通"何"。③簋：盛粮食的器皿。 享：祭祀。 ④益：增加。 ⑤惩：制止。 忿：愤怒。 窒：抑制。

【白话】

损卦：有诚信，大吉，无灾。可以守正，利于有所往。用什么来体现减损？用两簋粗饭就可以。

《象传》说：损，是减损下而增益上，其道向上而行。减损了然后"有孚，元吉，无咎，可贞，利有攸往。曷之用？二簋可用享"。二簋的使用应讲究时机，减损阳刚增益阴柔也要讲究时机，增减盈虚之道，要与时宜相切合。

《象传》说：山下有泽，是为《损》卦。君子因此要压制愤怒、克制欲望。

chū jiǔ　　sì shì chuán wǎng　　wú jiù　　zhuó sǔn zhī
初九：巳事遄往①，无咎，酌损之②。

xiàng　yuē　sì shì chuán wǎng　　shàng hé zhì yě
《象》曰："巳事遄往"，尚合志也③。

jiǔ èr　　lì zhēn　　zhēng xiōng　　fú sǔn yì zhī
九二：利贞，征凶，弗损益之④。

xiàng　yuē　jiǔ èr　　lì zhēn　　zhōng yǐ wéi zhì yě
《象》曰：九二"利贞"，中以为志也。

liù sān　　sān rén xíng zé sǔn yì rén　　yì rén xíng zé dé qí yǒu
六三：三人行则损一人，一人行则得其友。

xiàng　yuē　　yì rén xíng　　sān zé yí yě
《象》曰："一人行"，三则疑也。

liù sì　　sǔn qí jí⑤　　shǐ chuán yǒu xǐ　　wú jiù
六四：损其疾⑤，使遄有喜，无咎。

xiàng　yuē　　sǔn qí jí　　yì kě xǐ yě
《象》曰："损其疾"，亦可喜也。

liù wǔ　　huò yì zhī shí péng zhī guī⑥　　fú kè wéi⑦　　yuán jí
六五：或益之十朋之龟⑥，弗克违⑦，元吉。

xiàng　yuē　liù wǔ　yuán jí　　zì shàng yòu yě
《象》曰：六五"元吉"，自上佑也。

shàng jiǔ　　fú sǔn　　yì zhī　　wú jiù　　zhēn jí　　lì yǒu yōu wǎng　　dé
上九：弗损，益之，无咎。贞吉，利有攸往，得

chén wú jiā
臣无家⑧。

xiàng　yuē　　fú sǔn　　yì zhī　　dà dé zhì yě
《象》曰："弗损，益之"，大得志也。

【注释】

①巳：应作"祀"，祭祀。　遄：迅速。　②酌：祭祀用的酒。　③尚：借作"上"，上位者、尊者。　④弗损益：不增也不减，仍然从旧。　⑤损其疾：疾病减损，犹言疾病好转。　⑥十朋之龟：占卜用的二十贝的龟。古代双贝曰朋，是一种货币。二十贝的龟是最贵重的。　⑦弗克违：不能推辞、拒绝。⑧臣：奴仆，家仆。　无家：没有家室。

【白话】

初九：遇祭祀要迅速参加，无灾，祭酒应酌情减损。

《象传》说："巳事遄往"，是要与上位者心志相合。

九二：利于守正，征伐则不祥，不要减损，应进行增补。

《象传》说：九二"利贞"，是要心怀中正。

六三：三人同行则一人将因意见不合而离去，一人独行则会得到朋友。

《象传》说："一人行"是可以的，三人同行则会生疑。

六四：疾病好转，加速痊愈则有喜，无灾。

《象传》说："损其疾"，也是可喜的。

六五：有人赠送价值十朋的乌龟，不能推辞，大吉。

《象传》说：六五"元吉"，是得自上天的保佑。

上九：不要减损而应有所增补，无灾。占问得吉，利于有所往，得到没有家室的单身奴仆。

《象传》说："弗损，益之"，大为得志。

益（卦四十二）

（震下巽上）

益①：利有攸往，利涉大川。

《彖》曰：益，损上益下，民说无疆②。自上下下③，其道大光。"利有攸往"，中正有庆。"利涉大川"，木道乃行④。益动而巽，日进无疆。天施地生，其益无方⑤。凡益之道，与时偕行。

《象》曰：风雷，益。君子以见善则迁，有过则改。

【注释】

①益：卦名，其卦画由表示雷的震和表示风的巽组成。益，为增益、增加、

112

收益的意思。益卦，卦象下震为雷，上巽为风，风烈雷厉，雷激风怒，风雷互相增益其势，此为增益的象征。山泽损卦颠倒过来，就是风雷益卦。不但其象与损卦相反，意思也相反。损的反面是益，损发展到一定程度必转变为益，故损卦之后排上益卦。益卦是"损上益下"，即对上有所损减，以助益下民。益卦一方面反映了《周易》作者对阶级社会中上层与下层之间作用与反作用关系的朴素认识；另一方面，在广义的象征哲理中，则着重提示事物发展过程中时常体现的利弊、福祸的交互变化规律。　②说：通"悦"。　③下下：前一个"下"为谦下之意，后一个"下"为下属、下位者。　④木道：巽上震下，巽为木，故称"木道"。　⑤无方：没有限量。

【白话】

益卦：利于有所往，利于渡过大河。

《彖传》说：益，减损上而增益下，民众喜悦无限。居上位而对下位者以礼相待，其道广大光明。"利有攸往"，中正而有吉庆。"利涉大川"，有利于木舟通行。增益健动而柔顺，日益进步没有尽头。天地化生万物，增益无尽。益之道，与时宜相切合。

《象传》说：风下有雷，是为《益》卦。君子因之见善则向其靠拢，有过错则改正。

初九：利用为大作①，元吉，无咎。

《象》曰："元吉，无咎"，下不厚事也②。

六二：或益之十朋之龟，弗克违，永贞吉。王用享于帝③，吉。

《象》曰："或益之"，自外来也。

六三：益之用凶事④，无咎。有孚中行，告公用圭⑤。

《象》曰："益用凶事"，固有之也。

六四：中行告公，从，利用为依迁国⑥。

《象》曰：“告公从”，以益志也。

九五：有孚惠心⑦，勿问⑧，元吉。有孚，惠我德⑨。

《象》曰：“有孚惠心”，勿问之矣。“惠我德”，大得志也。

上九：莫益之⑩，或击之，立心勿恒⑪，凶。

《象》曰：“莫益之”，偏辞也。“或击之”，自外来也。

【注释】

①大作：大作为。　②下：下位者，庶民。　厚：有学者称用作“后”，指落后，今从之。　③帝：天帝。　④凶事：灾荒、丧乱等事。　⑤圭：美玉，用作礼器，古者有大事，用之传递信息。　⑥依：殷，指殷商后人。周灭商后，将殷商之民封于宋，都城在今商丘。另外在鲁国、卫国等地的殷商之民，也都有所安置。　⑦惠：施恩惠。　⑧问：追究，责问。　⑨惠我德：必有所得。德，同“得”。　⑩莫益之：无人帮助。莫，无。　⑪勿：不。

【白话】

初九：利于有大的作为，大吉，无灾。

《象传》说：“元吉，无咎”，是因百姓争先恐后地做事。

六二：有人赠送价值十朋的宝龟，不能推辞，守正得吉。君王借此向天帝祭祀，吉利。

《象传》说：“或益之”，是来自外在的帮助。

六三：增益财物，用于凶事，无灾。必存诚信，中道而行，执圭向王公报告。

《象传》说：“益用凶事”，这是本来就该做的。

六四：持中而行，向王公报告，王公听从了，并以此为据为殷民迁国。

《象传》说：“告公从”，是要使心志更加坚定。

九五：有诚信，施惠之心，不必占问，大吉。存诚信且能惠施于民，必有所得。

《象传》说：“有孚惠心”，不要追究。“惠我德”，将大为得志。

上九：无人来增益，有人来攻击，立心不坚，大凶。

《象传》说：“莫益之”，是因言辞片面。“或击之”，危险来自外在。

夬（卦四十三）

䷪（乾下兑上）

夬①：扬于王庭②，孚号有厉③，告自邑④。不利即戎，利有攸往。

《彖》曰：夬，决也，刚决柔也。健而说，决而和。"扬于王庭"，柔乘五刚也⑤。"孚号有厉"，其危乃光也⑥。"告自邑，不利即戎"，所尚乃穷也。"利有攸往"，刚长乃终也。

《象》曰：泽上于天，夬。君子以施禄及下，居德则忌⑦。

【注释】

①夬：卦名，其卦画由表示天的乾和表示泽的兑组成。夬有决断、决定之意。夬卦，卦象下乾为天，上兑为泽，水在天之上，必决。也就是水之气升上天，凝结之后，将下雨，这就是取象之一。夬卦五个阳爻在下，一个阴爻在上，诸阳继续长进，就要把一个阴爻决去了，这正是君子道长、小人道消的时候。夬卦排在益卦之后，就是因为益之极必决而后止，所以益之后排夬，象征决断之义。　②扬：举起。　③孚号：一说指诚实地发出号令；一说指号令；一说指俘虏号哭。　④告：禀告，报告。　⑤柔乘五刚：指本卦最上一个阴爻，其下五个阳爻。　⑥光：大。　⑦忌：禁忌。

【白话】

夬卦：举事于王庭，诚实地发布号令，有危险发生，从边邑中发出告诫。不利于征伐，利于有所往。

《彖传》说：夬，是决断之意，以阳刚决去阴柔。健动而和悦，果决而温和。"扬于王庭"，是阴柔在五刚之上。"孚号有厉"，时时危惧戒备，使阳刚之德发扬光大。"告自邑，不利即戎"，崇尚武力将走上绝路。"利有攸往"，阳刚的生长将必能制胜阴柔。

《象传》说：泽在天上，是为《夬》卦。君子观此象，既能向下位者施恩禄，又能善修德行而有所禁忌。

初九：壮于前趾①，往不胜，为咎。

《象》曰："不胜"而"往"，咎也。

九二：惕号②，莫夜有戎③，勿恤。

《象》曰："有戎，勿恤"，得中道也。

九三：壮于頄④，有凶。君子夬夬独行⑤，遇雨若濡⑥，有愠无咎。

《象》曰："君子夬夬"，终无咎也。

九四：臀无肤⑦，其行次且⑧。牵羊悔亡，闻言不信。

《象》曰："其行次且"，位不当也。"闻言不信"，聪不明也⑨。

九五：苋陆夬夬⑩，中行无咎。

《象》曰："中行无咎"，中未光也。

上六：无号⑪，终有凶。

《象》曰："无号之凶"，终不可长也。

【注释】

①壮：借作"戕"，损伤。　②惕：惊惧。　③莫：同"暮"。　④頄：颧骨。　⑤夬夬：谓夬其夬，果决其断。　⑥濡：淋湿。　⑦臀无肤：犹言臀部受伤，可能指受杖刑。肤，肉。　⑧次且：同"越趄"，行走困难。　⑨聪：听力，听觉。　⑩苋：一种细角山羊。陆：其群行之路。　⑪无号：无用的号哭。

【白话】

初九：伤到前脚趾，有所往则不胜脚力，有灾。

《象传》说："不胜"而"往"，是有灾殃的。

九二：惊惧号叫，夜晚有战斗，不必担心。

《象传》说："有戎，勿恤"，是九二居中未偏离正道，抗击敌人入侵是正义的。

九三：伤到颧骨，有灾殃。君子刚毅果断，独自前行，遇雨被淋湿，有不愉快但无灾。

《象传》说："君子夬夬"，最终是无灾的。

九四：（因杖刑）臀部受伤，难以行走。牵羊前行悔恨必将消亡，听到他人的话不要信。

《象传》说："其行次且"，是九四居位不当之故。"闻言不信"，是因听了无法辨别正误。

九五：山羊在路上决然不息，居中行而必无灾。

《象传》说："中行无咎"，中正的品德尚未光大。

上六：（小人）不用号哭，最终有灾殃。

《象传》说："无号之凶"，终究也不会长久。

姤（卦四十四）

（巽下乾上）

gòu　　　　nǚ zhuàng　　　wù yòng qǔ nǚ
姤①：女壮，勿用取女。

tuàn　　yuē　gòu　　yù yě　róu yù gāng yě　　　wù yòng qǔ nǚ　　bù
《彖》曰：姤，遇也，柔遇刚也。"勿用取女"，不

kě yǔ cháng yě　tiān dì xiāng yù　pǐn wù xián zhāng yě　gāng yù zhōng zhèng
可与长也②。天地相遇，品物咸章也③。刚遇中正，

tiān xià dà xíng yě　gòu zhī shí yì dà yǐ zāi
天下大行也。姤之时义大矣哉！

117

《象》曰：天下有风，姤。后以施命诰四方④。

【注释】

①姤：卦名，其卦画由表示风的巽和表示天的乾组成。姤同"遘"，有交遇之意。姤卦，下巽为风，上乾为天。一方面巽下乾上有风行天下之象，风行天下，接触万物，有遇的含义；另一方面姤卦一阴生于下而与阳刚不期而会，有遇的意思。姤卦阐明事物"相遇"之理，主张"相遇"之道必须合"礼"守"正"，而不应失节乱伦。这卦多半是当作不吉利的意思去运用的，表明现在不可积极行事，只可固守原来的事体，使其不至于发生败坏。日常的小事可以通达，至于大事，却不可。 ②与：相与，交往。 ③品物：品类，指天下万物。章：同"彰"，繁荣，茂盛。 ④后：君王。 诰：文告，这里作动词。

【白话】

姤卦：女子强壮，不利于娶亲。

《象传》说：姤，是相遇之意，阴柔与阳刚交遇。"勿用取女"，是因与之交往不能长久。天与地相遇，万物繁茂。阳刚而有中正之质，可以通行天下。姤卦切合时宜的意义重大啊！

《象传》说：天下有风，是为《姤》卦。君王因此象施发命令、诏告四方。

初六：系于金柅①，贞吉。有攸往，见凶，羸豕孚蹢躅②。

《象》曰："系于金柅"，柔道牵也。

九二：包有鱼③，无咎，不利宾。

《象》曰："包有鱼"，义不及宾也。

九三：臀无肤，其行次且，厉，无大咎。

《象》曰："其行次且"，行未牵也。

九四：包无鱼，起凶④。

《象》曰："无鱼之凶"，远民也。

九五：以杞包瓜⑤，含章⑥，有陨自天⑦。

《象》曰：九五"含章"，中正也。"有陨自天"，志不舍命也。

上九：姤其角吝⑧，无咎。

《象》曰："姤其角"，上穷吝也。

【注释】

①金柅：金属制动器。柅，挡住车轮使其不转动的木块。 ②羸豕：母猪。孚：通"浮"，浮躁、急躁。 蹢躅：同"踟躅"，徘徊。 ③包：即"庖"，厨房。 ④起：引起。 ⑤杞：借作"芑"，一种草，质柔。 ⑥含章：有文采，如言瓜有纹路。 ⑦有陨自天：犹言瓜熟而自然脱落。陨，落。 ⑧姤：遇。

【白话】

初六：系在金属制动器上，守正可获吉祥。有所往会遇灾殃，母猪急躁地来回走动。

《象》说："系于金柅"，是阴柔之力被阳刚牵制。

九二：厨房里有鱼，无灾，不宜于招待宾客。

《象》说："包有鱼"，按理不该拿去招待宾客。

九三：臀部受伤，难以行走，有艰险，没有大灾殃。

《象》说："其行次且"，是因阴柔还未受阳刚牵引。

九四：厨房里没有鱼，将引起灾祸。

《象》说："无鱼之凶"，是因远离民众。

九五：用芑草包着瓜，含蓄章美，贤才犹如陨石从天而降。

《象》说：九五"含章"，是因九五居中且正当。"有陨自天"，是不能有违天命。

上九：遇到空荡的角落，心有憾惜，但无灾。

《象》说："姤其角"，是因阳刚向上发展已到极点。

萃（卦四十五）

䷬（坤下兑上）

萃①：亨②，王假有庙③。利见大人，亨，利贞。用大牲吉④，利有攸往。

《彖》曰：萃，聚也。顺以说，刚中而应，故聚也。"王假有庙"，致孝享也⑤。"利见大人，亨"，聚以正也。"用大牲吉，利有攸往"，顺天命也。观其所聚，而天地万物之情可见矣。

《象》曰：泽上于地，萃。君子以除戎器⑥，戒不虞⑦。

【注释】

①萃：卦名，其卦画由表示地的坤和表示泽的兑组成。萃在本卦中有萃集、聚集之意。萃卦，卦象下坤为地为顺，上兑为泽为悦。泽在地上，它是象征雨下来之后，积留在地面上，雨水落下之后走向低洼处，所以，能够相聚。在自然界中，万物相聚而生。在社会生活中，人们的聚集也是一种广泛的活动。在萃卦中，认为越是聚集便越亲近，所以它以聚集的动作为基础，在这当中可看出亲密交往的情状。本卦又显示在商业、谈判等场合，可获利益又能储蓄钱款。但是不可只求满足物欲，仍应以诚意、和悦的态度去对外，并且仍须谨慎其口舌。 ②亨：祭祀。 ③有：于。 庙：宗庙。 ④大牲：牛，古代用作祭祀的牛称为大牲。 ⑤致：表达。 ⑥除：修缮。 戎器：兵器。 ⑦不虞：意外事件。

【白话】

萃卦：祭祀时人物大聚集，此时君王到宗庙祭祀。利于见到大德之人，亨通，宜于守正。用牛祭祀吉利，利于有所往。

《彖传》说：萃，是聚集之意。（地）顺而（兑）悦，阳刚居中（六二与九五）而又相应，所以聚集。"王假有庙"，是孝敬祖先的祭祀。"利见大人，亨"，以中正之道相聚。"用大牲吉，利有攸往"，是顺应天命。观察天地万物是怎样聚合的，则其情状就是可见的了。

《象传》说：泽在地上，是为《萃》卦。君子观此卦象，应当修缮兵器，防备意外事件。

初六：有孚不终①，乃乱乃萃②，若号，一握为笑③，
勿恤，往无咎。

《象》曰："乃乱乃萃"，其志乱也。

六二：引吉④，无咎，孚乃利用禴⑤。

《象》曰："引吉""无咎"，中未变也。

六三：萃如嗟如，无攸利，往无咎，小吝。

《象》曰："往无咎"，上巽也。

九四：大吉无咎。

《象》曰："大吉无咎"，位不当也。

九五：萃有位⑥，无咎。匪孚，元永贞，悔亡。

《象》曰："萃有位"，志未光也。

上六：赍咨涕洟⑦，无咎。

《象》曰："赍咨涕洟"，未安上也。

下经·萃（卦四十五）

【注释】

①孚：诚信。 终：至终。 ②乱：混乱，精神不济。 萃：聚。 ③握：应为"屋"。 ④引：牵引。 ⑤禴：春祭，代指祭祀。 ⑥有位：一说指有职业；一说保有其位。 ⑦赍咨：叹气，叹息。 涕洟：哭泣。涕，流泪；洟，流鼻涕。

初六：有诚信不能保持至终，必使人紊乱而妄聚，若哭号，会被一屋子人嘲笑，不必担忧，外出无灾。

《象传》说："乃乱乃萃"，是心志错乱之故。

六二：受人牵引可获吉祥，无灾，心存诚信，利于祭祀取信鬼神。

《象传》说："引吉""无咎"，是因行中正之道而不改变。

六三：相聚无人以致嗟叹声声，没什么好处，前往无灾，小有艰难。

《象传》说："往无咎"，是因六三对上面的九四谦顺。

九四：大吉无灾。

《象传》说："大吉无咎"，要提防九四居位不当。

九五：会聚之时高居尊位，无灾。但不受众人信服，作为有德君长应当永久不渝地恒守正道，如此则悔恨必将消亡。

《象传》说："萃有位"，是其会聚天下之志未得光大。

上六：咨嗟哀叹而又痛哭流涕，无灾。

《象传》说："赍咨涕洟"，是因上六孤居上位而未得安宁。

升（卦四十六）

（巽下坤上）

升^①：元亨。用见大人，勿恤。南征吉。
shēng　yuán hēng　yòng jiàn dà rén　wù xù　nán zhēng jí

《彖》曰：柔以时升，巽而顺。刚中而应，是以大
tuàn　yuē　róu yǐ shí shēng　xùn ér shùn　gāng zhōng ér yìng　shì yǐ dà

亨。"用见大人，勿恤"，有庆也。"南征吉"，志行也。
hēng　yòng jiàn dà rén　wù xù　yǒu qìng yě　nán zhēng jí　zhì xíng yě

《象》曰：地中生木^②，升。君子以顺德，积小以
xiàng　yuē　dì zhōng shēng mù　shēng　jūn zǐ yǐ shùn dé　jī xiǎo yǐ

高大。
gāo dà

【注释】

①升：卦名，其卦画由表示风的巽和表示地的坤组成。升有登、上升等义。升卦，卦象上坤为地，下巽为风为木，木在地下，必萌发生长而向上增高，有升

122

之象。本卦阐明顺势上升、积小成大的道理。从卦义上看，是树木在地中生长，不断长高，喻为升。在自然界，生长、发展、壮大、升高是合乎规律的，是吉祥的。萃卦就像是集天下之民心，以光大祖业的君主。排在其后的升卦，则像是向前赴进、致力以襄赞大业的臣。这卦卦辞显示，当前已经届临地位之晋升或调整薪金的机运。因时势得到他人提拔以至于感到诸事顺利。自己的愿望，只要不断努力，一定能够达成。　②地中生木：巽代表风，也代表木，故称。

【白话】

升卦：大通顺。见大人有利，不要担忧。南征有吉。

《彖传》说：柔按照时序上升，升卦巽下坤上，坤即柔顺，故"巽而顺"。阳刚居中而能向上合于尊者，所以大吉。"用见大人，勿恤"，是有喜事。"南征吉"，是心志如愿。

《象传》说：地中生木，是为《升》卦。君子观此象，应当顺行美德，从小处积累，以成大德。

chū liù　　yǔn shēng①　　dà jí
初六：允升①，大吉。

　　xiàng　yuē　yǔn shēng　dà jí　shàng hé zhì yě
《象》曰："允升，大吉"，上合志也。

jiǔ èr　　fú nǎi lì yòng yuè　　wú jiù
九二：孚乃利用禴，无咎。

　　xiàng　yuē　jiǔ èr zhī fú　yǒu xǐ yě
《象》曰：九二之孚，有喜也。

jiǔ sān　　shēng xū yì②
九三：升虚邑②。

　　xiàng　yuē　shēng xū yì　wú suǒ yí yě
《象》曰："升虚邑"，无所疑也。

liù sì　wáng yòng xiǎng yú qí shān③　jí　wú jiù
六四：王用亨于岐山③，吉，无咎。

　　xiàng　yuē　wáng yòng xiǎng yú qí shān　shùn shì yě
《象》曰："王用亨于岐山"，顺事也。

liù wǔ　zhēn jí　shēng jiē
六五：贞吉，升阶。

　　xiàng　yuē　zhēn jí　shēng jiē　dà dé zhì yě
《象》曰："贞吉，升阶"，大得志也。

shàng liù　míng shēng④　lì yú bù xī zhī zhēn⑤
上六：冥升④，利于不息之贞⑤。

下经·升（卦四十六）

123

《象》曰：“冥升”在上，消不富也⑥。

【注释】

①允：进。 ②升虚邑：登上空虚的城邑。升，登。 ③王：应指周王，具体指谁不得而知。周部落发源于岐山。 亨：通“享”，祭祀。 ④冥升：冥，天黑。冥升犹言日夜求进步。 ⑤贞：守正。 ⑥富：丰富，多。

【白话】

初六：宜于进升，大吉。

《象传》说：“允升，大吉”，是与上面的三阴爻相通，以时而共同升进。

九二：诚信乃利用春祭求福，无灾。

《象传》说：九二之孚，是有喜事。

九三：登上空虚的城邑。

《象传》说：“升虚邑”，没什么可怀疑的。

六四：君王在岐山祭祀，吉利，无灾。

《象传》说：“王用亨于岐山”，是顺理而行事。

六五：守正得吉，登阶而上升。

《象传》说：“贞吉，升阶”，上升的心志得愿。

上六：昏冥于升进，只有不停息地守正道，才有利。

《象传》说：“冥升”在上，只有消减，不会更加富有。

困（卦四十七）

（坎下兑上）

困①：亨。贞大人吉，无咎。有言不信。

《象》曰：困，刚掩也②。险以说，因而不失其所，亨，其唯君子乎！“贞大人吉”，以刚中也。“有言不信”，尚口乃穷也③。

124

《象》曰：泽无水④，困。君子以致命遂志⑤。

【注释】

①困：卦名，其卦画由表示水的坎和表示泽的兑组成。困是穷困、窘迫、困难的意思。困卦，卦象下坎为水，上兑为泽。水都是在泽上，现在泽在上，水在下，是水向下渗透，致使泽中无水，造成泽的窘迫和困乏之象。升是自下往上升，自下往上升须用力气，如果上进不已，必力竭气乏为困，所以升卦之后排上困卦，困有疲惫困乏之意。困卦与屯卦、蹇卦、习坎卦被称为《周易》的四难卦。这卦显示，凡事与愿相违，不能顺利进展，不要心急，不要轻举妄动。只好稍事等待以观察为妥当。一般说，轮到上爻变时，才有亨通之可能。　②刚掩：坎为阳，兑为阴，所以说阳刚被阴柔所掩盖。　③尚口：重视言辞。　④泽无水：因为水在下而泽在上，故称"泽无水"。　⑤致命：舍命，拼命。　遂：完成。

【白话】

困卦：亨通。占问王公大人得吉兆，无灾。有所言未必见信于人。

《彖传》说：困，是阳刚被掩盖之故。处艰险而能和悦，在穷困中不改其操守，得亨通的，只有君子吧！"贞大人吉"，因为有刚正的品质。"有言不信"，只崇尚言辞而不务实际，更致穷厄。

《象传》说：泽上无水，是为《困》卦。君子观此象，当处于危困之时，应当临危受命，忍辱负重，拼命实现自己的志向。

初六：臀困于株木①，入于幽谷②，三岁不觌③。

《象》曰："入于幽谷"，幽不明也。

九二：困于酒食④，朱绂方来⑤。利用享祀。征凶，无咎。

《象》曰："困于酒食"，中有庆也。

六三：困于石⑥，据于蒺藜⑦，入于其宫⑧，不见其妻，凶。

《象》曰："据于蒺藜"，乘刚也。"入于其宫，不见其妻"，不祥也。

九四：来徐徐⑨，困于金车⑩，吝，有终。

《象》曰："来徐徐"，志在下也。虽不当位，有与也⑪。

九五：劓刖，困于赤绂⑫，乃徐有说⑬，利用祭祀。

《象》曰："劓刖"，志未得也。"乃徐有说"，以中直也。"利用祭祀"，受福也。

上六：困于葛藟⑭，于臲卼⑮，曰动悔有悔⑯，征吉。

《象》曰："困于葛藟"，未当也。"动悔有悔"，吉行也。

【注释】

①臀困于株木：臀部受杖刑。株木，指刑杖。　②幽谷：指监狱。　③觌：见，这里指见天日，出狱。　④困于酒食：饮酒、吃东西过量，称困于酒食。⑤朱绂：红色的衣服，指官服，代指大人。　⑥困于石：被绑在石上示众，是古代的一种刑罚。　⑦据：抓，手握。　蒺藜：一种有刺的蔓草。　⑧宫：屋，室。　⑨徐徐：迟缓。　⑩金车：镶嵌黄铜的马车。　⑪与：安适。　⑫劓刖：本指割鼻、断足两种刑罚。　赤绂：古代贵族祭服之饰，借喻九五高居尊位。⑬说：同"脱"，解脱。　⑭葛藟：一种蔓生植物。这里代指烦乱的琐事。　⑮于：前面应少一"据"字。　臲卼：不安的情状。　⑯动：作，起。　有：即"又"。悔而又悔，能有所警惕、改变，故吉。

【白话】

初六：臀部受杖刑，被关入监狱，多年不见天日。

《象传》说："入于幽谷"，是陷入幽暗不明的境地。

九二：困于酒食，大人正要到来。利于祭祀。出征则凶，但无灾。

126

《象传》说:"困于酒食",九二居于中,能行中道,因而有吉庆之事。

六三:困于乱石之中,手抓住蒺藜,进到家里,不见妻子,是凶兆。

《象传》说:"据于蒺藜",是弱而下附于刚暴(九二)。"入于其宫,不见其妻",征兆不祥。

九四:来时迟缓,是因困于金车,有艰险,结果是好的。

《象传》说:"来徐徐",是心志甘居于下。虽不当位,可得安闲。

九五:割鼻断足,此窘困皆因受到贵人的困阻,后来渐渐得到逃脱的机会,宜于祭祀。

《象传》说:"劓刖",是不得志之故。"乃徐有说",是因九五居中且刚直。"利用祭祀",将会受到福佑。

上六:被烦琐之事羁绊,不安,有所动就会有悔恨之事,但能悔改,前进仍然是吉利的。

《象传》说:"困于葛藟",是上六居位不稳当之故。"动悔有悔",(谨慎)行事则吉。

井(卦四十八)

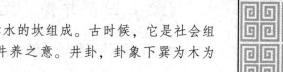(巽下坎上)

井^①:改邑不改井^②,无丧无得。往来井,井汔至^③,亦未繘井^④,羸其瓶^⑤,凶。

《彖》曰:巽乎水而上水^⑥,井。井养而不穷也。"改邑不改井",乃以刚中也。"汔至,亦未繘井",未有功也。"羸其瓶",是以凶也。

《象》曰:木上有水,井。君子以劳民劝相^⑦。

【注释】

①井:卦名,其卦画由表示风的巽和表示水的坎组成。古时候,它是社会组织单位,八家为一井,四井为一邑。井,有井养之意。井卦,卦象下巽为木为

入，上坎为水。木可以作水桶，汲水用。木桶往下，汲水向上，这正是从井中汲水之象。前一卦泽水困颠倒过来，就成了水风井卦。困卦意在于水之干涸而受困。而井卦正相反，是得到水而感到喜悦的意思。井卦的大旨，是将"井"人格化，展示水井养人的美德；同时表明井水需要依赖外部条件才能够物尽其用。

②改：改建。　③汔至：汔，干涸；至，借作"窒"，淤塞。　④缮井：挖井、淘井。⑤羸：同"儡"，败，这里指打破。　⑥巽乎水：顺乎水。　⑦劝相：劝勉、互相帮助。

【白话】

井卦：改建城邑不改建水井，没有失也没有得。人们从水井中汲水，水井干涸、淤塞也不淘井，以致汲水瓶被打破，不祥。

《彖传》说：顺乎水性而以水为上，是为井。水井养人至于无穷。"改邑不改井"，是因包含九二与九五，有刚正之质。"汔至，亦未缮井"，将徒劳无功。"羸其瓶"，必将招致凶险。

《象传》说：木桶提上来而有水，是为《井》卦。君子观此象，应当劝勉百姓，使他们互相帮助。

初六：井泥不食①。旧井无禽②。

《象》曰："井泥不食"，下也。"旧井无禽"，时舍也③。

九二：井谷射鲋④，瓮敝漏⑤。

《象》曰："井谷射鲋"，无与也⑥。

九三：井渫不食⑦，为我心恻⑧。可用汲，王明并受其福⑨。

《象》曰："井渫不食"，行恻也。求"王明"，受福也。

六四：井甃⑩，无咎。

《象》曰："井甃，无咎"，修井也。

九五：井洌⑪，寒泉食⑫。

《象》曰:"寒泉之食",中正也。
xiàng yuē hán quán zhī shí zhōng zhèng yě

上六:井收勿幕⑬,有孚,元吉。
shàng liù jǐng shōu wù mù yǒu fú yuán jí

《象》曰:"元吉"在上,大成也。
xiàng yuē yuán jí zài shàng dà chéng yě

【注释】

①井泥不食:井中有淤泥,不可取水做饭了。 ②旧井无禽:废旧的井,禽鸟也不屑一顾。禽,禽鸟。 ③舍:舍弃。 ④井谷:井底容水之处。 鲋:一种小鱼。 ⑤瓮:储水的水瓮。 敝:破烂。 ⑥与:帮助。 ⑦渫:除污,清洁。 ⑧为:使。 恻:伤痛。井水清澈了却不食,犹如人贤而不被重用,所以"为我心恻"。 ⑨明:贤明,明察。 ⑩甃:用砖砌的井壁,这里作动词。 ⑪洌:清澈。 ⑫寒泉:古人造井多依泉眼,因此寒泉也指井。 ⑬井收:指取水完毕。收,指收起井绳。 幕:覆盖。盖住井口以保持井水清洁。

【白话】

初六:井中淤塞不可取水食用。废旧的井,禽鸟也不屑一顾。

《象传》说:"井泥不食",是因初六阴爻处于最下。"旧井无禽",是因时而舍弃的。

九二:在塌井的积水里射小鱼,难以射中,(因无处汲水)以至于水瓮破漏。

《象传》说:"井谷射鲋",是因九五离得远,得不到帮助。

九三:井水清澈了却不食用,使人内心伤痛。可以汲水而用,君王贤明,天下都会得到福泽。

《象传》说:"井渫不食",这种行为使人惋惜。求"王明",与民共受其福。

六四:井壁砌好,无灾。

《象传》说:"井甃,无咎",是修缮水井。

九五:井水清凉可食用。

《象传》说:"寒泉之食",是因九五阳爻居位正当,有中正之质,可用。

上六:取水完毕不覆盖井口的,有诚信,大吉。

《象传》说:"元吉"在上,是大有成就。

下经·井(卦四十八)

革（卦四十九）

䷰（离下兑上）

革①：己日乃孚②，元亨，利贞，悔亡。
jǐ rì nǎi fú yuán hēng lì zhēn huǐ wáng

《彖》曰：革，水火相息③，二女同居④，其志不相
tuàn yuē gé shuǐ huǒ xiāng xī èr nǚ tóng jū qí zhì bù xiāng

得曰革⑤。"己日乃孚"，革而信之。文明以说，大亨以
dé yuē gé jǐ rì nǎi fú gé ér xìn zhī wén míng yǐ yuè dà hēng yǐ

正。革而当，其悔乃亡。天地革而四时成，汤武革命⑥，
zhèng gé ér dàng qí huǐ nǎi wáng tiān dì gé ér sì shí chéng tāng wǔ gé mìng

顺乎天而应乎人。革之时大矣哉！
shùn hū tiān ér yìng hū rén gé zhī shí dà yǐ zāi

《象》曰：泽中有火，革。君子以治历明时⑦。
xiàng yuē zé zhōng yǒu huǒ gé jūn zǐ yǐ zhì lì míng shí

【注释】

①革：卦名，其卦画由表示火的离和表示泽的兑组成。革作动词是变革、沿革之义。革卦，卦象下离为火，为中女；下兑为泽，为少女。泽中有水。火在下烧，水在火上，水被烧沸而干涸，水如决溢则火灭，总要发生变化，这变化是对原物的变革。又卦义中显示二女同居，少女在上，中女在下，难以相得，必将变化。事物的变化、变革是普遍规律。革卦阐释的是：顺应规律，勇敢地改革、革新，才能推动历史的进步和发展。这卦显示，内部不稳，要冲破阻力和解决困难，才能实现目标。 ②己日：古代以十天干记日。 ③息：生息，蓄息。 ④二女：在八卦中，离为中女，兑为少女。 ⑤不相得：犹言不一致，互相违背。⑥汤武：指商汤和周武王，他们分别灭了夏和商，建立了新的朝代。 ⑦治历明时：制定历书，明确时令。历书的制定在古代是一件大事，农作、祭祀、朝拜等都要遵照历书。

【白话】

革卦：到己日要进行变革，人们才会相信，大为亨通，利于守正，悔事消亡。

《彖传》说：革，水与火互相蓄息，二女居于一处，心志不合称为革。"己日乃孚"，推行变革而受到信任。光明正大的变革，使人心悦诚服；变革通顺是因行中正之道。变革合乎正当之理，自然不会有"悔"。天地变革而四时运行，汤武变革天命，顺承上天而响应万民。革卦切合时宜的意义重大啊！

《象传》说：泽中有火，是为《革》卦。君子因此象制定历法，明确时令。

chū jiǔ　　gǒng yòng huáng niú zhī gé
初九：巩用黄牛之革①。

xiàng　yuē　　gǒng yòng huáng niú　　　bù kě yǐ yǒu wéi yě
《象》曰："巩用黄牛"，不可以有为也。

liù èr　　jǐ rì nǎi gé zhī　　zhēng jí　wú jiù
六二：己日乃革之，征吉，无咎。

xiàng　yuē　　jǐ rì gé zhī　　xíng yǒu jiā yě
《象》曰："己日革之"，行有嘉也。

jiǔ sān　　zhēng xiōng　zhēn lì　gé yán sān jiù　　yǒu fú
九三：征凶，贞厉。革言三就②，有孚。

xiàng　yuē　gé yán sān jiù　　yòu hé zhī yǐ
《象》曰："革言三就"，又何之矣？

jiǔ sì　　huǐ wáng　　yǒu fú gǎi mìng　　jí
九四：悔亡。有孚改命③，吉。

xiàng　yuē　gǎi mìng zhī jí　　shēn zhì yě
《象》曰：改命之吉，信志也④。

jiǔ wǔ　　dà rén hǔ biàn　　wèi zhān yǒu fú
九五：大人虎变⑤，未占有孚。

xiàng　yuē　dà rén hǔ biàn　　qí wén bǐng yě
《象》曰："大人虎变"，其文炳也⑥。

shàng liù　　jūn zǐ bào biàn　xiǎo rén gé miàn　zhēng xiōng　jū zhēn jí
上六：君子豹变，小人革面⑦。征凶，居贞吉。

xiàng　yuē　jūn zǐ bào biàn　　　qí wén wèi yě　　xiǎo rén gé miàn
《象》曰："君子豹变"，其文蔚也。"小人革面"，
shùn yǐ cóng jūn yě
顺以从君也。

【注释】

①巩：束，捆扎。　革：皮。　②革言：关于变革的言论。　三就：取得三次成就。　③命：命令。　④信：通"伸"，即伸展。　⑤虎变：犹言老虎变色、发怒。这里代指在位者施政威猛如虎，下文"豹变"亦是如此。　⑥炳：灿烂。

⑦革面：洗心革面之谓，即改过向善。

131

【白话】

初九：用黄牛皮捆扎牢固。

《象传》说："巩用黄牛"，（被捆的）不可有所作为（不能挣脱）。

六二：到已日便推行变革，出征有吉，无灾。

《象传》说："已日革之"，这样行事值得庆贺。

九三：急于求进则不祥，占卜得险兆。改革的话取得三次成就，才有信用。

《象传》说："革言三就"，又能做什么呢？

九四：悔事消亡。心存诚信以革除旧命，吉祥。

《象传》说：改命之吉，是心志得以伸展。

九五：大人推行变革迅猛，未及占卜就有诚信。

《象传》说："大人虎变"，是其德行如虎皮的纹理一样灿烂。

上六：君子推行改革，像豹一样灵活，小人改过向善。此时激进不止必有凶险，安居守正可获吉。

《象传》说："君子豹变"，是其德行如豹皮的斑纹一样光彩夺目。"小人革面"，是谦顺以遵从君上。

鼎（卦五十）

（巽下离上）

dǐng　　yuán jí　　hēng
鼎①：元吉，亨。

tuàn　yuē　dǐng　xiàng yě　　　yǐ mù xùn huǒ　pēng rèn yě　　shèng rén
《彖》曰：鼎，象也②。以木巽火，亨饪也③。圣人

pēng yǐ xiǎng shàng dì　ér dà pēng yǐ yǎng shèng xián　xùn ér ěr mù cōng míng　róu
亨以享上帝，而大亨以养圣贤。巽而耳目聪明，柔

jìn ér shàng xíng　dé zhōng ér yìng hū gāng　shì yǐ yuán hēng
进而上行，得中而应乎刚，是以元亨。

xiàng　yuē　mù shàng yǒu huǒ　dǐng　jūn zǐ yǐ zhèng wèi níng mìng
《象》曰：木上有火，鼎。君子以正位凝命④。

【注释】

①鼎：卦名，其卦画由表示风的巽和表示火的离组成。鼎是古代的一种烹饪器具，也象征着国家政权。鼎卦，卦象下巽为木为风为入，上离为火。以木入于

火，加风吹，是燃火烹饪，使所用的材料由生变熟、由硬变软，革物成新，是取新、立新之象。革和鼎两卦综卦的关系，革是去故，鼎是取新，象征革故鼎新。鼎卦是借烹物化生为熟，譬喻事物调剂成新之理，其中侧重体现行使权力、"经济天下"、"自新新人"的意义。 ②象：象形。这里是说鼎如卦画。巽为风，也为木，故下文称"以木巽火"。 ③亨：同"烹"，以下两个"亨"字也作"烹"。 ④凝命：专注于使命、天命。

【白话】

鼎卦：大吉，亨通。

《彖传》说：鼎卦，正如其卦画。用木生火，是为烹饪。圣人烹煮以祭祀天帝，并颐养贤人。谦逊而耳聪目明，柔顺以进而上行，有中正之质而与阳刚相应，所以大吉。

《象传》说：木上有火，是为《鼎》卦。君子观此象，应当端正所居之位，专注于使命。

初六：鼎颠趾①，利出否②。得妾以其子③，无咎。

《象》曰："鼎颠趾"，未悖也。"利出否"，以从贵也。

九二：鼎有实④，我仇有疾⑤，不我能即⑥，吉。

《象》曰："鼎有实"，慎所之也。"我仇有疾"，终无尤也。

九三：鼎耳革⑦，其行塞，雉膏不食⑧，方雨，亏悔⑨，终吉。

《象》曰："鼎耳革"，失其义也。

九四：鼎折足，覆公𫗧⑩，其形渥⑪，凶。

《象》曰："覆公𫗧"，信如何也？

六五：鼎黄耳，金铉⑫，利贞。

《象》曰："鼎黄耳"，中以为实也。

上九：鼎玉铉，大吉，无不利。

《象》曰：玉铉在上，刚柔节也。

【注释】

①趾：指鼎之足。　②否：不善之物。　③以：与，和。　④有实：装满食物。　⑤仇：古同"逑"，配偶。　⑥即：就，趋。　⑦鼎耳革：革，变革，指掉了。古代鼎要挪动，需抬着鼎耳，鼎耳不存，难以抬之而行，故下文说"其行塞"。　⑧膏：肥美的肉。　⑨亏：减损。　⑩𫗦：菜肴。　⑪渥：沾湿。　⑫铉：横贯鼎耳以举鼎的器具。

【白话】

初六：鼎足颠倒，利于倒出鼎中坏物。会得妾及其孩子，无灾。

《象传》说："鼎颠趾"，是因无所违悖。"利出否"，正如母从子贵。

九二：鼎里有食物，配偶有疾病，不能到我这里来，大吉。

《象传》说："鼎有实"，要慎重而行。"我仇有疾"，最终无灾祸。

九三：鼎耳掉了，难以挪动，肥美的鸡肉吃不到，天正下雨，悔恨减损，最终是吉利的。

《象传》说："鼎耳革"，是因错过时机。

九四：鼎断了足，王公的菜肴翻倒，一片狼藉，是凶兆。

《象传》说："覆公𫗦"，这样的人如何能信任？

六五：鼎耳为铜制，铉为金制，利于守正。

《象传》说："鼎黄耳"，中正为其内质。

上九：鼎配着玉制的铉，大吉，无所不利。

《象传》说：玉铉在上，是刚柔相调节之故。

震（卦五十一）

（震下震上）

震①：亨。震来虩虩②，笑言哑哑③，震惊百里，不

134

丧匕鬯^④。

《彖》曰：震，亨。"震来虩虩"，恐致福也。"笑言哑哑"，后有则也。"震惊百里"，惊远而惧迩也^⑤。"不丧匕鬯"，出可以守宗庙社稷，以为祭主也。

《象》曰：洊雷^⑥，震。君子以恐惧修省。

【注释】

①震：卦名，其卦画由表示雷的震叠加组成。八纯卦之一。震为雷，象征雷霆震动。震卦，卦象震下震上。震以人来说，属于长子；在自然界是雷，是春季；至于其性还代表有奋动、威势、决断、恐愕等。震卦取象于"雷动"威势，揭明"震惧"可致"亨通"的道理。震为长男，长男有主器之义，所以鼎卦之后排上了震卦。震为奋动，表示奋发图强以完成大事，务必戒绝妄动与妄进。
②虩虩：恐惧貌。　③哑哑：欢笑声。　④匕：较浅的盛酒器具，酒斗。　鬯：黑黍和香草酿成的酒，祭祀时使用。　⑤迩：近处。　⑥洊：重复。

【白话】

震卦：亨通。雷声大作，有人恐惧，有人言谈自如，雷声惊动百里，有人手持酒斗镇定自若。

《彖传》说：震卦是亨通的。"震来虩虩"，恐惧、谨慎会带来福佑。"笑言哑哑"，受惊之后做事会有原则。"震惊百里"，使远近都惊惧而慎行。"不丧匕鬯"，这样的人可以守住宗庙社稷，担任祭祀的主祭。

《象传》说：惊雷接续，是为《震》卦。君子观此象，当恐惧天威，省察己过修身自省。

初九：震来虩虩，后笑言哑哑，吉。

《象》曰："震来虩虩"，恐致福也。"笑言哑哑"，后有则也。

六二：震来厉^①，亿丧贝^②，跻于九陵^③，勿逐，七

日 _{rì} 得 _{dé}。

《象》曰："震来厉"，乘刚也。

六三：震苏苏④，震行无眚⑤。

《象》曰："震苏苏"，位不当也。

九四：震遂泥⑥。

《象》曰："震遂泥"，未光也。

六五：震往来，厉，亿无丧有事。

《象》曰："震往来，厉"，危行也。其事在中，大无丧也。

上六：震索索⑦，视矍矍⑧，征凶。震不于其躬于其邻，无咎。婚媾有言⑨。

《象》曰："震索索"，中未得也。虽凶无咎，畏邻戒也。

【注释】

①厉：凌厉，危险。　②亿：臆度、猜度。　贝：朋贝，古代货币。　③跻：登上。　九陵：九重山，极言高远。　④苏苏：疑惧不安貌。　⑤眚：灾祸。　⑥遂：同"坠"，坠落。　⑦索索：颤抖貌。　⑧矍矍：惊恐四顾貌。　⑨言：苛责，谴责。

【白话】

初九：雷声大作令人恐惧，雷声过后人们依旧言笑自如，吉利。

《象传》说："震来虩虩"，恐惧、谨慎会带来福佑。"笑言哑哑"，受惊之后做事会有原则。

六二：雷震来时猛烈，有危险，哎呀！丧失钱财，登上高陵，不用找寻，七日后必将失而复得。

《象传》说："震来厉"，是阴柔（六二）居于阳刚（初九）之上。

六三：雷声大作使人惊惧不安，但在雷声中前行终无灾祸。

《象传》说："震苏苏"，是居位不当之故。

九四：雷声大作，因恐惧而坠落泥中。

《象传》说："震遂泥"，是德行还不广大光亮。

六五：雷声滚滚猛烈，危险，唉！对人事没有伤害。

《象传》说："震往来，厉"，在危险中行事。行其事守中道，因此没有伤害。

上六：雷声大作，使人浑身发抖，惊恐四顾，外出不祥。若能在雷动尚未震及自身，才及于近邻时就预先戒备，则无灾。婚配嫁娶则会受到苛责。

《象传》说："震索索"，是因未能行中道。虽凶无咎，是因雷声之威使其邻居六五恐惧而产生戒备心理。

艮（卦五十二）

（艮下艮上）

艮① gèn：艮其背 gèn qí bèi，不获其身 bú huò qí shēn②，行其庭 xíng qí tíng，不见其人 bú jiàn qí rén，无咎 wú jiù③。

《彖》tuàn 曰 yuē：艮 gèn，止也 zhǐ yě。时止则止 shí zhǐ zé zhǐ④，时行则行 shí xíng zé xíng，动静 dòng jìng 不失其时 bù shī qí shí，其道光明 qí dào guāng míng。"艮其止 gèn qí zhǐ"⑤，止其所也 zhǐ qí suǒ yě。上下 shàng xià 敌应 dí yìng⑥，不相与也 bù xiāng yǔ yě⑦，是以 shì yǐ "不获其身 bú huò qí shēn，行其庭 xíng qí tíng，不见 bú jiàn 其人 qí rén，无咎 wú jiù 也 yě"。

《象》xiàng 曰 yuē：兼山 jiān shān⑧，艮 gèn。君子以思不出其位 jūn zǐ yǐ sī bù chū qí wèi。

【注释】

①艮：卦名，其卦画由表示山的艮叠加组成。八纯卦之一。艮为山，象征抑止。艮卦，卦象艮下艮上，艮卦一阳居二阴之上，阴性静，二阴在下静止不动。

137

阳性动，但是一阳既已至于上，则性动也不能动了。下静为止，故艮卦取义为止，阐发抑止邪欲的道理。艮卦象征山的巍然耸立、寂然静止，及其坚固、庄重、沉稳，不可动摇。艮卦在思想上可喻为信仰坚定、始终如一；在行动上要依时而用，该止就止，该行就行，动、静不失时宜，前途必然光明。　②获：通"护"，保护。　③无咎：没有灾祸。　④时止则止：该止的时候则止。　⑤艮其止：根据文意应是"艮其背"。　⑥上下敌应：艮卦的初六与六四、六二与六五、九三与上九，或同为阴爻，或同为阳爻，上下相敌而不相应，所以说上下敌应。⑦相与：相助。　⑧兼：重，双。

【白话】

艮卦：止于其背而不能动，而不保护全身。在庭院中行走，不见他人，无害。

《彖传》说：艮，是止息之意。应当止的时候则止，应当行的时候则行，动静都切合时宜，其前路是光明的。"艮其背"，止于该止的地方。上下敌应而不相助，所以"不获其身，行其庭，不见其人，无咎"。

《象传》说：两重山，是为《艮》卦。君子观此象，在思考问题时，不可超越自己所居之职位，妄自干预他人之事。

初六：chū liù 艮其趾，无咎。利永贞。

《象》曰："艮其趾"，未失正也。

六二：艮其腓①，不拯其随②，其心不快。

《象》曰："不拯其随"，未退听也。

九三：艮其限③，列其夤④，厉熏心⑤。

《象》曰："艮其限"，危熏心也。

六四：艮其身，无咎。

《象》曰："艮其身"，止诸躬也。

六五：艮其辅⑥，言有序，悔亡。

《象》曰："艮其辅"，以中正也。

　　　　　　　shàng jiǔ　dūn gèn　　jí
上九：敦艮⑦，吉。

　　　　xiàng　yuē　dūn gèn　zhī jí　yǐ hòu zhōng yě
《象》曰："敦艮"之吉，以厚终也。

【注释】

①腓：小腿。　②拯：借作"增"，增益。　随：肉。　③限：身之中，指腰。　④列：同"裂"，分裂。　夤：背脊肉。　⑤熏心：灼心。　⑥辅：面颊。⑦敦：多，厚。

【白话】

初六：脚趾不能动，无灾。有利于长久之事。

《象传》说："艮其趾"，是因没有背离正道。

六二：小腿不能动，不举步上承本应随从的君子，心中不快。

《象传》说："不拯其随"，是没有谦退而听从下位者的意见。

九三：腰部不能动，对背部分散注意，因危险而内心烦乱。

《象传》说："艮其限"，危险像烈火一样灼心。

六四：身体止住不能动，无灾。

《象传》说："艮其身"，是让身体止息。

六五：面部止住不能动，说话有序，悔恨消失。

《象传》说："艮其辅"，因为可以居中守正。

上九：以敦厚的品德止邪欲，吉利。

《象传》说："敦艮"之吉，以厚道行事，所以会有好的结果。

渐（卦五十三）

　（艮下巽上）

jiàn　　nǚ guī jí　lì zhēn
渐①：女归吉②，利贞。

　　tuàn　yuē　jiàn zhī jìn yě　　nǚ guī jí　yě　jìn dé wèi　wǎng
《彖》曰：渐之进也③，"女归吉"也。进得位，往
yǒu gōng yě　jìn yǐ zhèng　kě yǐ zhèng bāng yě　qí wèi gāng dé zhōng yě　zhǐ
有功也。进以正，可以正邦也。其位刚得中也。止

139

ér xùn   dòng bù qióng yě
而巽，动不穷也。

xiàng   yuē   shān shàng yǒu mù   jiàn   jūn zǐ yǐ jū xián dé   shàn sú
《象》曰：山上有木，渐。君子以居贤德④，善俗⑤。

【注释】

①渐：卦名，其卦画由表示山的艮和表示风的巽组成。渐表示渐进之意。渐卦，卦象下艮为山为少男，巽为风为长女，男在下，女在上，是男下于女，男求娶、女出嫁之象。渐卦是以长女出嫁为主题来设其卦辞，体现婚姻要有发展过程，要有完备的程序。渐卦阐明了事物发展过程中"循序渐进"的道理。因而，办事不能超越事物必要的发展阶段，不能操之过急，好大喜功，要承认事物发展的过程。渐是进，止的结果必有进，这是屈伸消息之理，所以艮卦之后排上了渐卦。渐卦显示，从前在否塞不通的境况下累积辛劳，现在正是迈开第一步打开困局的时候。不过，急求事功则招致挫折，所以必须控制浮动之心，以循序渐进为宜。凡事戒绝急进、轻率，要依序而行。 ②归：出嫁。 ③渐之进也：根据朱熹《周易本义》，本句应为"渐，进也"。根据本书的行文惯例，应是进的意思。④居：积累，培养。 ⑤善：美，这里作动词，美化。

【白话】

渐卦：女子出嫁吉利，占卜吉利。

《象传》说：渐，是前进之意，所以"女归吉"。前进可得名位，前往必能建树功勋。前进而保持中正，可以端正邦国。（九五）居位刚直，有中正之质。静止不躁而谦顺，则行事不会陷于困境。

《象传》说：山上有木，是为《渐》卦。君子观此卦象，应逐渐积蓄贤德，美化世俗。

chū liù   hóng jiàn yú gān   xiǎo zǐ lì   yǒu yán   wú jiù
初六：鸿渐于干①。小子厉②，有言，无咎。

xiàng   yuē   xiǎo zǐ   zhī   lì   yì   wú jiù   yě
《象》曰："小子"之"厉"，义"无咎"也。

liù èr   hóng jiàn yú pán   yǐn shí kàn kàn   jí
六二：鸿渐于磐③，饮食衎衎④，吉。

xiàng   yuē   yǐn shí kàn kàn   bú sù bǎo yě
《象》曰："饮食衎衎"，不素饱也⑤。

jiǔ sān   hóng jiàn yú lù   fū zhēng bú fù   fù yùn bú yù   xiōng   lì
九三：鸿渐于陆。夫征不复⑥，妇孕不育，凶。利御寇。

《象》曰："夫征不复"，离群丑也。"妇孕不育"，失其道也。"利用御寇"，顺相保也。

六四：鸿渐于木，或得其桷⑦，无咎。

《象》曰："或得其桷"，顺以巽也。

九五：鸿渐于陵⑧，妇三岁不孕，终莫之胜⑨，吉。

《象》曰："终莫之胜，吉"，得所愿也。

上九：鸿渐于陆，其羽可用为仪⑩，吉。

《象》曰："其羽可用为仪，吉"，不可乱也。

【注释】

①鸿：大雁。 干：河岸。 ②小子：新婚丈夫。 厉：色厉，脾气暴躁。③磐：大石。 ④衎衎：喜乐貌。 ⑤素饱：犹素餐，不做事而白吃饭。 ⑥夫：男子。 ⑦桷：方形的椽（chuán）子。大雁脚有蹼，无法停在树枝上，这里指被砍伐的树木留下的方形切口。 ⑧陵：山岭。 ⑨胜：这里指欺凌。 ⑩仪：用鸟羽编织的装饰品。

【白话】

初六：大雁渐进到河岸。新婚丈夫脾气不好，时有言语中伤，但无灾。
《象传》说："小子"之"厉"，应该是无灾的。
六二：大雁渐进到岩石上，饮水吃鱼很欢乐，吉利。
《象传》说："饮食衎衎"，是不白吃东西。
九三：大雁渐进于小山。就像男子出征将不会回来，女子当孕但最终不能生育，大凶。利于抵御贼寇。
《象传》说："夫征不复"，说明他离开共同生活的群体。"妇孕不育"，是违背了夫妻相亲的正道。"利用御寇"，说明应当守正使夫妇和顺相保。
六四：大雁飞行渐进于高树，或能栖止于木桩上，无灾。

《象传》说:"或得其桷",是谦顺柔和之故。

九五:大雁飞行渐进于丘陵,就像女子三年不孕,但最终也没受到欺凌,吉利。

《象传》说:"终莫之胜,吉",是得偿所愿。

上九:大雁飞行渐进于高山,它的羽毛被编织成装饰品,吉利。

《象传》说:"其羽可用为仪,吉",因其心志不能错乱。

归妹（卦五十四）

（兑下震上）

归妹^①：征凶，无攸利。

《彖》曰：归妹，天地之大义也。天地不交而万物不兴。归妹，人之终始也。说以动^②，所"归妹"也。"征凶"，位不当也。"无攸利"，柔乘刚也。

《象》曰：泽上有雷，归妹。君子以永终知敝^③。

【注释】

①归妹:卦名,其卦画由表示泽的兑和表示雷的震组成。古代女嫁人为归,少女为妹。"归妹"即嫁出少女之义。归妹卦,卦象下兑为悦为少女,上震为雷为动为长男。雷震则泽动,有相从象;少女从长男,是嫁出少女之象。归妹卦阐明男婚女嫁是人类繁衍的因素,强调女子出嫁必须严守正道,以柔顺为本,成内助之功;反此而行,必为凶兆。归妹卦是少女自嫁而不待嫁,这种婚嫁没有一个循序渐进的过程。渐虽不是进,但有进义;进必有所至,所以渐卦之后排上归妹卦。归妹是渐的反对卦,故其义也与渐义相反。本卦的启示:男女只有相爱悦,才能产生爱情,然后才可以结婚。把爱悦作为爱情婚姻的起点和基础,这是正确的。 ②说:通"悦"。 ③永终:夫妻好合。 敝:弊病。

【白话】

归妹卦:出征有凶,无所利。

142

《象传》说：归妹，是天地之大义。天地之阴阳二气不交融，则万物不能生长繁衍。少女出嫁，是人类终而复始，生息不止。少女喜悦而出嫁，长男心动而娶妻，此即"归妹"也。"征凶"，是居位不当之故。"无攸利"，是阴柔凌驾阳刚之故。

《象传》说：泽上有雷，是为《归妹》卦。君子观此卦象，应当长久地保持夫妻和睦之道，并了解婚姻不和的弊端。

初九：归妹以娣①。跛能履，征吉。

《象》曰："归妹以娣"，以恒也②。"跛能履"吉，相承也。

九二：眇能视③，利幽人之贞④。

《象》曰："利幽人之贞"，未变常也。

六三：归妹以须⑤，反归以娣⑥。

《象》曰："归妹以须"，未当也。

九四：归妹愆期⑦，迟归有时。

象曰："愆期"之志，有待而行也。

六五：帝乙归妹⑧，其君之袂不如其娣之袂良⑨。月几望⑩，吉。

《象》曰："帝乙归妹，不如其娣之袂良"也。其位在中，以贵行也。

上六：女承筐无实⑪，士刲羊无血⑫，无攸利。

《象》曰：上六无实，承虚筐也。

143

①娣：姐姐称妹妹为娣。古时嫁女，通常以该女子的妹妹作为陪嫁。　②恒：恒常，即常理。　③眇：瞎了一只眼。　④幽人：囚徒。　⑤须：即"嬃"，姐姐。女子出嫁以姐姐作陪嫁是反常的。　⑥反归以娣：指夫家把妹逐回母家。⑦愆期：延误了日期。　⑧帝乙：商纣王的父亲，他曾将女儿嫁给周文王。　⑨君：指国君之妻。古时国君称自己的妻子为夫人，国人称其为君夫人，对外国人称其为寡小君。　袂：衣袖，指服饰。　⑩几望：几，接近；望，指农历每月十五。⑪承筐：拿着筐。　无实：没有东西。　⑫刲：刺。

【白话】

初九：少女出嫁，妹妹陪嫁。脚跛能走路，出征有吉。

《象传》说："归妹以娣"，是常理。"跛能履"吉，是有人帮助。

九二：瞎了一只眼还勉强能视，利于守妇人之道。

《象传》说："利幽人之贞"，是严守节操的恒常之道。

六三：嫁女时以其姐姐作陪嫁，夫家把妹逐回母家。

《象传》说："归妹以须"，是六三阴爻居阳位，所处不当之故。

九四：嫁女错过了日期，延迟嫁女是有所等待。

《象传》说："愆期"之志，是有所等待然后再行动。

六五：帝乙嫁女，君夫人的服饰不如陪嫁的妹妹的服饰好。若嫁女的时间接近农历十五，吉利。

《象传》说："帝乙归妹，不如其娣之袂良"。（六五）居上位而守中，虽高贵却能施行谦俭之道。

上六：女子拿着筐，筐中无物，男子刺羊未出血，没有好处。

《象传》说：上六无实，是因为拿着空虚的筐。

丰（卦五十五）

（离下震上）

fēng xiǎng wáng gé zhī wù yōu yí rì zhōng
丰①：亨②，王假之③。勿忧，宜日中④。

tuàn yuē fēng dà yě míng yǐ dòng gù fēng wáng gé zhī
《彖》曰：丰，大也。明以动⑤，故丰。"王假之"，

^{shàng dà yě} ^{wù yōu} ^{yí rì zhōng} ^{yí zhào tiān xià yě} ^{rì zhōng zé zè}
尚大也。"勿忧，宜日中"，宜照天下也。日中则昃⑥，

^{yuè yíng zé shí} ^{tiān dì yíng xū} ^{yǔ shí xiāo xī} ^{ér kuàng yú rén hū} ^{kuàng}
月盈则食⑦，天地盈虚，与时消息⑧，而况于人乎？况

^{yú guǐ shén hū}
于鬼神乎？

^{xiàng} ^{yuē} ^{léi diàn jiē zhì} ^{fēng} ^{jūn zǐ yǐ zhé yù zhì xíng}
《象》曰：雷电皆至，丰。君子以折狱致刑⑨。

【注释】

①丰：卦名，其卦画由表示火的离和表示雷的震组成。丰，有丰厚盛大之义。丰卦，卦象下离为火为日为电，因而也为明，上震为动为雷，明而动，动而能明，是丰大之象。丰卦说明事物"丰大"的道理。卦辞称颂物丰可以致亨通，并强调指出善处"丰"时的两项准则：一是必须道德丰美，故称有德君王可以致"丰"；二是必须光明常照，故云太阳正中可以无忧。显然，丰卦虽取名于"丰美硕大"，却求丰不易，保丰更难，提醒人们丰不忘衰，盈不忘亏，寓意深切。
②亨：应作"享"，祭祀。　③假：至，到。　之：指祭祀之宗庙。　④日中：正午。　⑤明以动：离为火，故明；震为雷，故动。　⑥昃：日偏西。　⑦食：月亏缺。⑧消息：消长。　⑨折狱：审判案件。　致刑：判定刑罚。

【白话】

丰卦：王到宗庙祭祀。不必担忧，（祭祀）宜在正午举行。

《象传》说：丰，盛大之意。光明而健动，所以称丰。"王假之"，是崇尚盛大。"勿忧，宜日中"，就像中午的太阳普照天下。日到正中后则偏西，月亮满盈后则会亏缺，天地盈虚之道，与时宜一起消长，更何况人呢？更何况鬼神呢？

《象传》说：雷鸣电闪，声光极盛，是为《丰》卦。君子观此卦象，当审判案件，裁定刑罚。

^{chū jiǔ} ^{yù qí pèi zhǔ} ^{suī xún wú jiù} ^{wǎng yǒu shàng}
初九：遇其配主①，虽旬无咎②，往有尚③。

^{xiàng} ^{yuē} ^{suī xún wú jiù} ^{guò xún zāi yě}
《象》曰："虽旬无咎"，过旬灾也。

^{liù èr} ^{fēng qí bù} ^{rì zhōng jiàn dǒu} ^{wǎng dé yí jí} ^{yǒu fú fā}
六二：丰其蔀④，日中见斗⑤。往得疑疾⑥，有孚发

^{ruò} ^{jí}
若⑦，吉。

《象》曰："有孚发若"，信以发志也。

九三：丰其沛⑧，日中见沫⑨，折其右肱⑩，无咎。

《象》曰："丰其沛"，不可大事也。"折其右肱"，终不可用也。

九四：丰其蔀，日中见斗⑪，遇其夷主⑫，吉。

《象》曰："丰其蔀"，位不当也。"日中见斗"，幽不明也。"遇其夷主"，吉行也。

六五：来章⑬，有庆誉，吉。

《象》曰：六五之吉，有庆也。

上六：丰其屋，蔀其家，窥其户，阒其无人⑭，三岁不觌⑮，凶。

《象》曰："丰其屋"，天际翔也。"窥其户，阒其无人"，自藏也。

【注释】

①配主：一说女主人；一说相匹敌之人。 ②虽：作用同"唯"，助词，无义。 旬：十天。 ③尚：赏。 ④蔀：障蔽。 ⑤见斗：见到北斗星。比喻在极光明之时，其人心地极为阴暗。 ⑥疑疾：多疑之疾，精神错乱之疾。 ⑦发：启，开。 ⑧沛：通"斾"，幡幔。 ⑨沫：当作"昧"，小星星。 ⑩肱：胳膊。 ⑪斗：北斗星。正午见北斗星，此为幻象。这里是作比喻，在光明之所依旧有阴暗。 ⑫夷主：作客者寄寓之主。 ⑬来：获得。 ⑭阒：寂静。 ⑮觌：见。

【白话】

初九：遇到与自己相匹敌之人，唯十日内无灾，前往可得封赏。

《象传》说："虽旬无咎"，十天过后将有灾。

六二：丰大掩盖光明的障蔽，就像太阳正当中天却出现斗星。前往必有被猜疑的疾患，若能发挥诚信，则可获吉祥。

《象传》说："有孚发若"，用诚信来开拓心志。

九三：丰大遮掩光明的幡幔，就像太阳正当中天却出现小星，若能像折断右臂一样屈己慎守，则无灾害。

《象传》说："丰其沛"，不可采取大的行动。"折其右肱"，最终无法发挥功用。

九四：丰大掩挡光明的障蔽，就像太阳正当中天却出现斗星，但能遇和阳德相平衡之主，吉利。

《象传》说："丰其蔀"，是九四阳爻居阴位而不当。"日中见斗"，是幽暗不明之兆。"遇其夷主"，外出是吉利的。

六五：召致天下章美之才以丰大光明，必获得福庆和赞誉，吉利。

《象传》说：六五之吉，是因有福庆。

上六：扩大房屋，遮蔽居室，从窗户里看，寂静无人，三年未见到人，是凶兆。

《象传》说："丰其屋"，如鸟翱翔天际。"窥其户，阒其无人"，是自我隐藏之故。

旅（卦五十六）

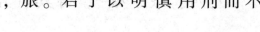（艮下离上）

旅^①：小亨。旅贞吉。
（lǚ xiǎo hēng lǚ zhēn jí）

《彖》曰："旅，小亨"，柔得中乎外而顺乎刚，止而丽乎明，是以"小亨，旅贞吉"也。旅之时义大矣哉！
（tuàn yuē lǚ xiǎo hēng róu dé zhōng hū wài ér shùn hū gāng zhǐ ér lì hū míng shì yǐ xiǎo hēng lǚ zhēn jí yě lǚ zhī shí yì dà yǐ zāi）

《象》曰：山上有火，旅。君子以明慎用刑而不
（xiàng yuē shān shàng yǒu huǒ lǚ jūn zǐ yǐ míng shèn yòng xíng ér bù）

liú yù
留狱②。

【注释】

①旅：卦名，其卦画由表示山的艮和表示火的离组成。旅即羁旅、旅行、寄居他乡之义。旅卦，卦象下艮为山为止，上离为火为明为丽，山止于下，而火烧于上，只得离开所附丽的山，失其居，此为行旅之象。旅是羁旅，丰是盛大，丰大至于极点，必将失去其所居，失其所居便成了羁旅之人了。所以丰卦之后补上了旅卦。旅卦之所谓旅，是离其国之旅，或因经商、外交而远适异邦的象意。所以，非但不能尝到旅行之乐，反而有许多不便与愁思。同时，在“旅”而“难居”的情况下，人应善处“行旅”之道，更进一步克服许多艰难而达成任务，或得到事业之成就。　②留狱：稽延狱讼。

【白话】

旅卦：小有亨通。旅行遵守正道，才会得吉。

《彖传》说：“旅，小亨”，是阴柔外居适中位而外顺承阳刚之故，恬静安止又能附丽于光明，所以“小亨，旅贞吉”。行旅切合时宜的意义重大啊！

《象传》说：山上有火，是为《旅》卦。君子观此卦象，当明决慎察、谨慎用刑，不稽延狱讼。

chū liù　lǚ suǒ suǒ　sī qí suǒ qǔ zāi
初六：旅琐琐①，斯其所取灾。

xiàng yuē　lǚ suǒ suǒ　zhì qióng zāi yě
《象》曰：“旅琐琐”，志穷灾也。

liù èr　lǚ jí cì　huái qí zī　dé tóng pú　zhēn
六二：旅即次②，怀其资③，得童仆④，贞⑤。

xiàng yuē　dé tóng pú　zhēn　zhōng wú yóu yě
《象》曰：“得童仆，贞”，终无尤也。

jiǔ sān　lǚ fén qí cì　sàng qí tóng pú　zhēn lì
九三：旅焚其次，丧其童仆，贞厉。

xiàng yuē　lǚ fén qí cì　yì yǐ shāng yǐ　yǐ lǚ yǔ xià　qí yì sàng yě
《象》曰：“旅焚其次”，亦以伤矣。以旅与下⑥，其义丧也。

jiǔ sì　lǚ yú chǔ　dé qí zī fǔ　wǒ xīn bú kuài
九四：旅于处⑦，得其资斧，我心不快。

《象》曰:"旅于处",未得位也。"得其资斧",心未快也。

六五:射雉,一矢亡⑧,终以誉命⑨。

《象》曰:"终以誉命",上逮也⑩。

上九:鸟焚其巢,旅人先笑后号咷⑪。丧牛于易⑫,凶。

《象》曰:以旅在上,其义焚也。"丧牛于易",终莫之闻也⑬。

【注释】

①琐琐:猥琐卑贱。 ②即:就,趋,到。 次:客舍。 ③怀其资:当从九四作"怀其资斧"。资,钱财;斧,钱币。 ④童仆:男仆。按:从上九来看,这几个爻辞应是指殷商先祖王亥的故事。 ⑤贞:少一"吉"字,应为"贞吉"。 ⑥与下:和童仆一起。 ⑦处:止息。 ⑧亡:逃走,消失。 ⑨誉命:得善射之誉。 ⑩上逮:指被上位者赏识。 ⑪号咷:即号啕,大哭。 ⑫易:通"场",即田畔,此指荒远的田畔。 ⑬闻:问,探问。

【白话】

初六:行旅中猥琐卑贱,这就是招致灾祸的原因。

《象传》说:"旅琐琐",心志穷乏所以有灾。

六二:行旅中到客舍住下,怀带钱币,得到童仆,占卜得吉。

《象传》说:"得童仆,贞",最终不会有过失。

九三:行旅中客舍被火烧了,失去童仆,占得险兆。

《象传》说:"旅焚其次",这说明九三在旅途中受到了损失和伤害。与童仆同行于旅途中,其理必致丧亡。

九四:行旅暂为栖息未能安适,虽又得到自己的钱财,(但丢失童仆)心里依然不快。

《象传》说:"旅于处",因(九四居阴位)未得其位。"得其资斧",心中还

是不畅快。

六五：射野鸡，一箭射中，野鸡带箭飞走，还是得到了善射的赞誉。

《象传》说："终以誉命"，是上位者赏识之故。

上九：鸟巢被烧了，行旅人先笑而后号啕大哭。就像在荒远的田畔丧失了牛，凶。

《象传》说：在树枝的高处旅行，所以就容易被焚烧。"丧牛于易"，羁旅遭祸终究无人闻之，也没人来慰问。

巽 （卦五十七）

（巽下巽上）

$\overset{\text{xùn}}{巽}$①：$\overset{\text{xiǎo hēng}}{\text{小亨}}$，$\overset{\text{lì yǒu yōu wǎng}}{\text{利有攸往}}$，$\overset{\text{lì jiàn dà rén}}{\text{利见大人}}$。

$\overset{\text{tuàn}}{《彖》}\overset{\text{yuē}}{曰}$：$\overset{\text{chóng xùn yǐ shēn mìng}}{\text{重巽以申命}}$②。$\overset{\text{gāng xùn hū zhōng zhèng ér zhì xíng}}{\text{刚巽乎中正而志行}}$，$\overset{\text{róu jiē shùn hū gāng}}{\text{柔皆顺乎刚}}$，$\overset{\text{shì yǐ}}{\text{是以}}$"$\overset{\text{xiǎo hēng}}{\text{小亨}}$，$\overset{\text{lì yǒu yōu wǎng}}{\text{利有攸往}}$，$\overset{\text{lì jiàn dà rén}}{\text{利见大人}}$"。

$\overset{\text{xiàng}}{《象》}\overset{\text{yuē}}{曰}$：$\overset{\text{suí fēng}}{\text{随风}}$③，$\overset{\text{xùn}}{巽}$。$\overset{\text{jūn zǐ yǐ shēn mìng xíng shì}}{\text{君子以申命行事}}$④。

【注释】

①巽：卦名，其卦画由表示风的巽叠加组成。八纯卦之一。巽为伏、顺承、谦顺之义。巽卦，卦象巽下巽上，巽为顺为风为入。上下齐吹风，将被吹之物吹倒，是顺伏之象。其卦辞一方面表明此时柔小谦顺者可致亨通，利有所往；另一方面指出上下巽顺的最终归宿是利于大人施治申命。但卦中诸爻所明"顺从"的内在含义，却并非一味强调无条件地盲从卑顺，而往往是以"刚健"之德为勉。这卦显示，巽风可比喻为动荡不安的处境。凡事不宜独断专行，务必多向亲友或长辈请教。　②申命：重申教命。　③随风：指风相随。　④行事：推行政事。

【白话】

巽卦：小亨通，利于有所往，见大人有利。

《象传》说：双重之巽以重申教命。阳刚顺承中正之道则君王的意志得以通行，阴柔皆顺承阳刚，所以"小亨，利有攸往，利见大人"。

《象传》说：两风相随，是为《巽》卦。君子观此卦象，当申明教令于先，雷厉风行推行政事于后，民则随令而行。

初六：进退①，利武人之贞。

《象》曰："进退"，志疑也。"利武人之贞"，志治也②。

九二：巽在床下，用史巫纷若③，吉，无咎。

《象》曰："纷若"之吉，得中也。

九三：频巽④，吝。

《象》曰："频巽"之吝，志穷也。

六四：悔亡，田获三品⑤。

《象》曰："田获三品"，有功也。

九五：贞吉，悔亡，无不利，无初有终。先庚三日，后庚三日⑥，吉。

《象》曰：九五之吉，位正中也。

上九：巽在床下，丧其资斧，贞凶。

《象》曰："巽在床下"，上穷也。"丧其资斧"，正乎凶也⑦。

【注释】

①进退：进退犹豫之意。　②治：乱的反义词。　③史巫：祝官和巫师。

纷若：众多貌。 ④频巽：频，同"颦"，皱眉。颦伏即颦伏，是受强迫而服从之意。 ⑤田：田猎，打猎。 三品：三类，指猎物品种多。 ⑥先庚三日，后庚三日：丁日和癸日，连起来一共是七日。 ⑦正：通"征"，出行，远行。

【白话】

初六：进退犹豫不决，利于武人守正固。

《象传》说："进退"，是内心有疑虑。"利武人之贞"，是使心志不乱。

九二：顺从如伏在床下，又有众多祝官和巫师（驱鬼），吉利，无灾。

《象传》说："纷若"之吉，是（九二）居中守正之故。

九三：忧郁不乐勉强顺从，将有憾惜。

《象传》说："频巽"之吝，是因心志穷乏。

六四：悔恨消失，打猎所获猎物品类众多。

《象传》说："田获三品"，是有功绩。

九五：占得吉兆，悔恨消失，无所不利，没有好的开始但有好结果。从丁日到癸日是吉利的。

《象传》说：九五之吉，是（九五）居位中正之故。

上九：顺从如伏在床下，丢失了钱财，占问大凶。

《象传》说："巽在床下"，是上九至于困穷的境地。"丧其资斧"，困穷而出行，自然有凶险。

兑（卦五十八）

（兑下兑上）

duì hēng lì zhēn
兑①：亨。利贞。

tuàn yuē duì yuè yě gāng zhōng ér róu wài yuè yǐ lì zhēn
《彖》曰：兑，说也②。刚中而柔外，说以利贞，

shì yǐ shùn hū tiān ér yìng hū rén yuè yǐ xiān mín mín wàng qí láo yuè yǐ fàn
是以顺乎天而应乎人。说以先民③，民忘其劳。说以犯

nàn mín wàng qí sǐ yuè zhī dà mín quàn yǐ zāi
难④，民忘其死。说之大，民劝矣哉⑤！

xiàng yuē lì zé duì jūn zǐ yǐ péng yǒu jiǎng xí
《象》曰：丽泽⑥，兑。君子以朋友讲习。

【注释】

①兑：卦名，其卦画由表示泽的兑叠加组成。八纯卦之一。兑，是"说"的本字，后来写作"悦"，说话、喜悦的意思。兑卦，卦象兑下兑上，兑为泽为说（悦）。泽能润养万物，是欣悦之象。该卦着重讲使民怡悦，当领导的必须以身作则，吃苦在前，这样民众不但怡悦，而且感奋。兑卦一阴爻前进到二阳爻上方，如仰天开口欢笑貌，又有口象，口能使人喜悦，因而又容易变成巧言令色。而兑之时尤须讲求信用。本卦警示悦又足以令人耽溺，所以务必格外谨慎。　②说：通"悦"。　③先民：先于民，为民作表率。　④犯难：冒险。　⑤劝：劝勉。⑥丽：附丽，连着。

【白话】

兑卦：亨通。吉利的占问。

《象传》说：兑，和悦之意。内在阳刚而外在阴柔，和悦而利于占问，所以能顺天应人。内心和悦而为百姓作表率，百姓则会忘记自己的劳苦（更加努力）；内心和悦而身先士卒，百姓就会舍生忘死（为国效忠）。和悦的意义重大，在于使民众互相劝勉。

《象传》说：两泽相连，是为《兑》卦。君子观此卦象，当知朋友之间欣悦于良师益友，相互交流、相互学习、相互补益。

chū jiǔ　　hé duì　　jí
初九：和兑，吉。

xiàng　yuē　hé duì　zhī　　jí　　xíng wèi yí yě
《象》曰："和兑"之"吉"，行未疑也。

jiǔ èr　　fú duì　　jí　　huǐ wáng
九二：孚兑①，吉，悔亡。

xiàng　yuē　fú duì　zhī　jí　　xìn zhì yě
《象》曰："孚兑"之"吉"，信志也。

liù sān　lái duì　xiōng
六三：来兑②，凶。

xiàng　yuē　lái duì　zhī　xiōng　wèi bù dāng yě
《象》曰："来兑"之"凶"，位不当也。

jiǔ sì　　shāng duì wèi níng　jiè jí yǒu xǐ
九四：商兑未宁③，介疾有喜④。

xiàng　yuē　jiǔ sì zhī　xǐ　　yǒu qìng yě
《象》曰：九四之"喜"，有庆也。

jiǔ wǔ　　fú yú bō⑤　　yǒu lì

九五：孚于剥⑤，有厉。

xiàng　yuē　fú yú bō　　wèi zhèng dāng yě

《象》曰："孚于剥"，位正当也。

shàng liù　　yǐn duì⑥

上六：引兑⑥。

xiàng　yuē　shàng liù　yǐn duì　wèi guāng yě

《象》曰：上六"引兑"，未光也。

【注释】

①孚：诚信。　②来：谋求。　③商：商量，琢磨。　未宁：未定。　④介疾：小毛病。介，微小。　⑤孚：这里作动词，施信。　剥：裂，落，引申为失信之人。　⑥引兑：引人喜悦，喜悦者亦喜人讨好，故下文说其欣喜之道还未光大。

【白话】

初九：平和欣悦以待人，大吉。

《象传》说："和兑"之"吉"，是因行事不生迟疑。

九二：因诚信而使人和悦，大吉，悔恨消失。

《象传》说："孚兑"之"吉"，是得他人信任。

六三：（用不当手段）谋求与人和悦，是凶兆。

《象传》说："来兑"之"凶"，是六三阴爻居阳位，居位不当之故。

九四：思虑着与人和悦相处还未定，会出小问题，结果是好的。

《象传》说：九四之"喜"，是有值得庆贺的事。

九五：施信于失信之人，有艰险。

《象传》说："孚于剥"，是因九五居位正当。

上六：引人喜悦。

《象传》说：上六"引兑"，是欣喜之道还未光大。

涣（卦五十九）

（坎下巽上）

huàn①　hēng　wáng gé yǒu miào　　lì shè dà chuān　　lì zhēn

涣①：亨。王假有庙。利涉大川，利贞。

《彖》曰："涣，亨"，刚来而不穷，柔得位乎外而上同②。"王假有庙"，王乃在中也。"利涉大川"，乘木有功也③。

《象》曰：风行水上，涣。先王以享于帝④，立庙。

【注释】

①涣：卦名，其卦画由表示水的坎和表示风的巽组成。涣是水流散貌，有冲洗之义。涣卦，卦象下坎为水，上巽为风。风在水上吹过，水遇风则涣散。涣卦所谓"涣散"，并非立义于"散乱"，而是兼从对立的角度提示"散"与"聚"互为依存的关系，说明事物形态虽散而神质能聚可致亨通，并强调此时行事利于守正。涣卦显示：艰难辛苦的人，现在行将脱离苦海，前程展现出开朗的远景。②上同：同于上，顺应上。 ③乘木：涣卦下坎上巽，坎为水，巽代表风，也代表木。木在水上，有乘木之象。 ④享：祭祀。

【白话】

涣卦：亨通。君王到宗庙（祭祀）。利于渡过大河，利于占问。

《彖传》说："涣，亨"，有阳刚之质而不会陷入困穷，阴柔（六四）居位正当而与上（九五）相应。"王假有庙"，君王聚合人心居处正中。"利涉大川"，是乘木船有功故。

《象传》说：风行水上，是为《涣》卦。先王观此卦象，应祭祀天帝，设立宗庙，以归系人心。

初六：用拯马壮①，吉。

《象》曰：初六之吉，顺也。

九二：涣奔其机②，悔亡。

《象》曰："涣奔其机"，得愿也。

六三：<ruby>涣<rt>huàn</rt></ruby> <ruby>其<rt>qí</rt></ruby> <ruby>躬<rt>gōng</rt></ruby>③，<ruby>无<rt>wú</rt></ruby> <ruby>悔<rt>huǐ</rt></ruby>。

《<ruby>象<rt>xiàng</rt></ruby>》<ruby>曰<rt>yuē</rt></ruby>："<ruby>涣<rt>huàn</rt></ruby> <ruby>其<rt>qí</rt></ruby> <ruby>躬<rt>gōng</rt></ruby>"，<ruby>志<rt>zhì</rt></ruby> <ruby>在<rt>zài</rt></ruby> <ruby>外<rt>wài</rt></ruby> <ruby>也<rt>yě</rt></ruby>。

六四：<ruby>涣<rt>huàn</rt></ruby> <ruby>其<rt>qí</rt></ruby> <ruby>群<rt>qún</rt></ruby>④，<ruby>元<rt>yuán</rt></ruby> <ruby>吉<rt>jí</rt></ruby>。<ruby>涣<rt>huàn</rt></ruby> <ruby>有<rt>yǒu</rt></ruby> <ruby>丘<rt>qiū</rt></ruby>⑤，<ruby>匪<rt>fěi</rt></ruby> <ruby>夷<rt>yí</rt></ruby> <ruby>所<rt>suǒ</rt></ruby> <ruby>思<rt>sī</rt></ruby>⑥。

《<ruby>象<rt>xiàng</rt></ruby>》<ruby>曰<rt>yuē</rt></ruby>："<ruby>涣<rt>huàn</rt></ruby> <ruby>其<rt>qí</rt></ruby> <ruby>群<rt>qún</rt></ruby>，<ruby>元<rt>yuán</rt></ruby> <ruby>吉<rt>jí</rt></ruby>"，<ruby>光<rt>guāng</rt></ruby> <ruby>大<rt>dà</rt></ruby> <ruby>也<rt>yě</rt></ruby>。

九五：<ruby>涣<rt>huàn</rt></ruby> <ruby>汗<rt>hàn</rt></ruby> <ruby>其<rt>qí</rt></ruby> <ruby>大<rt>dà</rt></ruby> <ruby>号<rt>háo</rt></ruby>⑦，<ruby>涣<rt>huàn</rt></ruby> <ruby>王<rt>wáng</rt></ruby> <ruby>居<rt>jū</rt></ruby>⑧，<ruby>无<rt>wú</rt></ruby> <ruby>咎<rt>jiù</rt></ruby>。

《<ruby>象<rt>xiàng</rt></ruby>》<ruby>曰<rt>yuē</rt></ruby>："<ruby>王<rt>wáng</rt></ruby> <ruby>居<rt>jū</rt></ruby>""<ruby>无<rt>wú</rt></ruby> <ruby>咎<rt>jiù</rt></ruby>"，<ruby>正<rt>zhèng</rt></ruby> <ruby>位<rt>wèi</rt></ruby> <ruby>也<rt>yě</rt></ruby>。

上九：<ruby>涣<rt>huàn</rt></ruby> <ruby>其<rt>qí</rt></ruby> <ruby>血<rt>xuè</rt></ruby>⑨，<ruby>去<rt>qù</rt></ruby> <ruby>逖<rt>tì</rt></ruby> <ruby>出<rt>chū</rt></ruby>⑩，<ruby>无<rt>wú</rt></ruby> <ruby>咎<rt>jiù</rt></ruby>。

《<ruby>象<rt>xiàng</rt></ruby>》<ruby>曰<rt>yuē</rt></ruby>："<ruby>涣<rt>huàn</rt></ruby> <ruby>其<rt>qí</rt></ruby> <ruby>血<rt>xuè</rt></ruby>"，<ruby>远<rt>yuǎn</rt></ruby> <ruby>害<rt>hài</rt></ruby> <ruby>也<rt>yě</rt></ruby>。

【注释】

①拯：拯济。　②奔：水急流。　机：马王堆帛书《周易》作"阶"，台阶之意，今从之。　③躬：身体。　④涣其群：以水冲洗群众，指施行教化，移风易俗。　⑤丘：山丘，高地。　⑥夷：平常，惯常。　⑦涣汗：一说指汗水发散；一说指水势浩大；一说指帝王的号令。　⑧王居：君王的居所。　⑨涣其血：水的冲击散去。血，通"恤"，即忧虑。　⑩去逖出：忧虑恐惧散去。逖，通"惕"，惊恐。

【白话】

初六：用壮马加以拯济，吉利。

《象传》说：初六之吉，是（初六）阴柔顺承（九二）阳刚之故。

九二：水急流而冲上台阶，悔事消失。

《象传》说："涣奔其机"，是得偿所愿。

六三：洗涤身体，无悔事。

《象传》说："涣其躬"，心志在外。

六四：以水冲洗群众，大吉。水冲上高丘，不是平常所能想象的。

《象传》说："涣其群，元吉"，是德行光大之故。

九五：洪水盛大，人们奔走号叫，水流冲向王宫，无灾。

《象传》说："王居""无咎"，是（九五）居位正当之故。

上九：水的冲击散去，使忧虑恐惧散去，无灾。

《象传》说："涣其血"，是可以避免祸害。

节 （卦六十）

䷻（兑下坎上）

节①：亨。苦节②，不可贞。

《彖》曰："节，亨"，刚柔分而刚得中。"苦节，不可贞"，其道穷也。说以行险③，当位以节，中正以通。天地节而四时成。节以制度④，不伤财，不害民。

《象》曰：泽上有水，节。君子以制数度⑤，议德行⑥。

【注释】

①节：卦名，其卦画由表示泽的兑和表示水的坎组成。节为节俭、节制、节度的意思。节卦，下兑为泽，上坎为水。泽蓄水，对水有所节制，正是有节之象。事物既已离散，就要节制，不可能永久地离散下去，所以涣卦之后排上了节卦。节卦以泽和水的关系，说明事物要有限度、有节制。节，也有止之义。节之止，是一种限制，使事物不至于发展太过，适可而止。节之止回答的是人们行为的控制问题，即告诫人们，纵然是当行的事情，也要有一个限度。 ②苦节：以节俭为苦，则欲奢侈，故曰"不可贞"。 ③说：通"悦"。 ④制度：规制、法度。 ⑤数度：礼数、法度。 ⑥议：评议。

【白话】

节卦：亨通。但不可以过分节制，应当守持正固。

《彖传》说："节，亨"，阳刚与阴柔相分而以阳刚为内质。"苦节，不可贞"，是其道不通之故。和悦而行险，居于位而节俭，秉中正之质而得以通行。天地有节度而四时运行。用规章制度来实行节制，就不会劳民伤财。

《象传》说：泽上有水，是为《节》卦。君子观此卦象，应制定礼数法度以为准则，详议道德行为以任用得宜。

初九：不出户庭，无咎。

《象》曰："不出户庭"，知通塞也①。

九二：不出门庭，凶。

《象》曰："不出门庭，凶"，失时极也②。

六三：不节若，则嗟若③，无咎④。

《象》曰："不节"之"嗟"，又谁咎也？

六四：安节⑤，亨。

《象》曰："安节"之"亨"，承上道也。

九五：甘节⑥，吉，往有尚⑦。

《象》曰："甘节"之"吉"，居位中也。

上六：苦节，贞凶，悔亡⑧。

《象》曰："苦节，贞凶"，其道穷也。

【注释】

①通塞：通行、阻塞，这里比喻得志、失意。　②时极：时，时机；极，极点。时极即正确的时点。　③嗟：叹息，叫苦。　④无咎：没有灾殃。　⑤安节：安于节俭。　⑥甘节：甘于节俭。　⑦尚：同"赏"。　⑧悔亡：同六三"无咎"。

【白话】

初九：不出门户庭院，无灾。

《象传》说："不出户庭"，是知晓通行、阻塞之道。

九二：（拘于节制）不出大门的内庭院，凶。

《象传》说："不出门庭，凶"，是因错失时机。

六三：不行节俭，则叫苦不迭，但没有灾殃。

《象传》说："不节"之"嗟"，又能怪谁呢？

六四：安于节俭，亨通。

《象传》说："安节"之"亨"，是因（六四）顺承上面（九五）之道。

九五：甘于节俭，大吉，有所往必受尊赏。

《象传》说："甘节"之"吉"，是九五居位正当之故。

上六：以节俭为苦，占得凶兆，（若改正则）悔事消亡。

《象传》说："苦节，贞凶"，是因上六为坎之上爻，节制之道将至末路。

中孚（卦六十一）

（兑下巽上）

zhōng fú　　　　tún yú　　　jí　　lì shè dà chuān　　lì zhēn
中孚①：豚鱼②，吉。利涉大川，利贞。

tuàn　　yuē　zhōng fú　róu zài nèi ér gāng dé zhōng　yuè ér xùn③　fú
《彖》曰：中孚，柔在内而刚得中，说而巽③，孚

nǎi huà bāng yě　　　tún yú　jí　　xìn jí tún yú yě　　　lì shè dà chuān
乃化邦也。"豚鱼，吉"，信及豚鱼也。"利涉大川"，

chéng mù zhōu xū yě　　zhōng fú yǐ lì zhēn　nǎi yìng hū tiān yě
乘木舟虚也。中孚以利贞，乃应乎天也。

xiàng　yuē　zé shàng yǒu fēng　zhōng fú　jūn zǐ yǐ yì yù huǎn sǐ
《象》曰：泽上有风，中孚。君子以议狱缓死④。

【注释】

①中孚：卦名，其卦画由表示泽的兑和表示风的巽组成。中孚，是内心诚信的意思。中孚卦，卦象下兑为泽，上巽为风。风行泽上，无所不周，如同诚信泽及万物，无所不至，是中心诚信之象。上一节卦是有信。制度制定出来，要看执行，执行的问题主要看人们是否信守。上头信守，下边信从，就做到了"节而信之"。因而，中孚卦排在了节卦之后。节，必须具有诚心，才能够光大。徒具礼节之形式，也就不能达成其目的。因而，风泽中孚卦是以诚信为其卦义的基础。本卦彼此以兑口相接，是互相亲和之象。因此，务必彼此敞开胸襟以相谈论，以真诚相见以得其宜，所以洽商之事尤可推断为吉。　②豚鱼：这里指祭祀时所献

的猪、鱼等祭品。这类祭品是菲薄的，贵重的祭品是牛、羊等。 ③巽：柔顺，即风的属性。 ④议狱缓死：审判案件，宽缓死刑。

【白话】

中孚卦：心怀诚信用豚鱼薄物也吉。渡大河有利，占问有利。

《象传》说：中孚，内在阴柔而阳刚居于中位，下和悦而上和顺，诚信以教化邦国。"豚鱼，吉"，诚信通过用豚鱼祭祀表达出来。"利涉大川"，乘着中空的木船。内心诚信所以利于贞卜，是顺应自然规律。

《象传》说：泽上有风，是为《中孚》卦。君子因之审判案件，宽缓死刑。

chū jiǔ　　　yú jí　　　　　yǒu tā bú yàn
初九：虞吉①，有它不燕②。

xiàng　yuē　chū jiǔ　　yú jí　　　zhì wèi biàn yě
《象》曰：初九"虞吉"，志未变也。

jiǔ èr　　míng hè zài yīn　　qí zǐ hè zhī　　wǒ yǒu hǎo jué　　wú yǔ ěr
九二：鸣鹤在阴③，其子和之。我有好爵④，吾与尔

mí zhī
靡之⑤。

xiàng　yuē　qí zǐ hè zhī　　zhōng xīn yuàn yě
《象》曰："其子和之"，中心愿也。

liù sān　　dé dí　　huò gǔ huò pí　　huò qì huò gē
六三：得敌⑥，或鼓或罢⑦，或泣或歌⑧。

xiàng　yuē　huò gǔ huò pí　　wèi bù dāng yě
《象》曰："或鼓或罢"，位不当也。

liù sì　　yuè jǐ wàng⑨　　mǎ pǐ wáng　　wú jiù
六四：月几望⑨，马匹亡，无咎。

xiàng　yuē　mǎ pǐ wáng　　jué lèi shàng yě
《象》曰："马匹亡"，绝类上也⑩。

jiǔ wǔ　　yǒu fú luán rú⑪　　wú jiù
九五：有孚挛如⑪，无咎。

xiàng　yuē　yǒu fú luán rú　　wèi zhèng dāng yě
《象》曰："有孚挛如"，位正当也。

shàng jiǔ　　hàn yīn dēng yú tiān⑫　　zhēn xiōng
上九：翰音登于天⑫，贞凶。

xiàng　yuē　hàn yīn dēng yú tiān　　hé kě cháng yě
《象》曰："翰音登于天"，何可长也？

【注释】

①虞：安，安乐。 ②燕：通"晏"，同安之义。 ③阴：树荫。 ④爵：一种饮酒器。这里代指美酒。 ⑤吾：为衍文。 靡：共用，共享。 ⑥得敌：俘获敌人。 ⑦鼓：击鼓，这里指击鼓的士兵。可击鼓指健康、强壮。 罢：同"疲"，疲劳。 ⑧或泣或歌：有的人有所失则哀戚，有的人有所得则喜悦。指经历过战争的士兵们有所得失。 ⑨几望：几，接近；望，农历每月十五。 ⑩绝：杜绝。 类：相类，类似。 ⑪挛：系。 ⑫翰音：飞鸟鸣音。翰，高飞。

【白话】

初九：安守（诚信）可获吉，别有它求则不安宁。

《象传》说：初九"虞吉"，是心志不改之故。

九二：鹤在树荫下鸣叫，其子与其应和。我有美酒，愿与你共享同乐。

《象传》说："其子和之"，是发自内心的愿望。

六三：俘获敌人，有的继续击鼓进攻，有的疲惫不堪，有的哀戚，有的歌唱。

《象传》说："或鼓或罢"，是居位不当。

六四：月满之时，丢失马匹，无灾。

《象传》说："马匹亡"，应杜绝类似事件。

九五：用诚信牵系天下之心，无灾。

《象传》说："有孚挛如"，是九五居位正当之故。

上九：飞鸟的鸣声虚升于天，占得险兆。

《象传》说："翰音登于天"，怎么能长久呢？

小过（卦六十二）

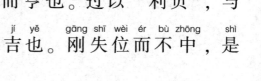（艮下震上）

xiǎo guò　　hēng　lì zhēn　　kě xiǎo shì　bù kě dà shì　　fēi niǎo yí zhī
小过①：亨，利贞。可小事，不可大事。飞鸟遗之
yīn　　bù yí shàng　yí xià　dà jí
音②，不宜上，宜下，大吉。

tuàn　yuē　xiǎo guò　xiǎo zhě guò ér hēng yě　guò yǐ　lì zhēn　　yǔ
《彖》曰：小过，小者过而亨也。过以"利贞"，与
shí xíng yě　róu dé zhōng　shì yǐ xiǎo shì jí yě　gāng shī wèi ér bù zhōng　shì
时行也。柔得中，是以小事吉也。刚失位而不中，是

161

以不可大事也。有飞鸟之象焉，"飞鸟遗之音，不宜上，宜下，大吉"，上逆而下顺也。

《象》曰：山上有雷，小过。君子以行过乎恭，丧过乎哀，用过乎俭③。

【注释】

①小过：卦名，其卦画由表示山的艮和表示雷的震组成。小过，意为稍有过度。小过卦，卦象下艮为山，上震为雷。山上有雷，雷声过高，超过平常传播的范围，是小有过越之象。中孚是讲信的，人有所信，必表现于行动，有行动必有所过，因此中孚卦之后排上了小过卦。小过具体表现为"可小事，不可大事"，"不宜上，宜下"。即从细微做起，埋头苦干，不好高骛远，不脱离实际。要柔弱胜人，不要以刚强自居，要后发制人，不要一意取先。全卦宗旨可概括为：一是此理必须用在处置"柔小"之事上；二是"过越"的本质体现在谦恭卑柔。②遗之音：飞鸟发出的声音。 ③用：用度，花费。

【白话】

小过卦：亨通，利于占问。可做小事，不可做大事。飞鸟发出哀声，不宜向上，而宜向下，大吉。

《象传》说：小过，在小事上过越而亨通。过越而"利贞"，与时宜相应之故。内在柔顺，所以做小事是吉利的。阳刚不在其位且不居中，所以不可做大事。好比飞鸟，"飞鸟遗之音，不宜上，宜下，大吉"，是向上为逆、向下通顺之故。

《象传》说：山上有雷，是为《小过》卦。君子观此卦象，应当行止稍过恭敬，丧事稍过悲哀，费用稍过节俭。

初六：飞鸟以凶①。

《象》曰："飞鸟以凶"，不可如何也②。

六二：过其祖③，遇其妣④。不及其君，遇其臣，无咎。

162

《象》曰："不及其君"，臣不可过也。

九三：弗过防之⑤，从或戕之⑥，凶。

《象》曰："从或戕之"，凶如何也。

九四：无咎。弗过遇之⑦，往厉必戒，勿用永贞⑧。

《象》曰："弗过遇之"，位不当也。"往厉必戒"，终不可长也。

六五：密云不雨，自我西郊。公弋取彼在穴⑨。

《象》曰："密云不雨"，已上也。

上六：弗遇过之⑩，飞鸟离之⑪，凶，是谓灾眚。

《象》曰："弗遇过之"，已亢也⑫。

【注释】

①飞鸟以凶：飞鸟带来凶兆。以，带来。　②不可如何：不知如何，无可奈何。　③祖：祖父。　④遇：礼遇，与"过"相对，引申为赞扬。　妣：这里指祖母。　⑤过：过越。　防：预防。　⑥从：同"纵"，放纵。　戕：杀。　⑦弗过遇之：还未过越而制止。　⑧勿用：不作为。　⑨弋：用带生丝的箭射鸟。彼：代指猎物。　⑩弗遇过之：不加制止而过了头。　⑪离：通"罹"，指飞鸟遭射杀。　⑫亢：极。

【白话】

初六：飞鸟带来凶兆。

《象传》说："飞鸟以凶"，对这种事无可奈何。

六二：超过他的祖父，赞扬他的祖母。不能达到君王面前，却遇到臣仆，无灾祸。

《象传》说："不及其君"，是因为臣不可过越。

九三：在行事偏差之前要有所提防，一味放纵将有杀身之祸，大凶。

163

《象传》说："从或戕之"，其凶险不可测度。

九四：无灾。在行事偏差之前自我遏制，有所往遇险需警戒，这样的事情不要做，要永远恪守正道。

《象传》说："弗过遇之"，是九四居位不当。"往厉必戒"，最终不能长久。

六五：云层密布未下雨，从西方的郊野开始聚集。王公射鸟，在洞穴中将其捕获。

《象传》说："密云不雨"，说明阴气旺盛已经高居在上。

上六：不加遏制而行事过头，上六亢高，像飞鸟穷飞，遭到射杀，凶险，这叫灾祸。

《象传》说："弗遇过之"，是上六阴柔已至极点。

既济（卦六十三）

（离下坎上）

$\overset{jì\ jì}{既济}$①：$\overset{hēng}{亨}$，$\overset{xiǎo\ lì\ zhēn}{小利贞}$②。$\overset{chū\ jí\ zhōng\ luàn}{初吉终乱}$。

《$\overset{tuàn}{彖}$》$\overset{yuē}{曰}$：$\overset{jì\ jì}{既济}$，$\overset{hēng}{亨}$，$\overset{xiǎo\ zhě\ hēng\ yě}{小者亨也}$。"$\overset{lì\ zhēn}{利贞}$"，$\overset{gāng\ róu\ zhèng}{刚柔正}$ $\overset{ér\ wèi\ dāng\ yě}{而位当也}$。"$\overset{chū\ jí}{初吉}$"，$\overset{róu\ dé\ zhōng\ yě}{柔得中也}$。$\overset{zhōng\ zhǐ\ zé\ luàn}{终止则乱}$，$\overset{qí\ dào\ qióng\ yě}{其道穷也}$。

《$\overset{xiàng}{象}$》$\overset{yuē}{曰}$：$\overset{shuǐ\ zài\ huǒ\ shàng}{水在火上}$，$\overset{jì\ jì}{既济}$。$\overset{jūn\ zǐ\ yǐ\ sī\ huàn\ ér\ yù\ fáng\ zhī}{君子以思患而豫防之}$③。

【注释】

①既济：卦名，其卦画由表示火的离和表示水的坎组成。《释文》引郑玄曰："既，已也，尽也；济，度也。"《正义》："济者，济渡之名，既者，皆尽之称，万事皆济。"既济是用渡水已竟表示事已成之意。既济卦，卦象下离为火，上坎为水。火在下，水在上，水火相济，以成事功之象。既济的六爻皆当位有应，构成完整和谐的卦形，表明矛盾得到全部解决，事物发展到了穷尽，一切都定下来了。从乾坤到既济和未济，表明宇宙事物发展的一个大过程，既济表示斗争已经止息，旧的过程已经到此结束。同时，既济卦也阐释了"守成艰难"的道理，提

示君子在事成之后要思虑可能出现的祸患并预先做好防备，防患于未然。　②小利贞：占问有小利。　③豫防：预防。

【白话】

既济卦：亨通，占问有小利。一开始吉利，最终则有祸乱。

《彖传》说：既济，之所以亨通，是在小事上亨通。之所以"利贞"，是阳刚与阴柔皆正位而得当之故。"初吉"，是说明阳刚阴柔均利于行为端正，居位适当。到最后则乱，是其道困穷之故。

《象传》说：水在火上，是为《既济》卦。君子因之考虑祸患而提早预防。

chū jiǔ　　yè qí lún　　　rú qí wěi　　　wú jiù
初九：曳其轮①，濡其尾②，无咎。

xiàng　yuē　yè qí lún　　　yì wú jiù yě
《象》曰："曳其轮"，义无咎也。

liù èr　　fù sàng qí fú　　wù zhú　qī rì dé
六二：妇丧其茀③，勿逐，七日得。

xiàng　yuē　qī rì dé　　yǐ zhōng dào yě
《象》曰："七日得"，以中道也。

jiǔ sān　gāo zōng fá guǐ fāng④　sān nián kè zhī　xiǎo rén wù yòng
九三：高宗伐鬼方④，三年克之，小人勿用。

xiàng　yuē　sān nián kè zhī　　bèi yě
《象》曰："三年克之"，惫也。

liù sì　rú yǒu yī mèi⑤　zhōng rì jiè
六四：繻有衣袽⑤，终日戒。

xiàng　yuē　zhōng rì jiè　　yǒu suǒ yí yě
《象》曰："终日戒"，有所疑也。

jiǔ wǔ　dōng lín shā niú⑥　bù rú xī lín zhī yuè jì⑦　shí shòu qí fú
九五：东邻杀牛⑥，不如西邻之禴祭⑦，实受其福。

xiàng　yuē　dōng lín shā niú　　bù rú xī lín zhī shí yě　　shí shòu qí
《象》曰："东邻杀牛"，不如西邻之时也。"实受其
fú　jí dà lái yě
福"，吉大来也。

shàng liù　rú qí shǒu⑧　lì
上六：濡其首⑧，厉。

xiàng　yuē　rú qí shǒu lì　hé kě jiǔ yě
《象》曰："濡其首厉"，何可久也？

165

【注释】

①曳：拉，牵引。 ②濡：浸湿。 尾：小狐的尾巴。 ③茀：头巾。 ④高宗：殷高宗武丁。 鬼方：古代北方的一个少数民族部落。 ⑤繻：同"濡"，湿。 袽：破絮。 ⑥东邻：自古以来大多数学者认为是指殷商，下文的"西邻"则指周。 牛：牛在古代是贵重的祭品。 ⑦禴祭：微薄之祭。 ⑧濡其首：指渡河时水打湿了车头。

【白话】

初九：拉住车轮，缓缓渡水，沾湿了小狐的尾巴，无灾。

《象传》说："曳其轮"，应该是无灾。

六二：女子丢失头巾，不要找寻，七日后复得。

《象传》说："七日得"，是因居中守正之故。

九三：殷高宗伐鬼方，三年将其攻克，小人不可任用。

《象传》说："三年克之"，将疲惫不堪。

六四：（过河时）浸湿了衣服里的破絮，应当整天戒备祸患。

《象传》说："终日戒"，是心有所疑。

九五：殷商杀牛（来祭祀），不如周部落微薄的祭祀，受到上天的福佑多。

《象传》说："东邻杀牛"，不如西邻的薄祭适时明德。"实受其福"，暗示吉利将大大到来。

上六：（过河时）沾湿了狐狸的头，危险。

《象传》说："濡其首厉"，这种状况怎么能长久呢？

未济（卦六十四）

（坎下离上）

wèi jì　　hēng　xiǎo hú qì jì　　rú qí wěi　　wú yōu lì
未济①：亨。小狐汔济②，濡其尾，无攸利。

tuàn　yuē　wèi jì　hēng　　róu dé zhōng yě　　xiǎo hú qì jì
《彖》曰："未济，亨"，柔得中也。"小狐汔济"，

wèi chū zhōng yě　　rú qí wěi　wú yōu lì　　bú xù zhōng yě　　suī bù dāng
未出中也。"濡其尾，无攸利"，不续终也。虽不当

wèi　gāng róu yìng yě
位，刚柔应也。

166

《象》曰：火在水上，未济。君子以慎辨物居方③。

【注释】

①未济：卦名，其卦画由表示水的坎和表示火的离组成。未济是尚未成功、未完成的意思。未济卦，卦象下坎为水，上离为火。火在水上，火向上而水向下，不相为用，而且六爻皆不当位，是为事未成之象。《周易》六十四卦发展到既济卦，事物似乎已经到了穷尽的地步，乾坤或几乎息矣。矛盾消失了，斗争止息了，问题解决了。但是乾坤不能息，"物不可穷"，所以既济之后还有未济。这表现了《周易》中事物变化无穷尽，一个过程的终止，正是另一个过程的开始，生生不息、永无休止的辩证思想。未济卦全部爻都不正，意味着一切事物都有待发展。对事物的发展进程而言，既济是相对的、暂时的、阶段性的，未济才是绝对、永久的、全局性的。因此，以未济终结，虽言有尽而意无穷，反映了事物永恒发展变化的规律。 ②汔：接近，将要。 ③居方：犹居正，指立身处世要方正。

【白话】

未济卦：亨通。小狐狸将要渡河成功，河水却沾湿了尾巴，无所利。

《象传》说："未济，亨"，是阴柔居于中。"小狐汔济"，未能出险中。"濡其尾，无攸利"，不能持续至终。各爻位虽然阴阳不当位，但刚柔是相应的。

《象传》说：火在水上，是为《未济》卦。君子因之谨慎辨别事理，立身方正。

初六：濡其尾①，吝。

《象》曰："濡其尾"，亦不知极也②。

九二：曳其轮，贞吉。

《象》曰：九二贞吉，中以行正也。

六三：未济，征凶。利涉大川③。

《象》曰："未济，征凶"，位不当也。

九四：贞吉，悔亡。震用伐鬼方④，三年，有赏于

xiàng yuē zhēn jí huǐ wáng zhì xíng yě
《象》曰:"贞吉,悔亡",志行也。

liù wǔ zhēn jí wú huǐ jūn zǐ zhī guāng yǒu fú jí
六五:贞吉,无悔。君子之光,有孚⑤,吉。

xiàng yuē jūn zǐ zhī guāng qí huī jí yě
《象》曰:"君子之光",其辉吉也。

shàng jiǔ yǒu fú yú yǐn jiǔ wú jiù rú qí shǒu yǒu fú shī shì
上九:有孚于饮酒,无咎。濡其首⑥,有孚失是⑦。

xiàng yuē yǐn jiǔ rú shǒu yì bù zhī jié yě
《象》曰:饮酒濡首,亦不知节也。

【注释】

①濡其尾:河水沾湿了尾巴。 ②极:一说指"终",一说指"中"。中指中道。 ③利涉大川:利于渡大河。这是关于不济与济对立的论述。 ④震:学者认为可能是人名,且是周人。后文的"大国"指殷商。 ⑤孚:诚信。 ⑥濡其首:酒水沾湿头发。 ⑦失是:失正道。

【白话】

初六:小狐狸渡河时沾湿了尾巴,有艰险。

《象传》说:"濡其尾",也是因为不知循中道而行。

九二:拖拉车轮,占卜得吉兆。

《象传》说:九二守正可获吉祥,是因(九二)居中而守正。

六三:事未成而冒进必有风险。利于涉越大河。

《象传》说:"未济,征凶",是(六三)居位不当之故。

九四:守正则吉,悔恨消失。震征伐鬼方,三年后成功,受到殷国的封赏。

《象传》说:"贞吉,悔亡",是心志通行。

六五:守正则吉,无所悔恨。君子之德荣光盛大,有诚信,大吉。

《象传》说:"君子之光",其得荣光之道是吉利的。

上九:怀至诚之心饮酒庆贺,无灾。无节制地饮酒,以至于濡湿了头部,虽有诚信,仍有失正道。

《象传》说:饮酒濡首,是不知道节制。

系辞上

第一章

天尊地卑，乾坤定矣。卑高以陈①，贵贱位矣。动静有常，刚柔断矣②。方以类聚③，物以群分，吉凶生矣。在天成象，在地成形，变化见矣④。

是故刚柔相摩⑤，八卦相荡⑥，鼓之以雷霆，润之以风雨。日月运行，一寒一暑。乾道成男，坤道成女。

乾知大始⑦，坤作成物。乾以易知，坤以简能⑧；易则易知，简则易从；易知则有亲，易从则有功；有亲则可久，有功则可大；可久则贤人之德，可大则贤人之业。易简而天下之理得矣。天下之理得，而成位乎其中矣。

【注释】

①陈：陈列，显现。　②断：判断，分别。　③方：据有些学者的观点，"方"应作"人"，古体的"方"字与"人"字字形相近，因有此误。　④见：同"现"。　⑤摩：摩擦。　⑥荡：摇动，摆动，这里指演进、变化。　⑦知：犹为、作。　⑧能：起作用，运行。

【白话】

天尊贵而地卑下，乾和坤的尊卑就定下来了。卑下和崇高显现出来了，那么尊贵和低贱就各归其位了。动与静有其常态，刚与柔的性质就分别出来了。天下的事物性向不同，相似的人聚于一处，同类的事物相聚成群，吉凶也因之产生。在天上形成物象，在地上化成形体，变化之道就显现了。

因此刚柔互相摩擦，八卦相互演进变化，以雷霆来鼓动，以风雨加以润泽。日月运行着，就有了寒暑变化。男性承乾之阳刚，女性承坤之柔顺。乾造就一切的开始，坤化育世间万物。乾道以简易的原则运作，坤道以简约的原则运行；简易则容易被外物理解感知，简约则容易被万物遵从；容易理解则会招致亲附，容易遵从则会建立功绩；有亲附则能长久，有功绩则可宏伟广大；可以长久就是贤人要保持的德行，可以宏大就是贤人要追求的事业。遵从简易之道则天下间的规律、道理都可以知晓了。天下间的规律、道理知晓了，就可以居位正当了。

第二章

shèng rén shè guà guān xiàng　xì cí yān ér míng jí xiōng　gāng róu xiāng tuī ér
圣人设卦观象，系辞焉而明吉凶①。刚柔相推而

shēng biàn huà　shì gù jí xiōng zhě　shī dé zhī xiàng yě　huǐ lìn zhě　yōu yú zhī
生变化。是故吉凶者，失得之象也；悔吝者，忧虞之

xiàng yě　biàn huà zhě　jìn tuì zhī xiàng yě　gāng róu zhě　zhòu yè zhī xiàng yě
象也②；变化者，进退之象也；刚柔者，昼夜之象也。

liù yáo zhī dòng　sān jí zhī dào yě
六爻之动，三极之道也③。

shì gù jūn zǐ suǒ jū ér ān zhě　　yì　zhī xiàng yě　suǒ lè ér wán
是故君子所居而安者，《易》之象也；所乐而玩

zhě　yáo zhī cí yě　shì gù jūn zǐ jū zé guān qí xiàng ér wán qí cí　dòng zé
者④，爻之辞也。是故君子居则观其象而玩其辞，动则

guān qí biàn ér wán qí zhān　shì yǐ zì tiān yòu zhī　jí wú bú lì
观其变而玩其占。是以自天佑之，吉无不利⑤。

【注释】

①系：联结，这里指附带。 辞：卦辞、爻辞等解释卦象的文字。 ②虞：同"娱"，安乐。 ③三极：指天、地、人。极，指最高的道。 ④玩：玩味，体会。 ⑤自天佑之，吉无不利：这是《大有》卦上九爻辞。

【白话】

圣人创设八卦和六十四卦，观察天地万象，附带文辞来表明其中蕴含的吉凶祸福。刚与柔相互推演而形成万事万物的变化。所以系辞上的吉和凶，是指人事上的得失现象；悔和吝，是忧愁和顾虑的象征；卦爻辞的变化，是进退之象；刚柔是形成昼夜的象。六爻的变化，也就决定了天道、地道、人道的变化。

因此君子能平居而观察的，是《周易》中显示的卦象；喜乐而揣摩的，是爻的辞。所以君子平居则观察《周易》中的卦象，体味其中的卦辞，有所行动时就观察其中的变化而揣摩占筮所含的吉凶。因此上天会保佑他，吉祥而无所不利。

第三章

彖者①，言乎象者也；爻者，言乎变者也。吉凶者，言乎其失得也；悔吝者，言乎其小疵也②；无咎者，善补过者也。是故列贵贱者存乎位，齐小大者存乎卦③，辩吉凶者存乎辞，忧悔吝者存乎介④，震无咎者存乎悔⑤。是故卦有小大，辞有险易；辞也者，各指其所之⑥。

【注释】

①彖：这里指卦辞，不是《彖传》。 ②疵：缺点、过失。 ③小大：阴卦和阳卦，阴卦为小，阳卦为大。 ④介：细微，指划分吉与凶界限的细微处。 ⑤震：这里指做事、行动。 ⑥之：往，去。

卦辞是说明卦象的，爻辞是说明变化之道的。所谓吉凶，是讲一个人的得失；所谓悔吝，是讲一个人小的过失；所谓无咎，是讲善于补过的。因此排列身位，贵贱依于爻位而定，分清事情大小好坏在于卦的构成。将吉凶的辨别方法放在爻辞中，将对灾殃的担忧放置在细微之处，将行动而无咎的原因归于悔悟之心。所以卦象显示的有小有大，爻辞昭示的有艰险有平易；所谓爻辞，是指明事物发展变化的去向。

第四章

《易》与天地准①，故能弥纶天地之道②。仰以观于天文③，俯以察于地理④，是故知幽明之故。原始反终⑤，故知死生之说。精气为物⑥，游魂为变，是故知鬼神之情状。

与天地相似，故不违。知周乎万物而道济天下⑦，故不过。旁行而不流⑧，乐天知命，故不忧。安土敦乎仁⑨，故能爱。范围天地之化而不过⑩，曲成万物而不遗⑪，通乎昼夜之道而知⑫，故神无方而《易》无体⑬。

【注释】

①准：等同。　②弥纶：概括。　③天文：指各种天象。文，纹理。　④地理：万物的规律。理，规律，标准。　⑤原始反终：推究事物的开始来探求其终结。反，同"返"。　⑥精气：精神灵气。古人认为精气是生灵存在的根本，身体只是载体，而魂魄是精气凝聚而成的一种形态。　⑦知：智慧。周：遍及，周流。　⑧旁行：广泛推行。　流：流溢。　⑨安土：安处所居之地。　敦：厚。　⑩范围：界限，这里作动词，指限制在一定区域内。　⑪曲成：婉转生成。　⑫昼夜之道：即阴阳之道。　⑬方：具体形态。　体：形体。

【白话】

《周易》所讲与天地的运行一致，所以能概括天地之道。仰可以观天象，俯可以明察万物规律，所以从中能知晓明暗蒙昧的道理。推究事物开始的情况，求取万物终结的情况，就可以知道生与死的道理。精气造就万物，而游离的魂魄是变体，所以可以知晓鬼神的具体情状。

《周易》与天地相似，所以不违天地之道。其智慧周流万物而其道可以济天下，所以其动止不会有偏差。广泛推行而不流溢，使人乐天知命，故不会忧虑。安处所居之地，深修仁道，故能关爱众生。《周易》将天地的变化囊括起来而不越界，婉转化生万物而无所遗漏，通晓阴阳变化之道，所以神无形而《周易》无体。

第五章

yī yīn yī yáng zhī wèi dào　jì zhī zhě shàn yě　chéng zhī zhě xìng yě　rén
一阴一阳之谓道。继之者善也①，成之者性也。仁

zhě jiàn zhī wèi zhī rén　zhì zhě jiàn zhī wèi zhī zhì　bǎi xìng rì yòng ér bù zhī
者见之谓之仁，知者见之谓之知，百姓日用而不知②，

gù jūn zǐ zhī dào xiǎn yǐ
故君子之道鲜矣③。

xiǎn zhū rén　cáng zhū yòng　gǔ wàn wù ér bù yǔ shèng rén tóng yōu　shèng
显诸仁④，藏诸用，鼓万物而不与圣人同忧⑤。盛

dé dà yè zhì yǐ zāi　fù yǒu zhī wèi dà yè　rì xīn zhī wèi shèng dé　shēng shēng
德大业至矣哉！富有之谓大业，日新之谓盛德。生生

zhī wèi yì　chéng xiàng zhī wèi qián　xiào fǎ zhī wèi kūn　jí shù zhī lái zhī wèi
之谓易⑥，成象之谓乾，效法之谓坤，极数知来之谓

zhān　tōng biàn zhī wèi shì　yīn yáng bú cè zhī wèi shén
占⑦，通变之谓事⑧，阴阳不测之谓神。

【注释】

①继：接续不息。　②用：依循道行事。　③鲜：少。　④诸：之于。　⑤鼓：鼓动，催生。　不与圣人同忧：道行于天下，"以万物为刍狗"，不喜亦不忧。　⑥生生：变化不息。　⑦极数：穷尽数理。古代占卜用蓍草，有一定的数目；以爻辞定吉凶，爻辞也有一定数目。　⑧通变：变通。

【白话】

阴阳之间的相互对立转化称为道。人道承继天道而有自然之善，进而成就事业是天性使然。由此，仁者看见道称之为仁，智者看见道称之为智，百姓每天都在依循道做事但不自知，所以（能认识）君子之道的人是很少的。

道显明于仁，隐藏在日常的行动中，催生万物而不和圣人共同忧虑。其盛德大业，到达极点！生长万物的富称为大业，日日革新的道称为盛德。道变化不息称作易，形成的万象称作乾，效法道称作坤，穷尽数理预知未来称作占卜，变通而行道称作事，阴阳变化莫测称作神。

第六章

fú yì guǎng yǐ dà yǐ yǐ yán hū yuǎn zé bú yù yǐ yán hū
夫《易》，广矣大矣，以言乎远则不御①，以言乎

ěr zé jìng ér zhèng yǐ yán hū tiān dì zhī jiān zé bèi yǐ fú qián qí jìng
迩则静而正②，以言乎天地之间则备矣③。夫乾，其静

yě zhuān qí dòng yě zhí shì yǐ dà shēng yān fú kūn qí jìng yě xī
也专④，其动也直，是以大生焉。夫坤，其静也翕⑤，

qí dòng yě pì shì yǐ guǎng shēng yān guǎng dà pèi tiān dì biàn tōng pèi sì
其动也辟⑥，是以广生焉。广大配天地，变通配四

shí yīn yáng zhī yì pèi rì yuè yì jiǎn zhī shàn pèi zhì dé
时，阴阳之义配日月，易简之善配至德。

【注释】

①不御：无止境。御，止。这里指天。　②迩：近。　静而正：沉静而方正。这里指地。　③备：完备，此处有无所不有之义。　④静也专：清静专一。　⑤翕：合拢，收敛。　⑥辟：开，张。

【白话】

《周易》包括的范围广且大，说到远则无止境，像天一样没有止境，说到近则沉静而方正，像地一样没有邪僻，说到天地之间的一切，都是完备的。乾（是天），是清静专一的，它活动时（如春雷惊蛰）是刚直的，所以能广生万物。坤（是地），是沉静收敛的，它活动时（如春天的草木萌生）是张开的，所以能绵延不绝。（乾坤所指的范围）广且大，合于天地，乾坤所讲的天地交通形成四时变化，乾坤所讲的阴阳变化形成昼夜，乾坤所讲的简易之道合于至德。

第七章

子曰：zǐ yuē "《易》，yì 其至矣乎！qí zhì yǐ hū 夫《易》，fú yì 圣人所以崇 shèng rén suǒ yǐ chóng 德而广业也。dé ér guǎng yè yě 知崇礼卑①，zhì chóng lǐ bēi 崇效天，chóng xiào tiān 卑法地。bēi fǎ dì 天地设 tiān dì shè 位②，wèi 而《易》行乎其中矣。ér yì xíng hū qí zhōng yǐ 成性存存③，chéng xìng cún cún 道义之门。"dào yì zhī mén

---

【注释】

①知：同"智"。　②设：确立，决定。　③成性：成就万物的本性、属性。存存：前一个"存"作动词，保存、保全；后一个"存"作名词，存在。

【白话】

孔子说："《周易》，是至善至美的啊！《周易》，圣人凭借它崇尚德行、扩大功业。它的智慧崇高，礼数谦卑。崇高是效法天之故，谦卑是效法地之故。天地确立世间万物的秩序，而《周易》之道在其中运行。成就万物的本性，保全万物的存在，是为道义之门（道义就是从它这里出来）。"

第八章

圣人有以见天下之赜①，shèng rén yǒu yǐ jiàn tiān xià zhī zé 而拟诸其形容②，ér nǐ zhū qí xíng róng 象其物 xiàng qí wù 宜③，yí 是故谓之象。shì gù wèi zhī xiàng 圣人有以见天下之动，shèng rén yǒu yǐ jiàn tiān xià zhī dòng 而观其会 ér guān qí huì 通④，tōng 以行其典礼⑤，yǐ xíng qí diǎn lǐ 系辞焉以断其吉凶，xì cí yān yǐ duàn qí jí xiōng 是故谓之爻。shì gù wèi zhī yáo 言天下之至赜而不可恶也⑥，yán tiān xià zhī zhì zé ér bù kě wù yě 言天下之至动而不可乱 yán tiān xià zhī zhì dòng ér bù kě luàn 也⑦。yě 拟之而后言，nǐ zhī ér hòu yán 议之而后动，yì zhī ér hòu dòng 拟议以成其变化。nǐ yì yǐ chéng qí biàn huà

175

【注释】

①赜：精妙，深奥。也指芜杂，繁杂。 ②拟：仿照，比拟。 形容：形貌。 ③象：动词，使……成象。 物宜：事物的性质。 ④会通：交会融通。⑤典礼：典章制度。 ⑥恶：这里指轻视，小看。 ⑦乱：乖违秩序。

【白话】

圣人（用《周易》卦爻）见到天下万物蕴藏的精妙之理，因此比拟其形貌，使其性质化为物象，所以称为象。圣人（用《周易》卦爻）看见天下的变动，观察其中交会融通之理，用以制定典章制度，（在卦爻上）系上卦辞爻辞来判断吉凶，所以称为爻。说到天下的纷繁复杂，而不厌烦它；说到天下至极的变化，而不乖违其秩序。先（用《周易》卦爻）比拟物象而后言说，先评议物理而后行动，比拟、评议之后，确定事物的变化。

míng hè zài yīn　qí zǐ hè zhī　　wǒ yǒu hǎo jué　wú yǔ ěr mí zhī
"鸣鹤在阴，其子和之。我有好爵，吾与尔靡之。"①

zǐ yuē　jūn zǐ jū qí shì　chū qí yán shàn　zé qiān lǐ zhī wài yìng zhī　kuàng
子曰："君子居其室，出其言善，则千里之外应之，况

qí ěr zhě hū　jū qí shì　chū qí yán bú shàn　zé qiān lǐ zhī wài wéi zhī
其迩者乎？居其室，出其言不善，则千里之外违之，

kuàng qí ěr zhě hū　yán chū hū shēn　jiā hū mín　xíng fā hū ěr　jiàn hū
况其迩者乎？言出乎身，加乎民②；行发乎迩，见乎

yuǎn　yán xíng　jūn zǐ zhī shū jī　shū jī zhī fā　róng rǔ zhī zhǔ yě　yán
远。言行，君子之枢机③。枢机之发，荣辱之主也④。言

xíng　jūn zǐ zhī suǒ yǐ dòng tiān dì yě　kě bú shèn hū
行，君子之所以动天地也，可不慎乎？"

【注释】

①"鸣鹤"句：出自《中孚》卦九二爻辞。 ②加乎：影响到。 ③枢机：弩箭上装的机械，这里意为事物的关键所在。 ④荣辱之主：犹言荣辱的源头，获取荣辱的原因。

【白话】

"鹤在阴凉中鸣叫，其子与其应和。我有美酒，与你共享。"孔子说："君子居住在家里，说出的话如果是善的，则千里之外也能得到人的应和，更何况近处的人呢？君子居住在家里，说出的话是不善的，则千里之外也会有人反应，更何况近处的人呢？话出于自身，会影响到百姓；行为从近处发出，能影响到远方。

言与行，是君子立身的关键。关键之处有所变动，那么荣辱就随之而来。言行，是君子之所以鼓动天地万物的工具，能不谨慎吗？"

"同人先号咷而后笑。"①子曰："君子之道，或出或处②，或默或语。二人同心，其利断金。同心之言，其臭如兰③。"

"初六：藉用白茅，无咎。"④子曰："苟错诸地而可矣⑤，藉之用茅，何咎之有？慎之至也。夫茅之为物薄，而用可重也。慎斯术也以往⑥，其无所失矣。"

"劳谦，君子有终，吉。"⑦子曰："劳而不伐⑧，有功而不德⑨，厚之至也。语以其功下人者也⑩。德言盛⑪，礼言恭；谦也者，致恭以存其位者也。"

"亢龙有悔。"子曰："贵而无位，高而无民，贤人在下位而无辅，是以动而有悔也。"⑫

"不出户庭，无咎。"⑬子曰："乱之所生也，则言语以为阶⑭。君不密则失臣⑮，臣不密则失身⑯，几事不密则害成⑰。是以君子慎密而不出也。"

【注释】

　①"同人"句：出自《同人》卦九五爻辞。　②出：指出仕。　处：指隐遁在家。　③臭：气味。　④"初六"句：出自《大过》卦初六爻辞。　⑤错：同"措"，放置。　⑥术：方法。　⑦"劳谦"句：出自《谦》卦九三爻辞。

⑧伐：夸耀。　⑨不德：不自居其德。　⑩语：言说。　下人：谦恭待人。　⑪言：用法如"焉""则"。　⑫"亢龙"以下句：皆出自《乾》卦的《象传》。　⑬"不出"句：出自《节》卦初九爻辞。　⑭阶：阶梯。这里是说言语是导致乱的原因。⑮密：保密。　⑯失身：指丢掉性命。　⑰几事：机密的事。

【白话】

"聚众先号哭而后笑。"孔子说："君子处世之道，或出仕做官，或隐居独处，或沉默，或立言。二人如果同心，其威力像利刃一样可以切断金属。同心之言，像兰花那样馨香。"

"初六：（祭祀时）将白茅垫在（祭品下面），无灾。"孔子说："如果将祭品放置在地上也是可以的，那么垫着白茅，又怎么会有灾呢？是谨慎到极点之故。茅草本为微薄之物，却可以发挥重要的作用。今后谨慎地按照这个方法去行事，那么就不会有过失了。"

"有功劳且谦恭，君子会有好结果，吉利。"孔子说："有功劳而不自夸，有功绩而不自居，厚道之极。这就是说有功劳依旧谦恭待人。有德则其德盛大，有礼则其礼谦恭；所谓谦，就在于对人恭敬，以保存自己的地位。"

"龙飞到极高处有灾祸。"孔子说："身份显贵却没有地位，居于高位而无民，贤人君子在下位因此得不到辅助，所以行事有灾祸。"

"不出家门，无灾。"孔子说："之所以会生乱，都是因为言语不慎。君王做事不机密则会失去良臣，臣子做事不机密则有杀身之祸，机密的事不保密则难以成功。所以君子谨慎地保密而不乱说话。"

子曰："作《易》者，其知盗乎①？《易》曰：'负且乘，致寇至。'②负也者，小人之事也；乘也者，君子之器也。小人而乘君子之器，盗思夺之矣。上慢下暴③，盗思伐之矣④。慢藏诲盗⑤，冶容诲淫⑥。《易》曰：'负且乘，致寇至。'盗之招也。"

【注释】

①知盗：了解偷盗之事发生的原因。　②"负且"句：出自《解》卦六三爻辞。　③慢：轻慢。暴：强横。　④伐：这里指攻击。　⑤藏：收藏。诲：唆使，引诱。　⑥冶容：妖冶、艳丽的装扮。

【白话】

孔子说："创作《周易》的人，真的了解偷盗之事的起因吗？《周易》说：'乘着车背着东西，招致贼寇到来。'背着东西，是小民该做的事；乘坐的车，是君子该用的交通工具。身为小民却乘坐君子的交通工具，所以盗贼想来抢夺他的东西。上位者轻慢，下位者就强横，盗贼就会谋算着来攻打。轻慢而有所收藏会引来偷盗，打扮妖艳则招致淫乱。《周易》说：'负且乘，致寇至。'这是招来偷盗的原因。"

第九章

_{tiān yī dì èr} _{tiān sān dì sì} _{tiān wǔ dì liù} _{tiān qī dì bā} _{tiān jiǔ}
天一地二，天三地四，天五地六，天七地八，天九
_{dì shí} _{tiān shù wǔ} _{dì shù wǔ} _{wǔ wèi xiāng dé ér gè yǒu hé} _{tiān shù èr}
地十。天数五，地数五，五位相得而各有合①。天数二
_{shí yòu wǔ} _{dì shù sān shí} _{fán tiān dì zhī shù} _{wǔ shí yòu wǔ} _{cǐ suǒ yǐ}
十有五②，地数三十，凡天地之数，五十有五，此所以
_{chéng biàn huà ér xíng guǐ shén yě}
成变化而行鬼神也。

【注释】

①相得：相配，搭配。　②二十有五：指一、三、五、七、九相加。地数三十亦是如此。

【白话】

天以奇数一、三、五、七、九为天数，地以偶数二、四、六、八、十为地数。天数有五个，地数有五个，它们两两相互搭配，结合在一起。五个天数相加为二十五，五个地数相加为三十，天地之数共五十五，以此来推算阴阳的变化，如同神鬼般，神奇地推算判断未来。

_{dà yǎn zhī shù wǔ shí} _{qí yòng sì shí yòu jiǔ} _{fēn ér wéi èr yǐ xiàng}
大衍之数五十①，其用四十有九。分而为二以象
_{liǎng} _{guà yī yǐ xiàng sān} _{shé zhī yǐ sì yǐ xiàng sì shí} _{guī jī yú lè yǐ}
两②，挂一以象三③，揲之以四以象四时④，归奇于扐以
_{xiàng rùn} _{wǔ suì zài rùn} _{gù zài lè ér hòu guà}
象闰⑤；五岁再闰⑥，故再扐而后挂。

乾之策二百一十有六⑦，坤之策百四十有四，凡三百六十，当期之日⑧。二篇之策⑨，万有一千五百二十，当万物之数也。是故四营而成《易》⑩，十有八变而成卦，八卦而小成。引而伸之⑪，触类而长之⑫，天下之能事毕矣⑬。

显道、神、德行，是故可与酬酢⑭，可与佑神矣⑮。

子曰："知变化之道者，其知神之所为乎？"

【注释】

①大衍之数五十：用来推演变化的蓍草的数目是五十五根。衍，即推演。占卜的用具是蓍草。 ②两：两仪，即天地。 ③挂：犹言放。 三：三才，指天、地、人。 ④揲：取而点数。 ⑤奇：指剩下的蓍草数。 扐：古代数蓍草占卜，将所余之蓍草夹在手指中间称"扐"。以上的挂、揲、扐皆为推演步骤，称一变、二变、三变。凡三变得一爻，六爻共有十八变，即十八次推演。 ⑥五岁：五年。 再闰：闰两次。 ⑦策：即经过十八次推演的过揲之数。乾为阳，阳数九，以四时乘之为三十六，再以六爻乘之为二百一十六。坤为阴，阴数六，连续相乘为一百四十四。 ⑧期：一周年。 ⑨二篇：指《周易》的上经、下经。 ⑩四营：指分二、挂一、揲四、归奇。即指四营为一变。 ⑪引而伸之：（按照某种方式）继续下去。 ⑫触类而长之：犹今言以此类推。 ⑬能事：发生的事，指一切事。 毕：完备。 ⑭酬酢：应对。 ⑮与：帮助。 佑：辅助。

【白话】

用来推演变化的蓍草共五十五根，其中发挥作用的有四十九根。将四十九根随意分为两部分放在左右手，用来象征阴阳两仪，再从右手的蓍草中拿出一根挂在无名指与小指之间，以象征三才，再将所分开的两部分每四根为一组分开，来象征四季，将剩下的夹在左右手无名指与中指之间，用来象征闰月；五年中有两次闰月，所以，在占卜中也分四个步骤，其中两次所余之蓍草加上所挂的一根蓍草为（或五或九），这便是第一变。

乾卦的蓍数有二百一十六策，坤卦的蓍数有一百四十四策，合起来共三百六十策，相当于一年的天数。《周易》上、下两篇共有六十四卦，阴爻、阳爻各一百九十二，各乘以三十六与二十四，合计策数为一万一千五百二十策，与万物的数目相当。因此，经过分成两部分、挂一根在旁边、四根分组、手夹余数这四个步骤就形成《周易》中的一爻，经过这样十八次推演而成为一个卦象，这样八卦就小有所成了。引申八卦为六十四卦，碰到相似的情况以此类推，天下的一切事物就能完全体现出来了。

《周易》可以使道、神灵和美好的德行明确地显示出来，因此可以用来应对万事万物，也能佑助神化之功。孔子说："能够掌握这一套卦爻和宇宙变化道理的人，大概知晓神灵的所作所为吧。"

第十章

《易》有圣人之道四焉：以言者尚其辞①，以动者尚其变②，以制器者尚其象，以卜筮者尚其占③。

是以君子将有为也，将有行也，问焉而以言，其受命也如响④。无有远近幽深，遂知来物。非天下之至精，其孰能与于此？

参伍以变⑤，错综其数⑥。通其变，遂成天下之文；极其数⑦，遂定天下之象。非天下之至变，其孰能与于此？

【注释】

①言：指议论、交谈。　辞：卦辞及爻辞。　②变：卦爻辞的变化。　③占：用蓍草来占卜吉凶。　④响：响应，回响。　⑤参伍：参，即三；伍，即五。《周易本义》说，三五即"三揲两手之策，以成阴阳老少之画"。　⑥错综：交而互之谓之错，总而挈之谓之综。　⑦极：极尽，穷究。

《周易》中有圣人遵循的四种道：依据《周易》来谈论的人崇尚其卦爻辞；依据它来行动的人仿效其变化；依据它来制造器具的人重视其卦象关系；依据它来卜筮的人则重视其中占问吉凶的方法。

所以君子将有所作为，将要有所行动，必探问于系辞，著策受令后必会响应而运策衍算。不管远近还是幽深的问题，都可以作出回答和预测未来。如果不是天下至精和至神之物，又怎么能够做到这些呢？

（六爻中）有三数或五数的变化，错综往复地推演著数。能够懂得其中变化，就能确定天下万物的丰富形态；能够穷究著数，就能够判定天下物象的变化。如果不是天下最神妙的变化规律，又怎么能够做到这一点呢？

《易》无思也，无为也，寂然不动，感而遂通天下之故①。非天下之至神，其孰能与于此？

夫《易》，圣人之所以极深而研几也②。唯深也，故能通天下之志；唯几也，故能成天下之务；唯神也，故不疾而速，不行而至。子曰"《易》有圣人之道四焉"者，此之谓也。

【注释】

①感：感应。 故：事。 ②几：几微，微妙。

【白话】

《周易》本身守静无思，清静无为，寂然不动，所以能占事问吉凶，并由此通晓天下之事。若不是天下最奇妙的神性，又怎么能够如此呢？

《周易》是圣人深入事物内部研究神机的一门大学问。唯其深奥，才能够贯通天下的道理；唯其微妙，才能够成就天下的事务；唯其神妙，所以不加速却行进得很快，不用行走就能到达。孔子说"《周易》中包含了辞、变、象、占这四种圣人应用的方法"，就是讲的这个道理吧。

第十一章

子曰："夫《易》，何为者也？夫《易》，开物成务①，冒天下之道②，如斯而已者也。"是故圣人以通天下之志，以定天下之业，以断天下之疑。是故蓍之德圆而神③，卦之德方以知④，六爻之义易以贡⑤。圣人以此洗心，退藏于密，吉凶与民同患。神以知来，知以藏往，其孰能与此哉！古之聪明睿知，神武而不杀者夫⑥！

是以明于天之道，而察于民之故，是兴神物以前民用⑦。圣人以此斋戒，以神明其德夫⑧。是故阖户谓之坤⑨，辟户谓之乾⑩，一阖一辟谓之变，往来不穷谓之通。见乃谓之象⑪，形乃谓之器，制而用之谓之法，利用出入⑫，民咸用之谓之神⑬。

【注释】

①开物：通晓物理。　成务：成就事业。　②冒：包括，总领。　③德：性质，属性。　圆：圆通。　④方以知：方正且智慧。　⑤贡：现出，显示。　⑥不杀者：不滥杀的人，不残暴的人。　⑦兴：作。　神物：占蓍之物。　前民：在民之前，犹言引导民众。　⑧神明：这里作动词。　⑨阖：闭合。　⑩辟：张开。　⑪见：同"现"。　⑫利用出入：指反复使用"法"。　⑬咸：都，皆。

孔子说:"《周易》是用来干什么的呢?是用来通晓物理、成就事务的,包括天下的道理的,如此而已。"所以圣人用它来探究贯通天下人的意志,成就天下人的事业,决断天下人的疑问。所以,蓍占的性质圆通而神妙,卦变的性质方正而智慧,六爻的意义在于通过变化而显示吉凶。圣人用这些来提升自己的心力和智慧,却隐秘而不声张,逢吉遇凶都能够与民同忧患。神妙地推知未来,智慧地包藏着以往的经验,又有谁能够做到这些啊!只有古代那些聪明睿智、英明神武、不滥杀的人吧!

所以,圣人能够通于天道,察于民情,通过占筮而引导民众。圣人以此斋戒修持,以使德行合于神明。因此闭合安静的状态称之为坤,开张健动的状态称之为乾。一合一开,一动一静,就是变化;往来不穷,就是融会贯通。显现出来的是象,形成形体的是器物,制造并使用器物就是效法,反复使用并不断加以改进,使民众在日常生活中都使用它称之为神奇。

是故《易》有太极①,是生两仪②,两仪生四象③,四象生八卦,八卦定吉凶,吉凶生大业。

是故法象莫大乎天地④;变通莫大乎四时;县象著明莫大乎日月⑤;崇高莫大乎富贵;备物致用,立成器以为天下利,莫大乎圣人;探赜索隐⑥,钩深致远⑦,以定天下之吉凶,成天下之亹亹者⑧,莫大乎蓍龟⑨。

是故天生神物⑩,圣人则之⑪;天地变化,圣人效之;天垂象,见吉凶,圣人象之;河出图,洛出书⑫,圣人则之。《易》有四象,所以示也。系辞焉,所以告也;定之以吉凶,所以断也。

【注释】

①太极：指古人认为世界诞生前的元始混沌之气。　②两仪：即天地。　③四象：四时，即太阳、太阴、少阳、少阴。　④法象：取法于象。　⑤县：同"悬"。　著明：瞩目、明亮。　⑥探赜：探究深奥的道理。　索隐：探索隐秘之境。　⑦钩深致远：探取深处的，使远处的到来。比喻探讨深奥的道理。　⑧亹亹：勤勉不倦。　⑨蓍龟：蓍草和灵龟，是古时占卜所用之物。　⑩神物：指蓍龟。　⑪则：效法。　⑫河出图，洛出书：《尚书》载："伏羲有天下，龙马负图出于河。"伏羲画下龙马背上的斑点、图案，是为八卦。尧舜时洪水肆虐，洛河中浮出一神龟，背负"洛书"，献给大禹，大禹依此平息了洪水，又依据"洛书"制定了管理天下的九章大法。

【白话】

所以《周易》指明宇宙创生的初始是太极，继而生出两仪，两仪又生出四象，四象再生出八卦，八卦的推演可以判定吉凶，把握吉凶就可以成就盛大的事业。

所以，取法于象没有比天地更广大的了；善于变通没有比四季更明显的了；高悬象、大放光明没有比日月更明亮的了；崇高显赫没有比富贵更显著的了；备齐了各种物品，制成了各种器具以为天下人所用，没有能比圣人做得更好的了；探索幽隐的哲理，把握变化的趋势，判定天下的吉凶，成就天下的伟业，没有比运用蓍草和灵龟来占卜更灵验的了。

所以，天生蓍草灵龟等神物，圣人用它来占筮；天地间四季变化，圣人效法它以应对变化；天上垂悬日月星辰，显现吉凶，圣人用卦象来呈现它们；黄河出图，洛水出书，圣人遵循其中的大道。《周易》包含四象，用以显示变化。在卦爻上系上辞语，用以显示变化的内容；据其判定吉凶，将其作为行动的决断。

第十二章

《易》曰："自天佑之，吉无不利。"子曰："佑者，助也。天之所助者，顺也；人之所助者，信也。履信思乎顺①，又以尚贤也。是以'自天佑之，吉无不利'也。"

185

子曰：“书不尽言②，言不尽意③。”然则圣人之意，其不可见乎？子曰：“圣人立象以尽意，设卦以尽情伪④，系辞焉以尽其言。变而通之以尽利，鼓之舞之以尽神。”

乾坤，其《易》之缊邪⑤！乾坤成列而《易》立乎其中矣。乾坤毁则无以见《易》。《易》不可见，则乾坤或几乎息矣⑥。

【注释】

①履：践行。 ②书：书写出的文字。 ③意：思想。 ④情伪：真伪。
⑤缊：内蕴，内涵。 ⑥或几：或许。 息：停息，止息。

【白话】

《周易》大有卦上九爻辞上说："来自上天的庇佑，吉祥而无所不利。"孔子说："所谓佑，是帮助之意。上天所帮助的，是顺应天道的人；人所帮助的，是诚信的人。能够履行信用、顺应天道而又崇尚贤德的人，所以'自天佑之，吉无不利'。"

孔子说："文字不能完全表达语言，语言又不能完全表达思想。"那么圣人的思想完全不能看到吗？孔子说："圣人设立象以表达思想，设立八卦以显示事物的真伪，写下辞句以表述事物显示的内容。由卦爻和系辞之理，应求变通，以尽万物厚生之利，鼓舞民众尽可能地运用《易》以发挥其神奇的功效。"

乾坤两卦是《易》理最深厚的蕴含吧！乾坤排列和展开，《易》之道也就蕴藏于其中了。乾坤毁灭，《易》之道也就不复存在了。《易》之道不可见，乾坤也就不存在了。

是故形而上者谓之道①，形而下者谓之器②。化而裁之谓之变③，推而行之谓之通，举而错之天下之民谓

zhī shì yè
之事业。

是故夫象，圣人有以见天下之赜，而拟诸其形
容④，象其物宜⑤，是故谓之象。圣人有以见天下之
动，而观其会通，以行其典礼，系辞焉以断其吉凶，
是故谓之爻。极天下之赜者存乎卦，鼓天下之动者存
乎辞，化而裁之存乎变，推而行之存乎通，神而明之
存乎其人，默而成之，不言而信，存乎德行。

【注释】

①形而上者：存在于形体、现象之上的，指精神、本质、规律等。　②形而
下者：存在于形体、现象之下的，指具体可感的物质。　③裁：取舍，安排。
④拟：摹写，仿照。　⑤物宜：事物的性质。

【白话】

所以，不直接显现形体的内在本质和规律称之为道，显现形体而可以察知的
称之为器。可以化生并可损益取舍的称之为变化，可以加以推广和实行的称之为
通，可以号召天下的人民倾力为之的称之为事业。

因此所谓的象，是圣人所看到的天下的奥妙，而把它比拟为一定的物象，通
过卦画把象征事物所适宜的意义表达出来，因此称作象。圣人看见了天下的变
动，观察其中的联系和会通，以之推行应时的社会典章制度，附带文辞用以判断
吉凶，这就称为爻。极尽天下奥妙的方法存在于卦中，可以鼓动和引导天下的行
为存在于爻辞中。事物的生成、损益存在于变化中，事物得以推广和实行的本因
存在于会通中，曲尽其神妙，以光照万物，就在于人的运用了，默然潜修而有所
成就，不用言辞而能取信于人，全在于人的品德修养和实际行动。

系辞下

第一章

bā guà chéng liè, xiàng zài qí zhōng yǐ; yīn ér chóng zhī, yáo zài qí zhōng
八卦成列，象在其中矣；因而重之①，爻在其中

yǐ; gāng róu xiāng tuī, biàn zài qí zhōng yān; xì cí yān ér mìng zhī, dòng zài
矣；刚柔相推，变在其中焉；系辞焉而命之②，动在

qí zhōng yǐ。 jí xiōng huǐ lìn zhě, shēng hū dòng zhě yě; gāng róu zhě, lì běn zhě
其中矣。吉凶悔吝者，生乎动者也；刚柔者，立本者

yě; biàn tōng zhě, qū shí zhě yě; jí xiōng zhě, zhēn shèng zhě yě。
也；变通者，趣时者也③；吉凶者，贞胜者也④。

tiān dì zhī dào, zhēn guān zhě yě; rì yuè zhī dào, zhēn míng zhě yě; tiān
天地之道，贞观者也⑤；日月之道，贞明者也；天

xià zhī dòng, zhēn fú yī zhě yě。 fú qián, què rán shì rén yì yǐ; fú kūn,
下之动，贞夫一者也⑥。夫乾，确然示人易矣⑦；夫坤，

tuí rán shì rén jiǎn yǐ。 yáo yě zhě, xiào cǐ zhě yě。 xiàng yě zhě, xiàng cǐ zhě
隤然示人简矣⑧。爻也者，效此者也。象也者，像此者

yě。 yáo xiàng dòng hū nèi, jí xiōng xiàn hū wài, gōng yè xiàn hū biàn, shèng rén zhī
也。爻象动乎内，吉凶见乎外，功业见乎变，圣人之

qíng xiàn hū cí
情见乎辞。

tiān dì zhī dà dé yuē shēng, shèng rén zhī dà bǎo yuē wèi。 hé yǐ shǒu wèi?
天地之大德曰生，圣人之大宝曰位。何以守位？

yuē rén。 hé yǐ jù rén? yuē cái。 lǐ cái zhèng cí、 jìn mín wéi fēi yuē yì。
曰仁。何以聚人？曰财。理财正辞、禁民为非曰义。

【注释】

①重：重叠。六十四卦是由八卦上下叠加而成的。 ②命：告，指示。 ③趣
时：顺应时宜。趣，通"趋"，趋向。 ④贞胜：以正为胜，正则吉，不正则凶。

188

⑤贞观：守正则受人仰观。　⑥贞夫一：贞于一。一即本源、道。　⑦确：刚，健。　易：平易。　⑧隤：柔顺。

【白话】

代表各种事物的八卦形成一定的序列，卦象就从中体现出来了；由八卦重叠为六十四卦，三百八十四爻就全部包含其中；阴阳刚柔互相推演，天下万物的变化就包括在其中了；在每卦每爻下系上系辞、爻辞告知占卜的预兆，人们行动的依据就包括在里面了。吉凶悔吝，产生于变动之中；阴阳柔刚的对立，是确立道的基础；卦爻的变化流通，是为了趋合时宜；吉凶之道，通过守正而胜得以体现。

天地之道，守正受人仰望；日月之道，通过守正充满光明；天下的运动变化，端正于一道。天道刚健，向人们显示平易的原则；地道柔顺，向人们显示简易的原则。爻就是仿效天地之道。象就是象征天地之道。爻象的变化发生在分蓍揲卦之时，吉凶悔吝表现在成卦之后，功业的成败体现在爻象的变化之中，圣人的情感流露在卦辞、爻辞里面。

天地最大的德行是化生万物，圣人最大的宝物是地位。凭什么来保全地位？那就是仁。凭什么来团结大众？那就是财。管理财务，制定法令，禁止人民为非作歹，那就是义。

第二章

古者包牺氏之王天下也①，仰则观象于天，俯则观法于地，观鸟兽之文与地之宜，近取诸身，远取诸物，于是始作八卦，以通神明之德，以类万物之情。作结绳而为网罟②，以佃以渔③，盖取诸《离》④。

包牺氏没⑤，神农氏作⑥，斫木为耜⑦，揉木为耒⑧，耒耨之利⑨，以教天下，盖取诸《益》。日中为市⑩，致天下之民，聚天下之货，交易而退，各得其所，盖取诸

《噬嗑》。

神农氏没，黄帝、尧、舜氏作，通其变，使民不倦，神而化之，使民宜之。《易》穷则变⑪，变则通，通则久。是以"自天佑之，吉无不利"。黄帝、尧、舜垂衣裳而天下治⑫，盖取诸《乾》《坤》。

【注释】

①包牺氏：又称伏羲氏，相传八卦即为伏羲所作。在伏羲所处的时代，人们还是打猎捕鱼，过着原始的生活。　王：犹言统治。　②网罟：网。捕兽的称网，捕鱼的称罟。　③佃：畋，打猎。　渔：捕鱼。　④诸：之于。　⑤没：同"殁"，死。　⑥神农氏：远古氏族首领。神农尝百草的传说，表明当时人们已从狩猎为生转入农业生产。　⑦斫：砍。　耜：连同下文的耒，都是农业生产工具。　⑧揉：同"煣"，用火烤木材使之弯曲。　⑨耒耨：耕作。耨，除草。　⑩市：买卖，做生意。　⑪穷：不得志，困窘。　⑫垂衣裳：衣指上衣，裳指下衣，垂衣裳指上下衣分明并有序，象征确立尊卑贵贱的制度（一说"垂衣裳"相当于"垂拱"，指无为而治）。

【白话】

远古时期，伏羲氏统治天下，他抬头观察天象，低头则观察地理，并且观察鸟兽的斑纹和植物的分布生长情况，近则取法于人体的各部分，远则取法于万物的形象，于是开始创作八卦，（用天、地、雷、风、水、火、山、泽八种物象，）来领会天地造化的神妙，（用八卦）来衡量区分万种物类的情状。结绳而织成网，用来猎兽捕鱼，这大概是取象于《离》卦。

伏羲氏死后，神农氏兴起，砍削木头制成木锄，煣曲木头制成木犁，将耕地除草的便利教给人们，这大概是取象于《益》卦。中午时分开市贸易，招来天下人民，聚集天下货物，互相交易然后散去，各自得到所需的东西，这大概是取象于《噬嗑》卦。

神农氏死后，黄帝、尧、舜相继兴起，他们通晓事物和前人创造的变化，使人们不感到疲乏，加以巧妙的改造，使人们感到合用。《周易》的原则是，处于困境就变通，变通则可以顺达，顺达就可以长久。因此"护佑来自上天，吉祥而无所不利"。黄帝、尧、舜始制衣裳，垂示天下而天下大治。这大概是取象于《乾》《坤》两卦。

同易

刳木为舟[①]，剡木为楫[②]，舟楫之利，以济不通，致远以利天下，盖取诸《涣》。服牛乘马[③]，引重致远[④]，以利天下，盖取诸《随》。重门击柝[⑤]，以待暴客[⑥]，盖取诸《豫》。断木为杵，掘地为臼，杵臼之利，万民以济，盖取诸《小过》。弦木为弧[⑦]，剡木为矢，弧矢之利，以威天下，盖取诸《睽》。

上古穴居而野处，后世圣人易之以宫室[⑧]，上栋下宇，以待风雨，盖取诸《大壮》。古之葬者，厚衣之以薪[⑨]，葬之中野，不封不树[⑩]，丧期无数。后世圣人易之以棺椁[⑪]，盖取诸《大过》。上古结绳而治[⑫]，后世圣人易之以书契[⑬]，百官以治，万民以察，盖取诸《夬》。

【注释】

①刳：挖空、劈开。　②剡：削尖。　楫：船桨。　③服：乘，驾车。　④引重：负载重物。　⑤柝：打更用的梆子。　⑥暴客：盗贼。　⑦弦：作动词，将木头弯曲加弦于其上。　弧：弓。　⑧易：改易。　⑨衣：作动词，犹言包裹。薪：柴草。　⑩不封不树：封即聚土为坟，树指在坟上植树。　⑪棺椁：古代有身份的人用的棺材有两层，外层的叫椁，内层的叫棺。　⑫结绳：远古时期没有文字，人们结绳记事。大事打大结，小事打小结。　⑬书契：书，文字；契，用刀刻于木简上的字。

挖空木头做成船，削尖木头做成舟楫，船桨的便利在于渡过不可徒涉的河流而达到远方，使天下人得到利益，这大概是取象于《涣》卦。驯化牛马驾车，运输重物到达远方，使天下人得到利益，这大概是取象于《随》卦。重重设门，敲梆巡更，以防盗贼，这大概是取象于《豫》卦。砍断木头做成舂米的杵，挖掘坑洞当作舂米的臼，杵臼的便利使万民获益，这大概是取象于《小过》卦。将弦绷在木条上制成弓，将木棍削尖制成箭，弓箭的威力可以威吓天下人，这大概是取象于《睽》卦。

上古时候，人们居住在洞穴和野外，后世的圣人建筑宫室，改变了这种居住方式，上有屋栋，下有四壁，以躲避风雨，这大概是取象于《大壮》卦。古时候葬人，厚厚地包裹着柴草，埋葬在荒野中，不积坟堆，不植树木，服丧也没有限定居丧期限。后世圣人用内棺外椁取代了这种野葬的方式，这大概是取象于《大过》卦。上古时期，人们结绳记事，后世圣人用文字取代了这种记事方法。百官利用文字处理政务，百姓以之观察政事，这大概是取象于《夬》卦。

第三章

是故《易》者，象也，象也者，像也。象者，材也[1]。爻也者，效天下之动者也。是故吉凶生而悔吝著也[2]。

【注释】

①材：借作"裁"，安排取舍。　②著：显现，显明。

【白话】

所以《周易》的内蕴是卦象，卦象就是以卦体象征的各类事物。象辞、卦辞是总括一卦的意义，也是对卦象的一种裁断。六爻的变化是仿效天下事物的变化。所以吉凶悔吝就从《周易》中显现。

第四章

阳卦多阴①，阴卦多阳，其故何也？阳卦奇，阴卦
耦②，其德行何也？阳一君而二民③，君子之道也。阴二
君而一民，小人之道也。

【注释】

①阳卦：指八卦中的震、坎、艮，皆两阴爻、一阳爻，所以说多阴。阴卦指八卦中的巽、离、兑，皆两阳爻、一阴爻，所以说多阳。 ②耦：同"偶"，双数。 ③君：指阳爻。 民：指阴爻。

【白话】

阳卦多阴爻，阴卦多阳爻，这是什么缘故？阳卦的爻画是奇数，阴卦的爻画是偶数，这种现象表示什么性质？阳卦一阳爻、二阴爻，表示一君二民，（即少数统治者统治众多的百姓，）这是君子的道。阴卦二阳爻、一阴爻，表示二君一民，（即少数百姓受多数统治者的统治，）这是小人的道。

第五章

《易》曰："憧憧往来，朋从尔思。"①子曰："天下
何思何虑？天下同归而殊途，一致而百虑。天下何思何
虑？日往则月来，月往则日来，日月相推而明生焉。
寒往则暑来，暑往则寒来，寒暑相推而岁成焉。往
者屈也，来者信也②，屈信相感而利生焉。尺蠖之

^{qū}屈^③，^{yǐ qiú shēn yě}以求信也。^{lóng shé zhī zhé}龙蛇之蛰^④，^{yǐ cún shēn yě}以存身也。^{jīng yì rù shén}精义入神，^{yǐ}以^{zhì yòng yě}致用也。^{lì yòng ān shēn}利用安身，^{yǐ chóng dé yě}以崇德也。^{guò cǐ yǐ wǎng}过此以往，^{wèi zhī huò zhī}未之或知^{yě}也。^{qióng shén zhī huà}穷神知化，^{dé zhī shèng yě}德之盛也。"

【注释】

①憧憧往来，朋从尔思：出自《咸》卦九四爻辞。 ②信：通"伸"，伸展。 ③尺蠖：一种虫子，行动时身体一曲一伸。 ④蛰：动物冬眠，这里指蛰伏、潜藏。

【白话】

《周易》咸卦九四爻辞上说："行人往来不绝，有朋友相随。"孔子说："天下人想什么、考虑什么呢？天下的道路虽多，但同归于一个地方；人们的想法虽多，但统一于一个道理。天下人还想什么、考虑什么？太阳降落则月亮升起，月亮降落则太阳升起，日月交替升降，光明就产生了。寒冷消退则暑热来临，暑热消退则寒冷来临，寒暑交替，年岁就形成了。往者退缩，来者伸展，屈伸交感，利益就产生了。尺蠖的收缩是为了求得伸展。龙蛇的潜藏是为了保全生命。精研义理达到纯熟神妙的境界，是为了实际运用。利用知识静养自身，是为了提高德行。超越了这些范围，那就有所不知了。穷究事物的神妙和变化，就是最伟大的德行。"

《^{yì}易》^{yuē}曰："^{kùn yú shí}困于石，^{jù yú jí lí}据于蒺藜，^{rù yú qí gōng}入于其宫，^{bú jiàn qí}不见其^{qī xiōng}妻，凶。"^①^{zǐ yuē}子曰："^{fēi suǒ kùn ér kùn yān}非所困而困焉，^{míng bì rǔ}名必辱。^{fēi suǒ jù ér jù}非所据而据^{yān}焉，^{shēn bì wēi}身必危。^{jì rǔ qiě wēi}既辱且危，^{sǐ qī jiāng zhì}死期将至，^{qī qí kě dé jiàn yé}妻其可得见邪？"

《^{yì}易》^{yuē}曰："^{gōng yòng shè sǔn yú gāo yōng zhī shàng}公用射隼于高墉之上，^{huò zhī}获之，^{wú bú lì}无不利。"^②^{zǐ yuē}子曰："^{sǔn zhě}隼者，^{qín yě}禽也；^{gōng shǐ zhě}弓矢者，^{qì yě}器也；^{shè zhī zhě}射之者，^{rén yě}人也。^{jūn}君^{zǐ cáng qì yú shēn}子藏器于身，^{dài shí ér dòng}待时而动，^{hé bú lì zhī yǒu}何不利之有？^{dòng ér bú kuò}动而不括^③，^{shì}是^{yǐ chū ér yǒu huò}以出而有获，^{yǔ chéng qì ér dòng zhě yě}语成器而动者也。"

子曰："小人不耻不仁，不畏不义，不见利不劝④，不威不惩⑤。小惩而大诫，此小人之福也。《易》曰：'屦校灭趾，无咎。'⑥此之谓也。善不积不足以成名，恶不积不足以灭身。小人以小善为无益而弗为也，以小恶为无伤而弗去也，故恶积而不可掩，罪大而不可解。《易》曰：'何校灭耳，凶。'⑦"

【注释】

①"困于石"句：出自《困》卦六三爻辞。 ②"公用"句：出自《解》卦上六爻辞。 ③括：阻遏。 ④劝：勤勉。 ⑤惩：警戒。 ⑥"屦校"句：出自《噬嗑》卦初九爻辞。 ⑦"何校"句：出自《噬嗑》卦上九爻辞。

【白话】

《周易》困卦六三爻辞上说："被绑在石上示众，手抓住蒺藜，回到家里，不见妻子，是凶兆。"孔子说："不应成为障碍的反而成为障碍，名声必将蒙受羞辱。不可凭借的而将之作为凭借，生命必遭威胁。既蒙羞又遇险，死期将要到来了，妻子难道还见得着吗？"

《周易》解卦上六爻辞上说："王公在高城上射隼，将其捕获，没有不吉利的。"孔子说："隼是飞禽，弓矢是利器，射箭的是人。君子身藏利器，等待有利时机采取行动，有什么不吉利的？箭矢离弦就不可阻遏，出猎就必有收获，这是说必须具有完备的工具而后再采取行动。"

孔子说："小人不以不仁义为耻，不因不道义而畏惧，不见利益则不去努力，不受威吓则不知收敛。若惩罚小错能使他们警惧大错，这也是小人的福气。《周易》中噬嗑卦初九爻辞上说：'拖曳着的刑具伤灭了脚趾，（此为小过，引以为戒）最终无灾。'讲的就是这个意思。善行不积累，不足以成就美名；罪恶不积累，就不会伤害自身。小人认为小善没有益处而不去做，认为小恶不会带来伤害而不加以克服，因此恶行积累到不可掩盖的程度，罪责大到无法化解的地步。正如《周易》噬嗑卦上九爻辞上所说：'戴着沉重的刑具遭受伤灭耳朵的重罚，大凶。'"

子曰："危者，安其位者也；亡者，保其存者也；乱者，有其治者也。是故君子安而不忘危，存而不忘亡，治而不忘乱，是以身安而国家可保也。《易》曰：'其亡其亡，系于苞桑。'①"

子曰："德薄而位尊，知小而谋大②，力少而任重，鲜不及矣。《易》曰：'鼎折足，覆公𫗧，其形渥，凶。'③言不胜其任也。"

子曰："知几其神乎④？君子上交不谄⑤，下交不渎⑥，其知几乎？几者，动之微，吉之先见者也。君子见几而作，不俟终日⑦。《易》曰：'介于石，不终日，贞吉。'⑧介如石焉，宁用终日？断可识矣。君子知微知彰⑨，知柔知刚，万夫之望。"

子曰："颜氏之子⑩，其殆庶几乎⑪？有不善未尝不知，知之未尝复行也。《易》曰：'不远复，无祇悔，元吉。'⑫"

【注释】

①"其亡"句：出自《否》卦九五爻辞。 ②知：同"智"。 ③"鼎折足"句：出自《鼎》卦九四爻辞。 ④几：几微，事物的苗头。 ⑤谄：谄媚。 ⑥渎：轻慢。 ⑦俟：等。 ⑧"介于石"句：《豫》卦六二爻辞。 ⑨彰：彰显，显著。 ⑩颜氏之子：指孔子的学生颜回。 ⑪殆：大概。 庶几：差不多。在当时是夸奖人的话。 ⑫"不远"句：《复》卦初九爻辞。

【白话】

孔子说："受到危险的，必是安于位而不加防范的；遭到灭亡的，必是求保全自身而不思进取的；遭受动乱的，必是长期安定而麻痹大意的。所以，君子在安稳时，不忘记危险；在图存时，不忘记危亡；在安定时，不忘记动乱。这样，自身才能安全，国家才能保全。《周易》否卦九五爻辞上说：'危亡啊危亡，全系于苞桑。'"

孔子说："德行鄙薄却地位尊贵，智慧浅陋却谋划大事，力量微小却肩负重任，这样很少有不遭受灾难的。《周易》鼎卦九四爻辞上说：'鼎断了足，王公的菜肴翻倒，一片狼藉，是凶兆。'讲的就是力不胜任的问题。"

孔子说："知道微妙的事机，这是神妙的吧？君子对上不谄媚，对下不轻侮，他知道微妙的事机吧？事机，就是变化的最初迹象，吉凶就是从中预先显现出来的。君子看准时机而有所作为，不可延宕怠慢。《周易》豫卦六二爻辞上说：'（脾性、气节等）坚硬过石，但不保持终日，贞卜得吉兆。'坚硬过石，怎么能保持终日？这是可以断然判明的。君子了解微妙的事机，也了解明显的形势，知道何时应该柔弱，何时应该刚强，这才是万民仰望信赖的人物。"

孔子说："颜回这年轻人，他大概差不多了吧？他有过错自己会知道，知道后从来不会重犯。《周易》复卦初九爻辞上说：'行不远就返回，无大灾，大吉。'"

天地 ^{tiān dì} 絪缊①，万物 ^{wàn wù huà chún} 化醇②。男女 ^{nán nǚ gòu jīng} 构精③，万物 ^{wàn wù huà shēng} 化生。《易》曰：^{yì yuē} "三人行则损一人，一人行则得其友。④"言致一也。

子曰：^{zǐ yuē} "君子安其身而后动，易其心而后语，定其交而后求。君子修此三者，故全也。危以动，则民不与也⑤；惧以语，则民不应也⑥；无交而求，则民不与也。莫之与，则伤之者至矣。《易》曰：'莫益之，或击之，立心勿恒，凶。'⑦"

①细缊:同"氤氲",这里指阴阳交感。　②醇:和谐。　③男女构精:指雌雄交媾。　④"三人行"句:出自《损》卦六三爻辞。　⑤与:赞成,帮助。⑥应:回应。　⑦"莫益"句:出自《益》卦上九爻辞。

【白话】

天地阴阳之气交融,万物衍生,更加普遍。雄雌交媾,万物化生。《周易》损卦六三爻辞上说:"三人同行则一人将因意见不合而离去,一人独行则会得到朋友。"这里所说的道理是一致的。

孔子说:"君子必须先稳固自身而后再有所行动,必须先使心境平易而后再有所言论,必须先巩固交情而后再向人求助。君子注重这三个方面的修养,所以能周全完备。自身陷危而贸然行动,那么人们就不会赞同;自身恐惧而去安抚别人,那么人们就不会回应;没有交情而求助于人,那么人们就不会给予帮助。没有人支持,那么伤害就要来到。所以《周易》益卦上九的爻辞上说:'无人来帮忙,有人来攻击,立心不坚,大凶。'"

第六章

子曰:"乾坤,其《易》之门邪?"乾,阳物也;坤,阴物也。阴阳合德,而刚柔有体,以体天地之撰①,以通神明之德。其称名也,杂而不越②。于稽其类③,其衰世之意邪?夫《易》彰往而察来,而微显阐幽④,开而当名⑤,辨物正言,断辞则备矣⑥。其称名也小,其取类也大。其旨远,其辞文,其言曲而中,其事肆而隐⑦。因贰以济民行⑧,以明失得之报。

【注释】

①体：划分，区别。　撰：自然现象的变化规律。　②越：逾越。不越即不越界限。　③稽：考察。　④微显阐幽：应为"显微阐幽"，彰显精微，阐发幽隐。　⑤开：推广开来。　当名：犹言正名。　⑥断辞：根据卦辞、爻辞判断吉凶。　⑦肆：直。　⑧贰：从朱熹说，贰是疑惑之意。

【白话】

孔子说："乾坤两卦的意蕴，是《周易》的门户吧？"乾代表阳性的事物，坤代表阴性的事物。阴阳的属性是相配合的，阴柔阳刚各有其特性，《周易》据此区分自然规律，了解自然造化的内涵。用各种卦象象征性地表现出来，虽然复杂却不超越界限。考察卦辞爻辞所引举的事类，大都是衰世的事情吧？《周易》既揭示过去又考察未来，既显现细微又阐明幽隐，推广开来，《周易》还确定名目，分辨事物，陈述事理，判断凶吉，是十分完备的。它所称引的事物是细小的，但它类比的事物却是重大的。它的意旨深远，它的文辞高雅，阐述道理委婉而又中肯，论断事实直率而又深刻。《周易》正是利用卜筮者的犹疑以指导人们的行为，辨明吉凶得失的报应。

第七章

《易》之兴也，其于中古乎①？作《易》者，其有忧患乎？是故《履》，德之基也；《谦》，德之柄也；《复》，德之本也；《恒》，德之固也；《损》，德之修也；《益》，德之裕也；《困》，德之辨也；《井》，德之地也②；《巽》，德之制也。《履》，和而至；《谦》，尊而光③；《复》，小而辨于物；《恒》，杂而不厌④；《损》，先难而后易；《益》，长裕而不设⑤；《困》，穷而通；《井》，居其所而迁；《巽》，称而隐⑥。《履》以和行，《谦》以制礼，《复》以自知，《恒》以一德，《损》以远害⑦，《益》以兴利，《困》以寡怨，《井》以辨义，《巽》以行权⑧。

【注释】

①中古：在孔子的时代，中古指商周时期。 ②地：高亨说："地，疑当作施，形似而误。《系辞》认为井是以水养人，井卦的《象传》曰：'井养而不穷也。'井以水养人，似人以德施人，故井为德之施。"今从之。 ③尊：应作"撙"（zǔn），自我贬损之意。 ④杂：应为"匝"，周遍，一圈。表示自始至终。 ⑤设：指困顿。 ⑥称：合乎道德。 隐：退让。 ⑦远：避开。 ⑧权：权宜。行权即因时制宜。

【白话】

《周易》的产生，也许是在中古时期吧？创作《周易》的人，心中也许怀着忧患吧？所以，《履》卦讲的是道德的基础；《谦》卦讲的是道德的枢纽；《复》卦讲的是道德的根本；《恒》卦讲的是道德的稳固；《损》卦讲的是道德的修养；《益》卦讲的是道德的充实；《困》卦讲的是辨明道德的厚薄；《井》卦讲的是道德的传播；《巽》卦讲的是道德的制约。《履》卦表示用礼来调和关系而达到目的；《谦》卦表示自谦自贬反而带来光荣；《复》卦表示谨于细小之事则可以辨明大是大非；《恒》卦表示始终如一而不怠倦；《损》卦表示先经历困难而后才能处于平易；《益》卦表示增益德行，就可以长久宽裕而不困难；《困》卦表示处境艰难而志向坚定，终究会实现愿望；《井》卦表示处在合适的地位而且能迁播德行；《巽》卦表示合乎道德、因时隐让。《履》卦用以制约行动；《谦》卦用以折中礼节；《复》卦用以回顾反省；《恒》卦用以专一道德；《损》卦用以避开灾祸；《益》卦用以收取善果；《困》卦用以减少怨恨；《井》卦用以辨别是非；《巽》卦用以决断权衡。

第八章

《易》之为书也不可远，为道也屡迁，变动不居①，周流六虚②，上下无常，刚柔相易，不可为典要③，唯变所适。其出入以度外内④，使知惧，又明于忧患与故。无有师保⑤，如临父母。初率其辞而揆其方⑥，既有典常。苟非其人，道不虚行。

【注释】

①居：停留。　②六虚：指上下四方六个方位，对应六爻。　③典要：固定的法则。　④其出入以度外内：依筮法，先得之卦为本卦，通过爻变转换之卦称变卦。出入，就是出于本卦而入于变卦。外内，本卦为内卦，变卦为外卦，出于内而入于外。　度：揣度，估计。　⑤师保：在古代负责贵族子弟教育的人员。⑥率：遵循。　揆：探求。　方：义理。

【白话】

《周易》作为书所讲，与人们的生活相去不远，它的法则就是不断变化。易卦的爻是没有固定位置的，在六个爻位上流通变换，上下移动，刚柔互相转换，不被法则所拘束，只是遵循变化而变化。从爻画的对应变化来考察本卦与变卦的相互联系，确定吉凶使人有所警惧，使人知晓忧患与变故。虽然没有老师的教育，但也有如受到父母的守护。开始学习它要遵照卦、爻辞来探求它的义理，既而就有了指导行动的要领。如果不是明晓人，那么《周易》的法则就形同虚设了。

第九章

《易》之为书也，原始要终以为质也①。六爻相杂，唯其时物也。其初难知，其上易知②，本末也。初辞拟之，卒成之终。若夫杂物撰德③，辩是与非，则非其中爻不备④。噫亦要存亡吉凶⑤，则居可知矣⑥。知者观其彖辞，则思过半矣。二与四同功而异位⑦，其善不同；二多誉，四多惧，近也⑧。柔之为道，不利远者⑨；其要无咎，其用柔中也。三与五同功而异位⑩，三多凶，五多功，贵贱之等也。其柔危，其刚胜邪？

【注释】

①原始：考察过去。　要终：探求未来。要，探求。　②初：初爻。　上：上爻。依筮法，先得初爻，次得第二爻，依序类推，最后得上爻。因此占得初爻，还不知全卦，既得上爻，全卦就清楚了。　③杂物：罗列各种现象。　撰德：具列事物的性质。　④中爻：指二、三、四、五诸爻。　⑤噫：同"抑"，表示转折。"噫亦"即"抑亦"。　⑥居：坐着不动。　⑦二与四：指第二爻与第四爻。　同功：第二爻与第四爻同属阴位，为柔。　异位：第二爻处下卦中位，第四爻处上卦下位，位置有区别。　⑧近：下卦为内卦，为近。　⑨远：上卦为外卦，为远。所以说有远近之分。　⑩三与五：指第三爻与第五爻。　同功：第三爻、第五爻同属阳位，为刚。　异位：第三爻处于下卦外位，为贱；第五爻处于上卦中位，为贵。

【白话】

《周易》这部书，以推究过去、探求未来用作研求事物的整体。一卦六爻阴阳相杂，用来反映时宜和万物。占卜之时，首先得到的是初爻，全卦怎样还难以知晓，直到得到上爻，整个卦象就容易了解了，这就是凡事须知本末的道理。初爻的爻辞仅勾勒出事物的端倪，上爻的爻辞确定事情的结局。至于错综事物，具列其性质，辨明是非，若没有中爻的爻辞，不能臻于完备。至于从中探求人事的吉凶祸福，那么坐着推演卦爻就可以知道了。聪明人只要看看每卦开首的彖辞，对于整卦的意义就了解过半了。第二爻与第四爻同属阴位，但其上下位置不同，因此代表的吉也不一样。二爻多赞誉，四爻多恐惧，因为它们的位置有远近之分。阴柔的原则是不宜处在远位，阴爻的要义在于表示无咎，在具体的运用上当坚守中庸的原则。第三爻与第五爻同属阳位，但其上下位置不同，第三爻表示凶险，第五爻表示功绩，这是因为它们所处的位置有贵贱之分。阴爻处于阳位则有危患，阳爻处于阳位则能胜任。

第十章

《易》之为书也，广大悉备。有天道焉，有人道焉，有地道焉。兼三才而两之①，故六。六者非它也，三才之道也。道有变动，故曰爻；爻有等②，故曰物③；物相杂，故曰文④；文不当，故吉凶生焉。

【注释】

①兼三才而两之：三才，天、地、人。两之，以两个爻位构成一个位级；上爻、五爻为天位，四爻、三爻为人位，二爻、初爻为地位，共三个位级，所以说一卦须具六爻。 ②等：等级，类别。 ③物：类别。易卦将天地万物分为两个大门类，即阴与阳。爻位有阴阳之别，爻画也有阴阳之别。 ④文：易卦之文，即易卦之象。

【白话】

《周易》这部书，至广至大，无所不包。有天道的阴阳、人道的仁义、地道的柔刚。兼有天、地、人三才，而两相重复，故成为六爻。六爻意义是根据三才之道确定的。道是变化的，所以卦画称作爻；爻有位置上的区别，所以分为阴阳两类；阴阳两类爻画错综组合，所以形成卦象；卦象当或不当，所以吉凶就产生了。

第十一章

《易》之兴也，其当殷之末世、周之盛德邪？当文王与纣之事邪？是故其辞危①。危者使平，易者使倾②。

其道甚大，百物不废。惧以终始，其要无咎，此之谓
《易》之道也。

【注释】

①危：有危机感。　②易：简慢，即掉以轻心。

【白话】

《周易》的产生，大概在殷的末期、周朝兴盛的时期吧？大概在文王臣事殷纣期间吧？所以它的卦辞、爻辞多含警戒危惧之义。知道危险的存在就能带来平安，掉以轻心者则会造成倾覆。它的道理包容一切，一切事物都不能除外。警惧于事的始终，它的要旨归于慎求"无咎"，这就是《周易》的道。

第十二章

夫乾，天下之至健也，德行恒易以知险。夫坤，天下之至顺也，德行恒简以知阻。能说诸心①，能研诸侯之虑②，定天下之吉凶，成天下之亹亹者③。

是故变化云为④，吉事有祥。象事知器⑤，占事知来⑥。天地设位，圣人成能⑦。人谋鬼谋，百姓与能⑧。

八卦以象告，爻彖以情言，刚柔杂居，而吉凶可见矣。变动以利言，吉凶以情迁。是故爱恶相攻而吉凶生，远近相取而悔吝生，情伪相感而利害生。凡《易》之情，近而不相得则凶，或害之，悔且吝。将叛者其

辞惭，中心疑者其辞枝⑨，吉人之辞寡，躁人之辞多，诬善之人其辞游，失其守者其辞屈。

【注释】

①说：同"悦"。 ②侯之：宋代学者认为这两个字是衍文，本句应作"能研诸虑"。 ③亹亹：勤勉不倦。 ④云为：说和做。 ⑤象事：卦象所反映的事物的性质、形态。 ⑥占事：卜筮所揭示的人事吉凶。 ⑦成能：促成其事。 ⑧与能：参与其事。 ⑨枝：当为"歧"之借字，即分歧。

【白话】

乾，是天下最刚健的象征，它的德行是恒常平易，却知艰险。坤，是天下最柔顺的象征，它的德行是恒常简要，却知险阻。平易简约之道使人内心愉悦，能研判诸侯们的思虑，从而确定天下的吉凶，成就天下勤勉奋发的人。

所以天地间的运动变化，人世间的言语行动，凡吉利之事必有祥瑞。根据卦象所反映的事物性质、形态，就可以知道如何制作器具，根据占筮所揭示的凶吉祸福，就可以知道未来的结局。天地设立了刚柔尊卑的位置，圣人仿效它以成就才能。先由人谋略其事，再通过卜筮与鬼谋划，老百姓也可以参与谋划大事。八卦以卦象来预示，卦爻之辞以情理来昭告。阳爻阴爻错综组合，吉凶就从中反映出来。事物的变动以利害为准绳，事情吉凶随具体情况而转变。所以爱与恶互相攻击，吉与凶由此产生；亲与疏互相争取，悔与吝由此产生；感情与行为互相感触，利与害由此产生。《周易》全部表达的情实是，人与人不能友好相处就必遭凶险，甚至处心积虑地害人，悔与吝就必定来临。将要背叛的人，言语带着愧意；内心有疑虑的人，言辞混乱无序；良善厚道的人，言辞谨约；浮躁的人，言辞放肆；诬蔑好人的人，言辞游移；失去操守的人，言辞没有说服力。

说卦

第一章

昔者圣人之作《易》也，幽赞于神明而生蓍①，参天两地而倚数②，观变于阴阳而立卦，发挥于刚柔而生爻，和顺于道德而理于义，穷理尽性以至于命。

昔者圣人之作《易》也，将以顺性命之理③。是以立天之道曰阴与阳④，立地之道曰柔与刚，立人之道曰仁与义。兼三才而两之，故《易》六画而成卦。分阴分阳⑤，迭用柔刚，故《易》六位而成章。

【注释】

①幽赞：暗中协助。 蓍：蓍草，传说为多年生的神草，古代用以占卜吉凶。 ②参天两地：参，即三。三为奇数，为天之数。两为偶数，为地之数。倚：立，即建立。 ③性：事物的本性。 命：自然变化规律。 ④阴与阳：阴指柔，阳指刚。 ⑤分阴分阳：爻分阴爻阳爻。

【白话】

从前圣人创作《周易》，冥冥之中受到神明的佐助，用蓍草作为占卜的用具；以"三"数表示天，以"两"数表示地，从而确立起卦爻之数；观察阴阳变化而建立起卦；把刚柔的相互关系加以发挥而创造出爻；顺从事物的规律和性质以符合治事的时宜；穷究事物的内在之理和特性，以掌握事物发展的自然规律。

同易

从前圣人创作《周易》，打算通过它来探索宇宙万物的本质和规律。因此，将天道概括为阴与阳，将地道概括为柔与刚，将人道概括为仁与义。把象征天、地、人三才的三画卦相重叠，所以《周易》重叠成六画的六十四卦。每卦六爻，分阴分阳，刚柔交错，所以《周易》以六爻位而成章理。

第二章

tiān dì dìng wèi 天地定位①，shān zé tōng qì 山泽通气②，léi fēng xiāng bó 雷风相薄③，shuǐ huǒ bù xiāng 水火不相shè 射④，bā guà xiāng cuò 八卦相错。shǔ wǎng zhě shùn 数往者顺，zhī lái zhě nì 知来者逆，shì gù 是故《易》yì 逆nì shǔ yě 数也⑤。

léi yǐ dòng zhī 雷以动之⑥，fēng yǐ sàn zhī 风以散之，yǔ yǐ rùn zhī 雨以润之，rì yǐ xuǎn zhī 日以烜之⑦，gèn 艮yǐ zhǐ zhī 以止之⑧，duì yǐ yuè zhī 兑以说之⑨，qián yǐ jūn zhī 乾以君之，kūn yǐ cáng zhī 坤以藏之。

【注释】

①天地：指《乾》和《坤》。　②山泽：指《艮》和《兑》。　③雷风：指《震》和《巽》。　薄：搏击。　④水火：指《坎》和《离》。　射：相克。⑤逆数：在《周易》中，六爻是从下往上数的，所以叫逆数。　⑥之：指万物。⑦烜：晒。　⑧艮：象征山。　⑨兑：象征泽。

【白话】

天上地下的位置确定，山泽的气息是互相流通的，风雷是互相搏击激荡的，水火是互相克制的，八卦所象征的这八种物质是交错依存的。了解历史是由以往顺推至目前，推测未来是由目前逆推至未来，因此《周易》中的卦，是由下位向高位逆向推算的。

雷（震）的功用在于鼓动万物；风（巽）的功用在于播散万物；雨（坎）的功用在于滋润万物；日（离）的功用在于曝晒万物；艮（山）象征着高山栖止万物；兑（泽）象征着大泽欢娱万物；乾（天）象征着上天君临万物；坤（地）象征着大地包藏万物。

第三章

帝出乎震①，齐乎巽②，相见乎离③，致役乎坤④，说言乎兑⑤，战乎乾⑥，劳乎坎⑦，成言乎艮⑧。

万物出乎震，震东方也。齐乎巽，巽东南也；齐也者，言万物之絜齐也⑨。离也者，明也，万物皆相见，南方之卦也。圣人南面而听天下，向明而治，盖取诸此也。

坤也者，地也，万物皆致养焉，故曰致役乎坤。兑，正秋也，万物之所说也，故曰说言乎兑。战乎乾，乾西北之卦也，言阴阳相薄也。坎者水也，正北方之卦也，劳卦也，万物之所归也，故曰劳乎坎。艮，东北之卦也。万物之所成终而成始也，故曰成言乎艮。

【注释】

①帝出乎震：按高亨的观点，"帝出"后省略了"万物"二字。《说卦》以四时八方配八卦：震为东方，时值正春，此季节为万物萌生之时，所以说万物"出乎震"。　②齐：整齐。　巽：指东南方，时令上为立夏。　③离：指南方，时令上为夏立。　④致役：获得帮助。　⑤说：通"悦"。　兑：指西方，时令上为秋分。　⑥战：阴阳结合。　乾：指西北方，时令上为立冬。　⑦坎：指北方，时令上为冬至。　⑧成：成功，完成。　艮：指东北方，时令上为立春。　⑨絜齐：整齐之意。絜，整洁。

【白话】

造物者使万物产生于震位，用巽风使万物生长整齐，用离日的光明使万物尽现，用坤地使万物长育，用兑秋使万物欣欣向荣，用乾初冬使万物竞争，用坎正冬使万物劳倦，用艮冬离初来使万物复归初态。

万物产生于震位，震位配东方，时属正春。万物在巽风中生长整齐，因为巽位配东南方，时属初夏。齐，就是说万物整齐生长。离日是光明，万物都相见，离位配南方，时属夏立。帝王面向南方听取天下朝政，向光明而治，大概是取象于此。

坤卦象征地，万物都凭借它而获得滋养，所以说万物长育得养于地。兑卦时属正秋，万物皆长成而喜悦，所以说兑使万物喜悦成熟。阴阳相结合于乾位，乾卦位居西北方，时属秋冬之交，此时阴阳之气正相搏斗。坎卦为水，位配正北方，时属正冬，这是万物疲劳而藏息的卦象，所以说劳于坎。艮位配东北方，时属季冬，万物生长的一个循环周期终了，又开始了新的循环，所以说完成于艮。

shén yě zhě　miào wàn wù ér wéi yán zhě yě　dòng wàn wù zhě　mò jí hū

神也者，妙万物而为言者也。动万物者，莫疾乎

léi　náo wàn wù zhě　mò jí hū fēng　zào wàn wù zhě　mò hàn hū huǒ　yuè

雷；桡万物者，莫疾乎风①；躁万物者，莫熯乎火②；说

wàn wù zhě　mò yuè hū zé　rùn wàn wù zhě　mò rùn hū shuǐ　zhōng wàn wù shǐ

万物者，莫说乎泽；润万物者，莫润乎水；终万物始

wàn wù zhě　mò shèng hū gèn　gù shuǐ huǒ bù xiāng dài　léi fēng bù xiāng bèi

万物者，莫盛乎艮。故水火不相逮③，雷风不相悖，

shān zé tōng qì　rán hòu néng biàn huà　jì chéng wàn wù yě

山泽通气，然后能变化，既成万物也④。

【注释】

①桡：同"挠"，弯曲。这里指风吹万物使之弯曲。　②熯：热，干燥。③水火不相逮：水火不在一处，不相及。逮，及。　④既：《广雅·释诂》："既，尽也。"俞樾："既训为尽。"

【白话】

所谓神，是穷极万物奥妙规律的抽象概括。鼓万物化育者，没有比雷更急骤的；吹拂万物使其生长者，没有比风更疾速的；使万物干燥者，没有比火更猛烈的；欢娱万物者，没有什么比泽更惬意；滋润万物者，没有什么比水更湿润；使万物生生不息终而复始，没有什么比山更伟大。所以水火不处在一起，雷与风不相互排斥，高山大泽气蕴相通，然后才能产生变化，充分地使万物生息循环。

第四章

乾，健也。坤，顺也。震，动也。巽，入也①。坎，陷也。离，丽也②。艮，止也。兑，说也。

乾为马，坤为牛，震为龙，巽为鸡，坎为豕③，离为雉④，艮为狗，兑为羊。

乾为首，坤为腹，震为足，巽为股⑤，坎为耳，离为目，艮为手，兑为口。

乾，天也，故称乎父。坤，地也，故称乎母。震一索而得男⑥，故谓之长男。巽一索而得女，故谓之长女。坎再索而得男，故谓之中男。离再索而得女，故谓之中女。艮三索而得男，故谓之少男。兑三索而得女，故谓之少女。

【注释】

①入：巽为风，风吹万物有无孔不入之感。 ②丽：附着，附丽。 ③豕：猪。 ④雉：野鸡。⑤股：大腿。把巽比作大腿，是因为巽在五行之中代表木。 ⑥震一索而得男：震、坎、艮皆为阳卦，巽、离、兑皆为阴卦。凡阳卦只有一个阳爻，以之为主爻。凡阴卦只有一个阴爻，以之为主爻。震的第一爻为阳爻，阳爻为男，故一索而得男。巽的第一爻为阴爻，阴爻为女，故一索而得女。索，数的意思。所以临到第二爻、第三爻时称再索、三索。

【白话】

乾是刚健。坤是柔顺。震是动。巽是入。坎是陷落。离是附着。艮是静止。兑是悦。

乾为马，坤为牛，震为龙，巽为鸡，坎为猪，离为野鸡，艮为狗，兑为羊。

乾为脑，坤为腹，震为脚，巽为腿，坎为耳，离为眼睛，艮为手，兑为口。

乾为天，所以称之为父。坤为地，所以称之为母。阴阳感应，使坤的初爻转化为阳爻形成震，所生为男，所以称之为长男；使乾的初爻转化为阴爻形成巽，所生为女，所以称之为长女；使坤的第二爻转化为阳爻，形成坎，所生为男，所以称之为中男；使乾的第二爻转化为阴爻，形成离，所生为女，所以称之为中女；使坤的第三爻转化为阳爻，形成艮，所生为男，所以称之为少男；使乾的第三爻转化为阴爻，形成兑，所生为女，所以称之为少女。

乾为天，为圆，为君，为父，为玉，为金，为寒，为冰，为大赤①，为良马，为老马，为瘠马②，为驳马③，为木果④。

坤为地，为母，为布，为釜，为吝啬⑤，为均⑥，为子母牛⑦，为大舆，为文，为众，为柄，其于地也为黑。

震为雷，为龙，为玄黄，为旉⑧，为大途⑨，为长子，为决躁⑩，为苍筤竹⑪，为萑苇⑫。其于马也，为善鸣，为馵足⑬，为作足⑭，为的颡⑮。其于稼也，为反生⑯。其究为健，为蕃鲜⑰。

巽为木，为风，为长女，为绳直⑱，为工，为白，为长，为高，为进退，为不果⑲，为臭⑳。其于人也，为寡发㉑，为广颡㉒，为多白眼㉓，为近利市三倍，其究为躁卦。

①大赤：大红之色，象征尊贵。 ②瘠马：瘦弱的马。 ③驳马：毛色斑驳的马。 ④木果：树上的果子。 ⑤吝啬：指大地蕴藏矿物，但不易取。 ⑥均：平均，不厚此薄彼。 ⑦子母牛：生育幼崽的母牛，指有繁育之德。 ⑧旉：同"敷"，花的总称。 ⑨大途：大道，大路。 ⑩决躁：刚决躁动。 ⑪苍筤竹：青色的竹子。苍筤，青色。 ⑫萑苇：荻草、芦苇。萑，荻。 ⑬馵足：马后左脚为白色，善于奔跑。 ⑭作足：腾跃跳动。 ⑮的颡：额头为白色，为良马的象征。颡，额头，脑门。 ⑯反生：果实在地下，茎叶在地上，如花生、地瓜之类。 ⑰蕃鲜：茂盛、新鲜。 ⑱绳直：木需引绳而取直，故曰"绳直"。 ⑲不果：不果断，意为风向不定。 ⑳臭：气味。 ㉑寡发：头发稀少，秃头。 ㉒广颡：额头宽广。 ㉓多白眼：眸子小而眼白多。

【白话】

乾为天，为圆，为君，为父，为玉，为金，为冷，为冰，为大赤，为良马，为老马，为瘠马，为杂色马，为树果。

坤为地，为母，为布，为釜，为吝啬，为平均，为生育小牛的母牛，为大车，为文采，为众，为柄。它在地为黑色。

震为雷，为龙，颜色黑黄，为花卉，为大道，为长子，为躁动，为青竹，为芦荻。震为马，像善鸣的马，善走的马，腾跃的马，敏捷的马。对于庄稼来说，则象征果实长在地下的植物。总之，震的属性是刚健、茂盛、新鲜。

巽为木，为风，为长女，为绳立，为工匠，为白，为生长，为增高，为进退，为不果断，为气味。对于人来说，为头发稀少，为额宽，为眼白多，为三倍利于市。总之，巽是一个躁动的卦。

坎为水，为沟渎，为隐伏，为矫輮①，为弓轮。其于人也，为加忧②，为心病，为耳痛，为血卦，为赤。其于马也，为美脊，为亟心③，为下首④，为薄蹄，为曳⑤。其于舆也，为多眚⑥，为通，为月，为盗。其于木也，为坚多心⑦。

离为火，为日，为电，为中女，为甲胄，为戈兵。其于人也，为大腹。为干卦⑧，为鳖，为蟹，为蠃⑨，为蚌，为龟。其于木也，为科上槁⑩。

艮为山，为径路，为小石，为门阙，为果蓏⑪，为阍寺⑫，为指，为狗，为鼠，为黔喙之属⑬。其于木也，为坚多节。

兑为泽，为少女，为巫，为口舌，为毁折，为附决。其于地也，为刚卤⑭。为妾，为羊。

【注释】

①矫揉：变曲为直称矫，变直为曲称揉。　②加忧：忧心忡忡。　③亟心：有心无力，谓马敏捷有余而脚力不足。　④下首：马头常低垂。指勤奋而又垂老的马。　⑤曳：拖，拉。指疲惫无力的马。　⑥多眚：多灾，指车破烂易出毛病。　⑦坚多心：这里指内在刚强。　⑧干卦：干燥的卦。　⑨蠃：同"螺"。　⑩科：借为"棵"，树干。棵上槁，树木的上部枯槁。离是两阳爻在外，一阴爻在内，即外刚而内柔。树干外刚而内柔，则外实而内空，俗谓之空心木，其上部枝叶必枯。　⑪蓏：《释文》引应劭曰："木实曰果，草实曰蓏。"草即草本植物，蓏即草本植物的果实。　⑫阍寺：阍人和寺人。阍人守门，寺人守巷，禁止他人妄入门巷。　⑬黔喙：黑色的嘴，借指豺狼之属。　⑭卤：咸土，即盐碱地。

【白话】

坎为水，为沟渎，为隐伏，为矫揉，为弓和车轮。它对于人来说是忧虑重重，为心病，为耳病，为血卦，为赤色。它对于马来说，为美脊梁，为心情烦躁的马，为低头，为马蹄薄，为牵曳。它对于车来说，为多险阻，为通，为月，为盗。它对于木来说，为木心坚实。

离为火，为太阳，为闪电，为次女，为甲胄，为兵器。对于人来说，为大腹。它又是干燥的卦象，有为鳖、螃蟹、田螺、蚌、乌龟。对于木来说，为腐朽中空的树木。

艮为山，为小路，为小石，为门阙，为瓜果，为看门守寺人，为指，为猛犬、鼠类、豺狼。它对于木来说，为坚硬多节。

兑为大泽，为少女，为女巫，为口舌，为摧折毁坏，为溃决。它对于地来说，为盐碱地。为妾，为羊。

序卦传

第一章

有天地，然后万物生焉。盈天地之间者唯万物，故受之以《屯》，屯者，盈也，屯者，物之始生也。物生必蒙，故受之以《蒙》。蒙者，蒙也①，物之稚也。物稚不可不养也，故受之以《需》。需者，饮食之道也。饮食必有讼，故受之以《讼》。讼必有众起，故受之以《师》。师者，众也。众必有所比，故受之以《比》，比者，比也②。比必有所畜，故受之以《小畜》。

【注释】

①蒙：蒙昧，幼稚。　②比：依附，勾结。这里指联系。

【白话】

先有了天地，然后化生万物。唯有万物盈满、充塞在天地之间，所以《乾》《坤》二卦之后接着的是《屯》卦，所谓屯，是满盈的意思，指的是万物刚开始孕育的情况。万物刚化生，其性必是蒙昧的，所以承继的是《蒙》卦。所谓蒙，是蒙昧的意思，指万物稚嫩的情状。万物稚嫩，不可不养，所以承继的是《需》卦。所谓需，讲的是饮食之道。饮食不均必有争斗，所以承继的是《讼》卦。有争斗就会聚众兴起，所以承继的是《师》卦。所谓师，人多的意思。人多必有所联系，所以承继的是《比》卦。所谓比，是亲附的意思。亲附必有所蓄积，所以承继的是《小畜》卦。

物畜然后有礼，故受之以《履》。履而泰，然后安，故受之以《泰》。泰者，通也。物不可以终通，故受之以《否》。物不可以终否①，故受之以《同人》。与人同者，物必归焉②，故受之以《大有》。有大者，不可以盈，故受之以《谦》。有大而能谦必豫③，故受之以《豫》。豫必有随，故受之以《随》。以喜随人者必有事，故受之以《蛊》。蛊者，事也。有事而后可大，故受之以《临》。临者，大也。

【注释】

①否：坏，恶。　②归：归附。　③豫：欢喜，和乐。

【白话】

有所蓄积，必须有一定的礼仪制度，所以承继的是《履》卦。有所践履且安宁，然后能安心，所以承继的是《泰》卦。所谓泰，是通达的意思。万事不可能永远通达，所以承继的是《否》卦。万事不可能永远是阻塞的，所以承继的是《同人》卦。和谐共处，必有所归附，所以承继的是《大有》卦。有所成就不骄傲自满，所以承继的是《谦》卦。成就大事却能谦逊使人和悦，所以承继的是《豫》卦。使民安必有追随者，所以承继的是《随》卦。因私心好追随他人的人，必生事端，所以承继的是《蛊》卦。所谓蛊，是多事的意思。解决了事端才可成就大业，所以承继的是《临》卦。所谓临，是光大的意思。

物大然后可观，故受之以《观》。可观而后有所合，故受之以《噬嗑》。嗑者，合也。物不可以苟合而已①，故受之以《贲》。贲者，饰也②。致饰然后亨则尽

矣，故受之以《剥》。剥者，剥也。物不可以终尽剥，
穷上反下③，故受之以《复》。复则不妄矣，故受之以
《无妄》。有无妄，然后可畜，故受之以《大畜》。物畜
然后可养，故受之以《颐》。颐者，养也。不养则不可
动，故受之以《大过》。物不可以终过，故受之以
《坎》。坎者，陷也。陷必有所丽④，故受之以《离》。离
者，丽也。

【注释】

①苟：随便。　②饰：文饰，装饰。　③穷上反下：穷尽事物的上方，再返回到下方探求。犹言物极必反。　④丽：附丽，附着。

【白话】

事物光大然后可观，所以承继的是《观》卦。可观然后有所结合，所以承继的是《噬嗑》卦。所谓噬嗑，是结合的意思。凡事不可草率苟合，所以承继的是《贲》卦。所谓贲，是文饰的意思。文饰到极点其亨通就到头了，所以承继的是《剥》卦。所谓剥，是剥落的意思。凡事不可能终久地剥落殆尽，物极必反，所以承继的是《复》卦。有所反复则能避免妄乱，所以承继的是《无妄》卦。没有妄乱，然后能有所蓄积，所以承继的是《大蓄》卦。有所蓄积然后可以颐养，所以承继的是《颐》卦。所谓颐，养的意思。万物不养则不能健动，所以承继的是《大过》卦。凡事不可能始终过越，所以承继的是《坎》卦。所谓坎，是困陷的意思。困陷必有所附丽，所以承继的是《离》卦。所谓离，是附丽的意思。

第二章

有天地然后有万物，有万物然后有男女，有男女然后有夫妇，有夫妇然后有父子，有父子然后有君臣，

有君臣然后有上下，有上下然后礼义有所错①。夫妇之道不可以不久也，故受之以《恒》。恒者，久也。物不可以久居其所，故受之以《遁》。遁者，退也。物不可以终遁，故受之以《大壮》。物不可以终壮，故受之以《晋》。晋者，进也。进必有所伤，故受之以《明夷》。夷者，伤也。伤于外者必反于家②，故受之以《家人》。家道穷必乖③，故受之以《睽》。睽者，乖也。乖必有难，故受之以《蹇》。蹇者，难也。

【注释】

①礼义：礼义制度。 错：通"措"，安排，放置。 ②反：同"返"。③乖：背离，违背。

【白话】

先有了天地，然后化生万物；有了万物，然后有男女、雌雄之分；有了男女，然后有夫妇之道；有了夫妇之道，然后有父子之伦；有了父子之伦，然后有君臣之义；有了君臣之义，然后有上下之分；有了上下之分，然后礼仪有所施行。夫妇之道，不可能不长久维持，所以承继的是《恒》卦。所谓恒，即恒久的意思。万物不可能长久居于其所，所以承继的是《遁》卦。所谓遁，是隐遁的意思。万物不可能始终隐遁，所以承继的是《大壮》卦。万物不可能始终强壮，所以承继的是《晋》卦。所谓晋，是上进的意思。上进必有所损伤，所以承继的是《明夷》卦。所谓夷，是损伤的意思。在外受伤必然要返回家里，所以承继的是《家人》卦。家道没落必行乖离之事，所以承继的是《睽》卦。所谓睽，是乖离的意思。有所乖离则必有艰难，所以承继的是《蹇》卦。所谓蹇，是艰难的意思。

物不可以终难，故受之以《解》。解者，缓也。缓必有所失，故受之以《损》。损而不已必益，故受之以

217

《益》。益而不已必决①，故受之以《夬》。夬者，决也。
决必有遇，故受之以《姤》。姤者，遇也。物相遇而后
聚，故受之以《萃》。萃者，聚也。聚而上者谓之升，
故受之以《升》。升而不已必困，故受之以《困》。困
乎上者必反下，故受之以《井》。井道不可不革②，故
受之以《革》。革物者莫若鼎③，故受之以《鼎》。主器
者莫若长子④，故受之以《震》。震者，动也。

【注释】

①决：犹言堤坝决口。 ②井道：井的特性。 ③革物者莫若鼎：鼎是煮食物的，食物入鼎之前后，性质大变，所以有此言。 ④主器：主管器物。在古代，祭器、食器等象征身份地位，继承者一般是长子，而震在八卦中为长子，故有此言。

【白话】

凡事不可能始终陷于艰难，所以承继的是《解》卦。所谓解，是缓和的意思。有所缓和必有所失，所以承继的是《损》卦。有所减损而不停止，必反而受益，所以承继的是《益》卦。增益不止则有溃决之险，所以承继的是《夬》卦。所谓夬，是溃决的意思。溃决必有所际遇，所以承继的是《姤》卦。所谓姤，是相遇的意思。万物相遇而后聚集，所以承继的是《萃》卦。所谓萃，是丛生、聚集的意思。聚集而上进称为升，所以承继的是《升》卦。上升不止，必受其困，所以承继的是《困》卦。困于上则必然返回到下方，所以承继的是《井》卦。井之道不可不变革，所以承继的是《革》卦。变革事物的性质，没有比得上鼎的，所以承继的是《鼎》卦。继承器物的莫如长子，所以承继的是《震》卦。所谓震，是健动的意思。

物不可以终动止之，故受之以《艮》。艮者，止也。物不可以终止，故受之以《渐》。渐者，进也。进

必有所归，故受之以《归妹》。得其所归者必大，故受
之以《丰》。丰者，大也。穷大者必失其居，故受之以
《旅》。旅而无所容^①，故受之以《巽》。巽者，入也。入
而后说之^②，故受之以《兑》。兑者，说也。说而后散
之，故受之以《涣》。涣者，离也^③。物不可以终离，
故受之以《节》。节而信之，故受之以《中孚》。有其
信者必行之，故受之以《小过》。有过物者必济^④，故
受之以《既济》。物不可穷也，故受之以《未济》，终
焉。

【注释】

①容：容身。　②说：同"悦"。　③离：离散。　④济：成，结束。

【白话】

　　事物不可能始终健动，有时需止息，所以承继的是《艮》卦。所谓艮，是止的意思。事物不可能始终止息，所以承继的是《渐》卦。所谓渐，是渐进的意思。渐进之后必有归处，所以承继的是《归妹》卦。归返得宜的人必定有大成就，所以承继的是《丰》卦。所谓丰，是盛大的意思。大到无穷的事物必然失去所居之位，所以承继的是《旅》卦。外出旅行但无容身之处，所以承继的是《巽》卦。所谓巽，是进入的意思。进入然后喜悦，所以承继的是《兑》卦。所谓兑，是和悦的意思。欢乐之后必要离散，所以承继的是《涣》卦。所谓涣，是离散的意思。万物不会始终离散，所以承继的是《节》卦。节制而有诚信，所以承继的是《中孚》卦。讲诚信的人必然会践行，所以承继的是《小过》卦。超越常规行事，必会成功，所以承继的是《既济》卦。事物的存在和发展是不可穷尽的，所以承继的是《未济》卦，六十四卦终于《未济》。

杂卦传

《乾》刚《坤》柔，《比》乐《师》忧；《临》《观》之义，或与或求。《屯》见而不失其居①。《蒙》杂而著②。《震》，起也。《艮》，止也。《损》《益》盛衰之始也。《大畜》，时也。《无妄》，灾也。《萃》聚而《升》不来也。《谦》轻而《豫》怠也。《噬嗑》，食也。《贲》，无色也。《兑》见而《巽》伏也③。《随》，无故也④。《蛊》则饬也⑤。《剥》，烂也⑥。

【注释】

①见：同"现"。 居：居所，位置。 ②杂：交错。 ③见：同"现"，这里指出仕做官，显于朝。 ④无故：无事，无所事事。 ⑤饬：整饬。 ⑥烂：过熟。

【白话】

《乾》卦刚健而《坤》卦阴柔，《比》卦喜乐而《师》卦多忧；《临》卦、《观》卦的内涵，是或给予或有所求。《屯》卦虽是初现艰难，但不会失去它的居处；《蒙》卦繁杂却又显著；《震》卦的内涵是震动而起。《艮》卦是停止的意思。《损》卦、《益》卦分别是盛衰的开始。《大畜》卦是时时存蓄。《无妄》卦指示无妄之灾。《萃》卦聚集，而《升》卦不下降。《谦》卦轻己尊人，《豫》卦和乐而懈怠。《噬嗑》卦是食的意思。《贲》卦是无色的意思。《兑》卦使名声显著，《巽》卦谦逊而隐伏。《随》卦是无所事事。《蛊》卦是陷入混乱需要整饬。《剥》卦是烂熟剥落。

《复》，反也。《晋》，昼也。《明夷》，诛也。《井》通而《困》相遇也。《咸》，速也。《恒》，久也。《涣》，离也。《节》，止也。《解》，缓也。《蹇》，难也。《睽》，外也。《家人》，内也。《否》《泰》，反其类也。《大壮》则止，《遁》则退也。《大有》，众也。《同人》，亲也。《革》，去故也。《鼎》，取新也①。《小过》，过也。《中孚》，信也。《丰》，多故也。亲寡《旅》也。《离》上而《坎》下也。《小畜》，寡也。

___

【注释】

①取新：求取进步。新，改过而自新。

【白话】

　　《复》卦是回到好的方面的意思。《晋》卦是白昼光明的意思。《明夷》卦是诛罚的意思。《井》卦畅达而《困》卦是遭遇艰难的意思。《咸》卦是迅速的意思，而《恒》卦是持久的意思。《涣》卦是离散，《节》卦是节止。《解》卦是灾难慢慢解除，《蹇》卦是艰难的意思。《睽》卦是乖违于外，《家人》卦是团聚于内。《否》卦、《泰》卦，从闭塞反到通顺。《大壮》卦由于壮盛而停止，《遁》卦是隐退的意思。《大有》卦，有众多的意思。《同人》卦，与人相亲近。《革》卦，革除故旧。《鼎》卦，取得新的进步。《小过》卦是有所过度。《中孚》卦是诚信。《丰》卦，是众多之故。亲朋寡少，是《旅》卦。《离》卦是火势炎上，《坎》卦是水往下流。《小畜》卦是积蓄少。

　　《履》，不处也。《需》，不进也。《讼》，不亲也。《大过》，颠也。《姤》，遇也，柔遇刚也。《渐》，女归待男行也①。《颐》，养正也。《既济》，定也。《归妹》，

女之终也。《未济》，男之穷也。《夬》，决也，刚决柔
也。君子道长，小人道忧也②。

【注释】

①女归：女子出嫁。　②忧：应从一本作"消"，消亡。

【白话】

《履》卦是行动。《需》卦是等待而不前进。《讼》卦是争讼而不亲近。《大过》卦是过越太甚而至于颠倒。《姤》卦是相遇的意思，指阴柔遇到阳刚。《渐》卦，指女子出嫁而待男方迎娶。《颐》卦是养之以正的意思。《既济》卦是已成定局的意思。《归妹》卦是讲女子出嫁有了归宿。《未济》卦是事未做成，为男子不得志的时候。《夬》卦是决定，阳刚主导阴柔，象征着君子之道的发展、小人之道的消亡。